语文可以这样教

江西教育出版社

·南昌·

赣版权登字-02-2024-523
版权所有 侵权必究

图书在版编目（CIP）数据

语文可以这样教 / 唐懋龙著. -- 南昌 ：江西教育出版社，2024.11.（2025.4重印）. -- ISBN 978-7-5705-4587-2

Ⅰ. G623.202

中国国家版本馆CIP数据核字第2024GH0498号

语文可以这样教
YUWEN KEYI ZHEYANG JIAO

唐懋龙　著

江西教育出版社出版
（南昌市学府大道299号　邮编：330038）

出 品 人：熊　炽
责任编辑：俞霖霞
美术编辑：张　延
封面设计：刘孟云

各地新华书店经销
江西省和平印务有限公司印刷
710毫米×1000毫米　　16开本　　21.75印张　　322千字
2024年11月第1版　　2025年4月第2次印刷

ISBN 978-7-5705-4587-2
定价：68.00元

赣教版图书如有印装质量问题，请联系我社调换　电话：0791-86710427
总编室电话：0791-86705643　　编辑部电话：0791-86708350
投稿邮箱：JXJYCBS@163.com　　网址：http://www.jxeph.com

序
语文教学科学化的系统探索

《语文可以这样教》是浙江省著名语文特级教师唐懋龙经30多年理论与教学实践研究和教师培训经验总结而精心创作的一本小学语文教学论专著。其目的是希望未来的语文教育建立在科学取向的语文教学论基础上。

全书十一章，分两大部分，即总论部分和分论部分。

总论部分三章。第一章是"语文教学的昨天、今天与明天"，将新中国成立以来的语文教学分为三个时期。第一个时期"语文教学的昨天"，指1949年至20世纪末。这一时期的语文教学强调工具性，注重语文知识与基本技能的"双基"训练，其理论支撑主要是叶圣陶的语文教学思想。第二个时期"语文教学的今天"，指2001年新课程改革开始至今，以及未来若干年。这一时期的语文教学弘扬人文性，倡导大量读写、自主感悟等探究学习法，其理论支撑主要是语感论、西方的建构主义、情境认知和文学理论及相关的教学法。第三个时期"语文教学的明天"，预计出现在2032年前后。在继承叶圣陶"知识—训练—技能"路线的基础上，用科学心理学理论和现代教学设计技术，解决语文教学高耗低效的难题。笔者基本上同意唐老师的上述观点。

第二章是"语文教学的科学理论与先进技术"。作者分别从语言学视角回答"语文课教什么"的问题，从心理学视角回答"语文课教什么和怎么教"的问题，从唯物辩证法视角回答"教学设计各个环节的结构化、系统化"的问题。

第三章是"语文教学内容、教学目标与认知过程"。作者运用修订版的布卢姆教育目标分类学的教学内容概念（广义知识）和认知过程，结合语文学科特点，回答了"语文课教什么知识和每一类知识应教到什么程度"的问题，从而科学地解释了教学内容、教学目标和认知过程三者之间的关系。

分论部分再分两大块，即语文能力教学和情感价值观教学。语文能力教学又分单项知识与技能教学和综合能力教学。前者包括电脑打字（第四章）、遣词造句（第五章）、布局谋篇（第六章）、表情达意（第七章）、修辞运用（第八章）；后者包括阅读能力（第九章）、写作能力（第十章）。最后，第十一章讨论情感价值观教学。

《义务教育语文课程标准（2022年版）》发布后，"部编版"中小学语文教科书总主编温儒敏教授指出，新课标提出了许多新概念，其中最重要的、起引领作用的是"语文核心素养"……而"语文核心素养"加了"核心"二字，就"凝练"了语文学科的功能性质，"终结"了长期以来关于"语文是什么""语文要教什么、学什么"等问题的争论。

问题是，"语文核心素养"所包含的四个方面怎样才能转变为一线教学具体的可操作的内容？对此，温教授认为可以用"以一带三"这四个字来概括。"一"是语言运用，"三"是思维能力、审美创造和文化自信。语文教学必须以语言运用这个出发点与落脚点为本，通过语言运用的教学，把其他三方面（还可能有其他方面）带进来，彼此融为一体，在语言实践中使得学生的语文核心素养得到综合提升。

温教授只是从教育哲学与经验层面对语文核心素养四个方面的教育如何"落地"的问题提出了建议。唐懋龙老师的这本书则从科学心理学、教学设计原理与技术层面，对语文能力的教学如何"落地"的问题提出了看法，展开了实践。

第一，作为语文核心素养中的关键能力，阅读能力与写作能力属于综合能力。综合能力是无法直接教授的，能直接教授的是单项知识与技能。这本书第四章至第八章所呈现的就是单项知识与技能的教学理论与技术，包括电脑打字、遣词造句、布局谋篇、表情达意、修辞运用的教学理论与技术。单项知识与技能教学的基本方法是"举三反一"和举一反三相结合。"举三"是先呈现两个以上的例子，"反"是辨别与概括，"反一"是指学生习得概念性知识，将习得的概念性知识运用在变化的情境中，即举一反三（变式练习）。要想获得技能，就需要将习得的概念性知识运用在变化的情境中（知识的迁移）。如此教学，学生的语言运用能力与思维发展水平就可以得到迅速有效的提升。需要强调的是，此处的"语言运用"是语言概念性知识（主要是词法、句法、篇章结构、表达技巧等概念和规则）的运用。缺乏概念性知识，语文技能教学则没有"抓手"。

第二，虽然语文的综合能力不能直接教授，但教师可以创设条件，帮助学生习得该能力。这本书第九章论述了单篇课文教学的三个阶段，从而将阅读理解（综合能力学习）、阅读鉴赏（语文概念性质初步习得）、习得的概念性知识在变化的语境中通过三种高级认知过程（分析、评价、创造）紧密结合在一起。

第一个阶段是"读书明道"。在单篇课文的教学中，这一阶段通常在单篇课文教学的第一课时进行。学生应尽可能独立读懂课文内容，包括作者在课文中流露出的情感与价值观。第二个阶段是学习"载道"之术，即让学生在读懂课文内容的基础上，认识、学习课文的言语形式，初步习得语法、章法、修辞、表达方式等概念性知识。这一阶段通常在第二课时进行，以阅读鉴赏的课型展开。第三个阶段是通过变式训练和实践操作，将言语形式方面的知识内化为学生的读写技能，这一阶段通常以小练笔的课型进行教学，做到读写结合。

温教授还指出，新课标提出的许多新概念，包括"学习任务群"等，也还需要接受教学实践的检验。唐老师和我都有20多年研究单元教学的经验。

教学实践研究表明，概念性知识需要置于三篇以上课文组成的单元（或学习任务群）中教学，效果才会更好。也就是说，将课文组成单元来教的最终目的不在于让学生理解课文内容，不在于让学生习得运用字词句的听说读写技能，而在于让学生习得支配阅读与写作能力的高级技能。三年级以上的单元教学的终极目标是让学生能写出符合课标要求的作文，如此，语文核心素养"以一带三"才可以真正落地。

我国现今的语文教学依然停留在哲学与经验的层面。语文核心素养有效落地还需要科学与技术的支撑。这里需要的科学是学习分类理论，需要的技术是基于学习分类理论的教学设计原理与技术。唐老师作为一名已退休的语文特级教师，多年来孜孜不倦地学习科学心理学理论、教学设计原理与技术。他所写的这本书既有科学的理论，又有丰富的教学实践经验，补齐了语文教学理论的短板。如果能出现100位与唐老师一样的语文特级教师，共同探索语文教学的科学化，"明天的语文"将会提早到来。

皮连生
2024年3月

自序
不忘初心，科学取向探新路

1986年，我半路出家教语文。之前教了6年英语、6年数学，以及美术、常识等学科。我的最高学历是大专，是通过自学考试获得的，这是我此生仅有的两张文凭之一。因为"文革"，仅读到初二我就去云南临沧插队入户，此后再也没进过学校。好在我的自学能力还行，弹吉他、画油画、做木匠、拉手风琴、自制照相机、捣鼓收音机，乃至下国际象棋、围棋等，我都是没有人教自己学会的，也有了一些小成绩，在云南插队时画的一幅油画被选入县文化馆进行展览。调到浙江象山后，我先是成为县音乐协会会员，后在县围棋比赛中获得第二名，被评为业余一段。我还偷偷办了一个吉他培训班，写了一篇中篇小说，自制了一套家具，画了几十幅出口仿古画，攒了一点小钱。回想前半生，我活得还挺有滋味的，用现代社会学用语来说就是幸福指数很高，用当代经济学行话来说就是低碳、绿色、环保。这些经历让我对什么是教育有了自己的看法，使此后30多年我进行语文教学与研究有了潜在的精神支柱。

半路出家教语文　歪打正着搞科研

我教语文是一个偶然。1987年,我参加浙江省自学考试获得大专文凭,学的是汉语言文学专业。校长说:"你既然读中文,还是教语文吧。"我说教就教吧,就这样开始了我的语文教学生涯。

开始教语文时,我看到许多老教师每天放学都拎着一大包学生的作业回家,挑灯夜战精批细改,头皮有点儿发麻。我的语文能力应该还不错,写过小说、散文,但这个语文能力是从哪儿来的,说实在话,我怎么也没法和"做作业"挂起钩来。我在学校里读书就只有中小学那么8年。那时没有应试教育,老师布置的作业很少,基本在学校里就完成了。回到家,书包一扔,剩下就是一个字:玩。那时候,弄堂口垃圾箱里经常会冒出一些中外文学名著,那是有文化的人害怕抄家偷偷扔出来的。我觅宝似的搬回来,我的语文能力就是从这里萌发出来的。我暗暗下了决心:我教语文绝不干挑灯改作业的傻事。教学中我尽量减少学生的作业,动机很简单也很原始:全班66个学生,每个学生少做一道题,我就少改66道题,何乐而不为?

教语文,上公开课是避免不了的。记得第一次上公开课时,我讲的是三年级课文《壁虎》,我没看任何参考资料,只是将课文读了几遍,没想到公开课竟得到了很高的评价:有新意、有创意、有突破。我听了却很茫然:新在哪儿?创意在何处?此后,上公开课成了我的家常便饭,学校要开展公开课时我总是第一个去上课,但上课前我仍是不看教参,不写教案,只是读读课文,做做批注,脑中想个方案就去上课了,课前也从不试教,得到的评价也总是"竹子拔节步步高"。然而,有一次,教导主任赵养青老师轻声对我说:"小唐,你的课上得不错,平时学生也要多抓紧哟。"她的轻声细语对我冲击很大,我意识到:上公开课与教学生是两码事。上几堂出彩的公开课并不难,难的是上好能促进学生进步和发展的每一堂家常课。

1986年,国家教委邀请美国教育心理学家布卢姆到华东师范大学讲学,我第一时间拿到了他的两本著作:《教育目标分类学》和《布卢姆掌握学习论文集》。科学的理论打开了我的视野,此后我开展了为期9年的"小学语文单元达标训练"教改实验。

这项实验经历了三个阶段,第一阶段是学习布卢姆的教育目标分类学理论和掌握学习理论以及现代语言学理论,这一步走得很艰难。那些西方式的术语、概念表达晦涩难懂,为此,我足足花费了5年的时间才将理论转化为可操作的语文单元达标教学流程。第二阶段为实施阶段,当时我在石浦镇中心小学任语文教师,是一个班的语文教师兼班主任。从1992年开始,我用了6年时间,进行了两轮较规范的单元达标训练实验,实验均在自己教的班级进行。第三阶段是当了教研员后在6所小学选了13个班级作为试验点,开展新一轮的推广性实验,均取得了较好的成绩。

语文教学单元达标首先要确定科学合理的教学目标。我将学生应掌握的知识技能分为三类:第一类是字词识记与理解技能,学生能够通过自学掌握,我一般不教,放手引导学生自学;第二类是言语智慧技能,这是学生很难自发感悟的,我将其作为教学重点,加强训练;第三类是学习兴趣、习惯、方法等非智力因素技能,这种技能的培养渗透在整个教学过程中。为此,我专门设计了单元达标卡,每个单元一张,这样学生对本单元要学什么、应该学到什么程度在学习前就已清清楚楚。为了保证单元达标的有效性,我采取了一系列措施:建立了4人合作学习小组,以单元达标情况取代单元检测成绩,给每个学生准备一套空白练习本、一本作文本和一本日记本。学生做的练习都是我自己设计的,所有的练习都在课堂上完成,教学效率大大提高,学生负担明显减轻。课余时间我会引导学生大量阅读课外书,我也因此有时间看书、学习。

然而,"减轻学生负担"的初衷也带来了一系列的麻烦。许多家长对我不布置家庭作业的做法心存疑虑,集体到校长室"告状"。好在当时我正在搞家庭教育研究,于是我向家长阐明了我的教改思想和具体做法,最后让家长表决,结果家长一致赞同我的做法。一位家长还当场拿出1000元让我给孩子们买课外书。

家长的问题解决了,教师同行的问题又来了。由于我所带的班级学生作业少,我也很少批改作业,各种流言蜚语纷至沓来。一次,几位语文教师提出要看我们班学生的作业，我笑了笑，说："你们自己去查吧。"这几位教师到我们班里翻查完学生的作业后，服气了。我们班学生虽然没有家庭作业，但课内练习并不少，而且大都是语言运用方面的，且在书写规范程度、批改与纠正错误的仔细程度上要明显优于其他班级。

流言蜚语的问题也解决了，就差对学生考核结果的检验了。1995年6月，教育局破天荒在这一年来了一次全县毕业班语数大联考。毕业班的教师都紧张万分，我却闻之大喜："真是天助我也！"因为一项教改实验最后是要用数据说话的，但我不敢用统测的方法与其他班级进行对比。最后，考试成绩揭晓了，我教的实验班各项成绩均名列前茅，而且是全县唯一合格率100%的班级，这是在教学时间内学生负担明显少于其他班级的情况下取得的优异成绩，我也因此破格被评为中学高级教师。此后我一路顺利地被调到教科所、教研室当科研员、教研员，世纪之交又被评为特级教师。1999年，我精心组织了全县语文教学研讨会，定下"以语言学习为本"的基调，确立了语文教学科学化的教改方向，然而——

风云突变风向转

1997年，《北京文学》刊发了《中学语文教学手记》《女儿的作业》《文学教育的悲哀》三篇文章，从语文教材、教法和作业等方面对语文教学存在的问题提出了尖锐的批评，由此引发了一场全国性的语文教学大讨论。当时一些社会文化名人用自己学习语文的成功个性化经验来评论语文教学问题，抓住语文教学中的一些负面个案，以偏概全地全盘否定了语文教学的优秀经验和科研成果，进而提出五花八门的主张。这场大批判给我国语文教学带来很大的伤害，打乱了语文教学科学化的探索进程。

无独有偶，大洋彼岸的美国在20世纪90年代也兴起了一股反认知科学的建构主义和后现代主义哲学思潮。建构主义强调学习是一个"生成"的过程，反对"预设"目标，反对传授现成的知识，强调要从接受学习转向探究学习，培养学生的创造性。应该说，建构主义在培养学生高级思维能力和复杂情景中应用知识的能力等学习方面有突破性的进展，但在基础知识、基本技能和情感态度等教学方面，就如著名教学心理学家皮连生指出的："建构主义理论几乎是一片空白。"

21世纪初我国开展了一轮基础教育课程改革。由于建构主义理论与上述语文教学批判人士的观点十分吻合，建构主义成为课改中几乎是唯一的主导性理论，其他一些更适合小学语文教学的经验与方法遭到排斥。

轰轰烈烈的课程改革及其强大的舆论宣传给语文教学带来了一系列深刻的影响和变化。各种新名词、新术语也纷纷抢占语文课堂的制高点。为了强调人文性，让学生感悟教师自己对文本的感悟成了语文课堂的主旋律。各种赞赏的话语也顿时红遍了大江南北，"你真行！""你真棒！""人文与工具比翼双飞！"之类的话语满天飞。在教学形式上，第一人称改成了第二人称：你读懂了什么？你发现了什么？你想到了什么？你想怎么读就怎么读……儿童中心论演绎成了不负责任的代名词。这一阶段还提倡能体现所谓新课程理念的公开课这样的课堂教学形态，而许多经实践检验行之有效的教学经验反而成了过街老鼠。一些新课程专家对此兴奋得眉飞色舞，广大一线教师却普遍为不知语文课到底该怎么上而困惑不已。

我在这个阶段也曾陷入迷茫和困惑，虽然内心深处仍在坚持"以语文学习为本"。其间，我听了上千节语文课，不时被课堂上万花筒般的变化弄得晕头转向。课堂上，教师变着花样地问，学生察言观色地答，外加多媒体课件，看上去热热闹闹、挺吸引眼球的，究其实质，大都是围绕课文内容打转，学生的语文能力并未提高。许多资深老教师临退休时遗憾地发出"这个语文课真是越来越不会上了"的哀叹声。一些高校教授指导研究生写毕业论文时，经常为层出不穷的语病、错别字、文不通语不顺等现象头痛不已，时不时地发出"我们的语文教学又怎么啦"的责难声。

由于语文教学的特殊性和复杂性，加上教育体制的制约和干扰，语文教学高耗低效的历史顽症始终未能从根本上解决。一方面，语文教坛群英荟萃，教改成果载歌载舞；另一方面，语文教学质量每况愈下，教师、家长怨声载道。社会各界对语文教学的责难纷至沓来，小语界也掀起了以"回归"为标志的新一轮反思性浪潮。"跟内容分析说再见""从教课文变为教语文""教什么比怎么教更重要"等新口号此起彼伏，许多名优特教师为改变华而不实的教学形态而煞费苦心。我也为探索语文教学的应有形态而开始了新的打转，转了个天昏地暗，终于——

柳暗花明又一村　科学取向探新路

当今中国，许多行业在现代科学技术的加持下取得突飞猛进的发展，创造了许多令人难以置信的奇迹，但语文教学长期徘徊在科学技术的大门之外。当今国际教育心理学对学生学习规律的研究已取得突破性进展，已能解决语文教学的许多疑难问题，可惜我们的语文教学界仍难觅其迹。

为了能潜下心来研究语文教学的本质规律，2007年，我辞去了科研处主任和教研员的职位。后来教育局又任命我担任一个名师工作站站长，好在这是一个虚职，上面无人管我，下面我不管别人。这样，我一方面摆脱了繁杂的事务牵制，另一方面有了一个新的研究平台。这两点使得我取得了一些突破性的发展与研究。

其一是"小学语文常规课教学的研究"。这是我的一个梦：研发一套有助于语文教学均衡化的常规课教学设计。这个教学设计必须具备科学性，其功能是：无论教师的素质如何，只要按照教学设计的基本流程操作，就能有效促进学生的语文学习，保证语文教学的基本质量，进而化解城乡语文教学资源不均衡的难题。我的设想得到许多校长和广大一线教师的赞同。宁波市10名教研员、300多名一线优秀教师积极参与了我的这项研究。经过3年的努力，一至六年级的《小学语文常规课教学设计》终于正式出版了。这套教学设计出版后得到一线语文教师几乎百分之百的欢迎和赞赏，在全国许多地方引起积极的反响，同时也为本书的撰写提供了思路。

其二是"小学语文教学科学化的研究"。我以名师工作站为平台，以科学心理学和教学设计为内容，用专题行动研修的新型培训方法，培养了一批具有新型知识结构的骨干教师。从2010年，我被聘为教育部国培计划上海师范大学骨干教师培训班的班主任，培训了全国26个省、市、区的600多名骨干教师。从2011年开始，在浙江省教育厅中小学教师培训平台上，我举办了4期"小学语文教学科学化"专题培训班，这是全省唯一由县级培训机构举办的省级培训班。2009—2019年这10年间，我和华东师范大学副教授王小明在浙江萧山对1000多名教师开展了语文教学科学化专题培训。从参训学员的一致好评中，我看到了科学取向教学论指导小学语文教学的美好前景，同时也找到了语文教学科学化之路。

本书是我运用语言学理论、科学心理学理论和唯物辩证法探索语文教学科学化30余年的思考与成果汇总。30多年的思考与研究历程让我明白了两个道理——

1. 语文既是一门重要的基础课程，又是一个复杂的教学系统。语文教学内容涉及广，包括语言文字符号、课文内容知识、语法概念知识、写字动作技能、语用智慧技能、读写策略知识、阅读写作综合能力，以及态度情感等诸多领域。学习心理学研究表明，不同类型的知识或技能，其学习性质是不同的，到目前为止，还没有哪一种理论或方法可以解决所有问题，因此，语文教学中不同类型的知识和技能的教学需要选用不同的理论和不同的方法，方法不对，功夫白费。如行为主义心理学适合动作技能的教学，洛克的联想学习理论适合字词记忆等机械学习，奥苏贝尔的认知同化学习理论适合知识理解的教学，加涅的智慧技能层次论适合语用智慧技能的教学，班杜拉的社会学习理论适合情感态度与伦理道德的教学，布卢姆的教育目标分类学理论则能帮助教师厘清语文教学内容、教学目标和认知过程三者之间的逻辑关系。

2. 一线语文教师是语文教学的主力军，要全面提高语文教学的质量，提高95%以上的学生的语文能力，一线语文教师就必须掌握以语言学、科学心理学为主体的科学理论和教学技术。然而，语言学理论和科学心理学理论的许多术语、概念、原理的表述高度抽象，晦涩难懂，对广大一线教师来说，学习门槛高，入门难。那么，能否用语文教师容易理解、接受的话语系统来讲述这些基本原理，并给他们提供具备可操作性的教学设计呢？由此，我构思了这本书。

本书是起导向作用的理论卷。全书共十一章，前三章是语文教学的理论部分，后八章是语文教学的实践部分。其中第四章电脑打字是独特的创新成果，第五章至第八章是遣词造句、布局谋篇、表情达意、修辞运用等专项智慧技能的学与教，第九章、第十章是阅读能力和写作能力的综合构建，第十一章是情感态度与价值观的教学。各章之间有内在的逻辑联系。本书的目的是为明天的语文奠基，相信语文教学将在科学取向教学论的指导下拨开云雾。对此，我坚信不疑，特写此文，立此存照。剩下的就留给历史验证吧。

唐懋龙
2024 年 2 月

目 录

第一章　语文教学的昨天、今天与明天　001
　　第一节　昨天的语文：高标准、高难度　002
　　第二节　今天的语文：低标准、高难度　009
　　第三节　明天的语文：高标准、低难度　018

第二章　语文教学的科学理论与先进技术　027
　　第一节　语言学理论：语文课教什么　028
　　第二节　心理学理论：语文怎么教　035
　　第三节　唯物辩证法：教学设计的结构化、系统化　041

第三章　语文教学内容、教学目标与认知过程　051
　　第一节　语文的教学内容与教学目标　052
　　第二节　教学内容、教学目标与认知过程　061
　　第三节　样例分析：《总也倒不了的老屋》　068

第四章　电脑拼打，写字与朗读的学与教　　081

第一节　电脑打字，提前读写　　082

第二节　识写分开，强化写字　　092

第三节　正确朗读，句读训练　　100

第五章　遣词造句智慧技能的学与教　　109

第一节　遣词造句教学的必要性与历史困境　　110

第二节　遣词造句的教学内容和技能清单　　118

第三节　遣词造句的教学策略和课型组合　　127

第六章　布局谋篇智慧技能的学与教　　137

第一节　布局谋篇智慧技能的教学问题和解决策略　　138

第二节　布局谋篇的教学内容与技能清单　　148

第三节　高级技能样例分析　　158

第七章　表情达意智慧技能的学与教　　165

第一节　表情达意的知识本质和语用技能　　166

第二节　表情达意的教学内容　　172

第三节　样例分析：对话描写教学设计　　182

第八章　修辞运用智慧技能的学与教　　191

第一节　修辞运用的教学问题和解困策略　　192

第二节　修辞运用的教学内容和教学目标　　200

第三节　阅读与专项技能课型组合专题研讨　　212

第九章　阅读能力的综合建构与教学策略　　219

第一节　阅读能力与阅读教学的逻辑关系　　220

第二节　单篇课文教学的三个过程样例　　229

第三节　单元重组的教学设计与经典评析　　237

第十章　写作能力的综合构建与教学策略　　265

第一节　写作、写作能力与作文教学　　266

第二节　作文教学的内容与教学目标　　273

第三节　写作能力的形成机制与教学策略　　282

第十一章　情感态度的育人价值与教学策略　　297

第一节　语文教学中的情感态度与价值观　　298

第二节　思想品德与审美情感的教学策略　　302

第三节　学习障碍与天才学习状态案例分析　　306

参考文献　　316

附录　小学语文单元达标训练实验报告　　319

后记　　330

第一章 语文教学的昨天、今天与明天

昨天的语文，指 1949—2000 年间的语文教学。这一阶段的语文教学强调工具性，注重语文知识与基本技能的"双基"训练，其理论支撑主要是叶圣陶的语文教学思想，以及苏联教育心理学和相关的教学论。从教什么和怎么教两个维度及其实施效果看，主要特征是高标准、高难度。

今天的语文，指 2000—2032 年前后新课程改革阶段的语文教学。这一阶段的语文教学弘扬人文性，倡导大量读写、自主感悟等探究学习法，其理论支撑主要是语感论、西方的建构主义、多元智能和文学理论及相关的教学法。从教什么和怎么教两个维度及其实施效果看，主要特征是低标准、高难度。

明天的语文，指 2032 年后的新语文教学，其理论支撑是语言学、心理学、唯物辩证法，在继承叶圣陶"知识—训练—技能"路线的基础上，运用科学心理学理论和现代教学设计技术。从教什么和怎么教两个维度看，主要特征是高标准、低难度。

第一节　昨天的语文：高标准、高难度

我国语文教育的历史源远流长，语文单独设科始于清朝末年。1904 年 1 月，清政府颁布了《奏定学堂章程》，这是我国第一个正式颁布并在全国范围内实际推行的学制。该学制规定的中小学必修课程中有"读经讲经"和"中国文学"两门课程，这是我国语文学科最早的名称。

1911 年辛亥革命推翻了清王朝，政府颁布了新学制（史称壬子·癸丑学制），取消了中小学的读经课程，中小学课程统一称为"国文"，主要学习文言文。五四运动以后，在新文化运动"白话文"的浪潮冲击下，北洋政府教育部于 1920 年将小学的"国文"（文言文）改为"国语"（白话文），至 1922 年，中小学各年级用文言文编写的国文教科书逐渐被用白话文编写的教科书替代。此后，语文课程在小学被称为"国语"，在中学被称为"国文"。

1949 年新中国成立前后，经专家学者多次讨论，决定将小学"国语"和中学"国文"统一更名为"语文"，教材使用普通话，由此开启了大众化的语文教学新时代。叶圣陶先生还就"语文"的名称进行了权威性的经典解释：口头为"语"，书面为"文"，文本于语，不可偏指，故合言之。同时进行了通俗的说明：什么叫语文？平时说的话叫口头语言，写在纸面就叫书面语言。语就是口头语言，文就是书面语言，把口头语言和书面语言连在一起，就是语文。

1949—2000 年，我国正式颁布了五部小学语文教学大纲，其间还有一些过渡性的大纲草案，如 1950 年的《小学语文课程暂行标准（草案）》、2000 年的《九年义务教育全日制小学语文教学大纲（试用修订版）》等。这些教学大纲足以展现这 50 年间小学语文教学改革发展的曲折历程和酸甜苦辣。

1956 年，教育部编订了我国第一部教学大纲：《小学语文教学大纲（草案）》。该大纲明确规定：小学语文科的基本任务是发展儿童语言，提高儿童理解语言的能力和运用语言的能力。同时指出，发展儿童语言的工作是从两方面来进行的，一是教儿童从语言的丰富的表现力方面学习，二是教儿童从语

言的规律方面学习。前者强调的是对具体语例和语文知识的学习与积累，后者强调的是对语言概念性知识和规则的学习与运用。

这一时期发生了几件标志性的大事。其一是国家发出正确使用祖国语言的号召。1951年6月6日《人民日报》发表了《正确地使用祖国的语言，为语言的纯洁和健康而斗争！》的社论，随之吕叔湘等人撰写和出版了《语法修辞讲话》，在全国掀起了一股学语法、学修辞的热潮，此前无人问津的语法、修辞也开始走进语文课堂。其二是国家明确提出语文教学的内容。1956年颁布的大纲专设了一个"汉语教学"板块，明确规定了汉语教学的任务和内容：能够认识汉语最基本的语法规律，并且能够用来帮助理解，用来正确地表达思想。汉语教学的内容，依照语言学科本身的系统应该是语言、语汇、语法、文字、标点符号五项。同时对汉语教学的方法作了具体指示：汉语教学要凭借足够的语言材料，从语言材料中概括出基本的语言规律，让学生认识这些语言规律，并且用这些语言规律指导自己的语言实践。这些具有前瞻性的观点和内容与当代科学心理学的理论十分吻合。其三是斯大林的"语言没有阶级性"的科学论断。斯大林在《论语言学中的马克思主义》一文里全面论证了语言没有阶级性的问题，他明确指出：语言的"阶级性"公式是错误的、非马克思主义的公式。毛主席对语言没有阶级性的问题也有过精辟的论述，这为语文教学与研究提供了一个避风港。这个时期是我国语文教学与研究的黄金时期，这一时期涌现了一批杰出的语文教学家，研发出了许多重要的科学研究成果。

值得一提的是，1956年颁布的教学大纲内容详尽、标准较高，条目比较全面、具体、有条理。当时，初中试行的是文学与语言分科教学，进行了较系统的语法、修辞教学；小学则单列了一个"汉语教学"板块，明确规定了小学语文的教学内容，解决了语文教学"教什么"的问题，思路清晰，方向正确。然而，由于教学方法滞后及受"红领巾教学法"影响等原因，教学效果并不理想，因此，初中的语法、修辞教学只试行了一年就停止了，小学的这部大纲到1958年也被停止推行。

1963年，教育部编订了第二部教学大纲：《全日制小学语文教学大纲（草

案)》。该教学大纲首次提出小学语文课程的性质，即语文教学负有语文知识教学和思想教育双重任务，并在此基础上强调语文的工具性：语文是学好各门知识和从事各种工作的基本工具，是学生必须首先掌握的最基本的工具。这部大纲有新的提示：小学阶段不要系统地教授语法知识，要让学生在实际运用中领会必要的遣词造句的规则。为此专设了一个"基础训练"板块，对识字、写字、写作等的内容进行明确规定，以保证基础知识和基本技能训练的落实，强调多读多练，练习的内容包括识字、写字、造句、标点符号等。

这个阶段出现了一个"老三届"现象，即 1966 年、1967 年和 1968 年的初、高中学生，其语文水平整体较高。究其原因，有三点值得高度关注：一是当时的语文教师素质普遍较高；二是那一代教师大都经过 20 世纪 50 年代学"语法修辞"热潮的洗礼，语文知识功底较扎实；三是当时的教育改革追求轻负担、高效率，学生语文作业很少。而且，那时没有手机等外部诱惑，学生普遍具有热爱学习的积极情绪，课外阅读也大都是自发的，处于无压力的阅读状态。语文教学重视思想教育，因此这一代学生的世界观、人生观、价值观也比较纯正。可惜这些学生的学习生涯与职业发展由于历史原因被迫中断了 10 年。尽管如此，这三届学生在改革开放后仍为祖国建设做出了巨大的历史贡献。

1978 年，教育部编订了第三部教学大纲：《全日制十年制学校小学语文教学大纲（试行草案）》。这是在 1963 年大纲的基础上制定的，既是对语文教学乱象的拨乱反正，也是对新中国成立以来我国小学语文教学经验教训的总结，具体表现在以下几个方面：首先，明确提出语文课程的性质特点，即工具性和思想性的统一，这为以后语文课程的性质界定奠定了基础。其次，在教学目的和要求中安排了四项教学内容——识字与写字、阅读教学、作文教学、基础训练。其中"基础训练"相对独立，其内容包括识字、写字、阅读、说话、作文和字、词、句、篇、标点符号等基本功训练，体现了语文基本功训练的渐进性和系统性；"阅读教学"安排了三类课文，即讲读课文、阅读课文和独立阅读课文。最后，以前阅读教学强调的是字词句篇的教学，忽视了一个重要的环节——段落，这个阶段开始重视段落教学，积累了丰富的经验。

这个时期出现了一个影响深远的现象——应试教育。一方面，当时吕叔湘先生对我国语文教学"高耗低效"的尖锐批评震动了语文教学界，许多长期耕耘在一线的语文教师开始研究语文教学的科学规律，以提高语文教学质量。另一方面，以片面追求升学率为标志的应试教育阻碍了语文教学的科学化探索进程。这一时期，语文课程本身的科学内涵没有确立，缺乏科学心理学理论的指导，我国的语文教学科学化探索大都依赖于优秀教师的教学经验。

1987年，教育部编订了第四部教学大纲：《全日制小学语文教学大纲》。这是新中国成立以来第一部没有"草案""试行草案"等字样的教学大纲，也是为贯彻《中华人民共和国义务教育法》而编订的过渡性大纲。根据义务教育的实施情况和现实需要，该部教学大纲重新修订了教学目的，还提出了减轻课外作业量和改进考查语文水平的方法，明确了小学语文具有基础性、工具性和思想性的性质。教学内容仍旧是四大板块：识字与写字、阅读教学、作文教学、基础训练。

这个时期有一件值得高度关注的事：1986年，国家教委邀请美国教育心理学家布卢姆来华讲学，并翻译出版了布卢姆的《教育目标分类学》《布卢姆掌握学习论文集》《教育评价》三部经典著作，由此在全国掀起了目标教学与科学实验研究的新一轮教学改革浪潮。1986—1996年的10年间就召开了10次左右全国性教学目标研讨会。由于当时外来干扰较少，教师能静下心来潜心钻研，因此这个阶段涌现出一批以丁有宽、袁瑢、霍懋征、张平南等特级教师为代表的优秀语文教师，并产生了许多优秀的教学研究成果。一些教学心理学家还用科学心理学的理论研究小学语文教学，开展了一系列科学实证的科学实验，如华东师范大学心理学教授皮连生利用西方的认知心理学理论，在培养语文智慧技能方面发现了许多科学规律，总结出了许多科学结论；上海师范大学教授吴立岗则用活动心理学理论开展了小学作文教学的科学实验研究，构建了低段童话作文、中段观察作文、高段叙事作文等有梯度的作文教学序列化研究，总结出许多符合规律的写作教学方法和策略。

1992年，教育部编订了第五部教学大纲：《九年义务教育全日制小学语文教学大纲（试用）》。这是《中华人民共和国义务教育法》颁布后为促进义务教育的实施而制定的教学大纲。这部大纲的独特之处是从语言文字训练和思想教育两方面阐释教学内容，并首次提出"一纲多本"的教材编写策略。在语言文字训练层面，大纲进一步阐述了段落教学的作用、内容和要求，以此改进阅读教学。这部教学大纲删去了1986年大纲中"基础训练"的内容，同时鼓励各地组织编写各具特色的教材。

这个时期有两个现象值得关注：一是许多师范学校纷纷升格为师范大学，但由于教师工作和收入不匹配等原因，许多优秀高中生不愿意报考师范院校，学校的师资水平也随之下降；二是我国实施了《中华人民共和国义务教育法》，所有适龄儿童必须接受教育，学校的生源也发生了变化。原先标准比较高的教学内容，由于教学方法陈旧落后，加上应试教育题海战术的干扰等多种因素的叠加效应，语文教师普遍感到教学难度越来越大。也许是考虑到上述因素，1992年颁布的大纲降低了对语文基本功的训练要求，如减少识字量，将"学会常用汉字3000个左右"调整为"学会常用汉字2500个左右"；降低作文要求，将"以学写记叙文为主""会写常用的应用文"改为"能写简单的记叙文""能写常用的应用文"，作文具体要求调整为"有中心，有条理""内容要真实具体，语句要通顺连贯"，删去了详略方面的要求。在学校教学的实践层面，许多语文基本功，如缩句、分段、段中分层、概括段意、归纳课文主要内容等项目，开始淡出语文教学的视野。

正当语文教学工作者苦苦探索语文教学规律，系统的语文教学理论正在形成之际，1997年，《北京文学》刊发了《中学语文教学手记》《女儿的作业》《文学教育的悲哀》三篇文章，从语文教材、教法和作业等方面对语文教学存在的问题提出了尖锐的批评，一场全国性的语文教学大讨论就此展开。其矛头原本指向的是中学的应试教育，结果却极端地泛化为对整个语文教学的批判。当时一些社会文化名人抓住语文教学中的一些负面个案，以偏概全地否定了语文教师总结、创造的优秀经验和科研成果，进而提出五花八门的主张。如"语文教学就是人文教学""对理科必须循序渐进，而语文没有太明显的序""应该强调'教无定法'""强调读中有'悟'"等。这场大讨论给我国语文教学带来了很大的伤害，打乱了语文教学科学化的历史进程。

从上述五部正式颁布的教学大纲可以看出，强调语文的工具性是当时语文教学的主旋律。在"教什么"这个方面，五部教学大纲给出了正确的解答。如1956年颁布的教学大纲提出的教学内容是语言、语法、语汇、文字、标点符号，并增加了段落的教学内容，此后几部教学大纲都基本围绕这些教学内容展开，具体表述为识字、写字、拼音、掌握词汇、用词、造句、使用标点符号、朗读、默读、背诵、抄写、默写、分段、复述、写段落大意等项目。我国著名语文教育专家"三老"，即叶圣陶、吕叔湘与张志公，对此有一系列经典的论述。

叶圣陶明确指出，"语文教学"的第一任务是让学生认识语言现象，掌握语言规律，学会正确熟练地运用语言这个工具，学习语文应该认定两个目标，即培养阅读能力和写作能力。著名语言学家吕叔湘对此表示肯定，他认为叶圣陶先生的语文教育思想中有两处论述非常重要：其一是关于语文学科的性质，语文是工具，是人们日常不可缺少的工具；其二是关于语文教学的任务，语文教学要帮助学生养成使用语文的良好习惯。过去语文教学的效果不好，主要是由于对这两点认识不清。著名语言学家张志公也认为，语文教育的主要目的是要教会学生掌握语文这个工具，也就是掌握足够的字和词，掌握句子的构造方法，掌握布局谋篇的知识和技能等。

从现代认知心理学的科学理论考量，叶圣陶、吕叔湘、张志公三位专家的观点完全正确。对于语文学科"怎么教"的问题，"三老"也有相应的思考与探索。

叶圣陶在全国小学语文教学研究会成立之际曾表示：语文课到底包含哪些具体内容，要训练学生的到底有哪些项目，这些项目的先后次序应该怎么样，反复和交叉又该怎么样，学生每学期必须达到什么程度，毕业的时候必须掌握什么样的本领等诸如此类的问题，现在都还不明确，因而教学要求也不明确，任教的教师只能各自任意为之，并由此发出呼吁：是否可以把我所说的作为研究的课题，在调查、研究设计、实验各方面花两三年的功夫，为小学语文教学初步建立一个较为周密的体系？

吕叔湘从宏观与微观两个层面揭示了语文学习的本质与规律：运用语文

是一种技能，跟游泳、打乒乓球等技能没有什么本质的不同，不过其生理机制比游泳、打乒乓球等活动更加复杂。要想掌握任何技能，都必须具备两个特点，一是正确，二是熟练。要正确必须善于模仿，要熟练必须反复实践。

张志公前瞻性地提出了一个富有创造性的提议：语文教学需要有一个桥梁性的学科。语文教学界一直存在着一个令人头疼的问题，那就是怎样把汉语语言学的基础知识、基础理论同培养听说读写的应用能力（也就是语文教学）实实在在地结合起来。这个"老大难"问题困扰着许多希望语言学基础知识、基础理论能够为语言应用服务的语言学家，也困扰着许多感到语文教学需要语言学基础理论指导的语文教育家。在语言学基础知识、基础理论的这一端和听说读写能力实际应用的另一端，是不是也需要，而且也有可能建立一门桥梁性学科呢？答案是：十分需要，也完全有可能。张志公启发性地举了几个例子，如南朝刘勰的《文心雕龙》就是一部承前启后的桥梁性学科巨著，它把古代语言学的基础知识、基础理论的内容同读与写这种语言应用方面的内容熔于一炉；明代的对偶训练把训诂学、文字学、声韵学等古代语言学的基础知识、基础理论，同读书为文的语言应用训练紧密地挂钩——"对课"既有选字用词的训练，又有声韵的训练、语法的训练、逻辑的训练。

然而，由于20世纪70年代兴起的认知革命尚未进入我国语文教学界的视野，缺乏科学理论指导的语文教学大都依赖于专家的哲学思辨和教师的个人经验，在操作层面始终找不到科学合理的方法，加上生源质量与师资水平等综合因素叠加，一线语文教师普遍感到语文教学的难度越来越大。

针对上述现象，在20世纪末至21世纪初，许多语文专家试图寻找新的教改思路。如上海市洋泾中学原校长李海林称，由叶圣陶先生开创的"语文专门化"是现代语文教育的正确方向，但是在现代语文教育发展史上，它仍未完成。李海林认为，现代语文教育应该在第一个岔路口的正确抉择的基础上，及时在第二个岔路口进行另一个正确的抉择，并认为浙江师范大学教授王尚文等学者提出的语言功能教学观实现了现代语文教育在第二个岔路口的正确选择。

第二节　今天的语文：低标准、高难度

进入 21 世纪，根据《中共中央 国务院关于深化教育改革 全面推进素质教育的决定》的精神，教育部颁布了《基础教育课程改革纲要（试行）》，兴起了一轮新课改的热潮，语文课程改革是其中的重要组成部分。原来的"语文教学大纲"改成了"语文课程标准"，语文教学的理念、内容、教学方式也随之发生了一系列颠覆性的变化。在这期间，我国先后颁布了三版语文课程标准，由此展开的语文新课程改革大致可分为三个阶段。2001—2011 年为第一个阶段，采用的是以弘扬人文性为主的泛语文教学模式；2011—2022 年为第二个阶段，采用的是以人文主题为导向，渗透语文元素的双元素教学模式；2023 年开始进入第三个阶段，按照一版课程标准管十年的惯例，大致要延续至 2032 年。

2001 年，教育部印发了《全日制义务教育语文课程标准（实验稿）》（以下简称"实验稿"），该标准由四个主要部分组成：第一部分是"前言"，主要阐述语文课程的性质、基本理念、总体设计思路等；第二部分是"课程目标"，从知识与能力、过程与方法、情感态度与价值观三个维度确定语文课程的总目标和各学段目标；第三部分是"实施建议"，包括教学实施、教学评价、课程资源开发与利用、教材编写等建议；第四部分是"评价建议"。最后的"附录"包含了关于优秀诗文背诵推荐篇目的建议、关于课外读物的建议、语法修辞知识要点等内容。

2011 年，教育部总结 10 年课改的经验和教训，印发了《义务教育语文课程标准（2011 年版）》（以下简称"语文课标 2011 年版"），这次修订稿试图对前 10 年课程改革中出现的问题进行回应。语文课标 2011 年版基本保持了实验稿原有的精神和结构，继承了人文性为主导的课程设计思路，只是在具体内容上进行了一些修订，修改了 200 多处。

2022 年，教育部印发了《义务教育语文课程标准（2022 年版）》（以下简

称"语文课标2022年版"),这版课标在宏观层面提出了"立德树人"的教育目标,在宏观叙事层面提出了许多新概念,有不少亮点,但在微观操作层面似乎没有实质性的变化。

总体来说,这三版课程标准在宏观叙事层面对语文课程的性质和任务的定位、立意是高的,视野是开阔的,方向和思路也有不少创新之处。

然而,理想很丰满,现实很骨感。在肯定新版课标的同时,也出现了一些不和谐的声音,尤其是有许多一线语文教师在实践中还存在困惑。那么,那些站在育人制高点上弘扬人文性却远离学校真实情景的课堂教学新形态,对提高学生语文综合素养究竟有多大的实际贡献率?20多年课改下走出来的学生,他们的语文能力和世界观、人生观、价值观,与20世纪五六十年代的学生相比,孰高孰低?要寻找这些问题的答案,就要回顾、反思课改的历程,从语文课程标准的内容架构和语文课堂教学形态两大方面寻找答案。

一、语文课程标准的内容和架构

从内容方面看,三版课程标准大致有以下几个标志性的特点和问题。
(1)弘扬人文性。

实验稿在概括语文课程的性质和特点时提出的"工具性与人文性的统一"是语文课程的主要特点,实际上,人文性占了上风,语文教学伴随着人文性的张扬也呈现出五彩缤纷的课堂教学新形态。学生的主体地位、独特体验开始得到尊重,教师主导课堂、机械封闭的教学方式逐渐消亡。语文教师的引导意识和创新活力也日益增强,各种语文教学门派也此起彼伏、日新月异。

语文课标2011年版提出了"语文素养"这个新概念,这是一个亮点。以往的语文教学大纲强调的是"语文能力",对语文学习中的情感态度有所忽视。后来提"语文素质",而"素质"有先天遗传的因素,容易与后天学习的因素相混淆。"语文素养"这个概念克服了上述提法的缺陷,课程标准专家还对其做了一个简要的界定:"语文素养"是指学生比较稳定的、最基本的、适应时代发展要求的听说读写的能力修养,以及在语文方面表现出的文学、文章等学识修养和文风、情趣、价值观等人格修养。这与现代科学心理学的原理比较接近。根据加涅的学习结果分类理论，"语文素养"可以被简化为"语文能力"和"人文素养"两大维度，其中语文能力是指由语文知识和语文技能构成的语文综合能力，包括阅读能力、习作能力和口语交际能力。而人文素养属于情感态度与价值观的学习范畴，也包括两个方面：其一是语文教材中优秀人物的榜样示范带给学生情感态度与价值观的改变，其二是学生在学习语文过程中对语文学习本身的情感体验和积极情绪反应。

语文课标 2022 年版又提出"核心素养"的概念，并由此衍生出"以知识为核心""以能力为核心""以人文为核心"等各种提法。对此，一些语文课程专家曾有不同的看法：从"知识与能力、过程与方法、情感态度与价值观"三个方面来界定语文素养比较全面，没有必要再提出"核心素养"，尤其在面向全国的课程标准中，一定要防止由于表述片面而引起的混乱。

其实，"核心素养"在《普通高中语文课程标准（2017 年版）》中已经提到："学科核心素养是学科育人价值的集中体现，是学生通过学科学习而逐步形成的正确价值观、必备品格和关键能力。"义务教育阶段是打好语文基本功、培养语文综合素养的奠基阶段，高中语文教学在这个基础上进一步提出培养语文"核心素养"的要求，包括建立"正确价值观"和培养"必备能力、关键能力"。弄不清语文综合素养和核心素养之间的逻辑关系，不但会造成语文教学中的混乱现象，而且会给语文教师的教学增添不必要的麻烦。义务教育阶段是学生打好语文基本功的奠基阶段，强调的是语文综合素养的培养，高中是学生形成世界观、人生观、价值观的阶段，这是教育的核心任务和终极目标。因此，在义务教育阶段培养语文综合素养的基础上，进一步在高中提出以以德树人和建构综合能力为培养目标的语文核心素养，就比较科学合理。

（2）强调实践，淡化知识。

实验稿指出：语文是实践性很强的课程，应着重培养学生的语文实践能力，而培养这种能力的主要途径应是语文实践，不宜刻意追求语文知识的系统和完整。语文课标 2011 年版删去了"不宜刻意追求语文知识的系统和完整"这句话，在"教学建议"中提到："在阅读教学中，为了帮助理解课文，可以引导学生随文学习必要的语文知识，但不能脱离语文运用的实际去进行

'系统'的讲授和操练,更不应要求学生死记硬背概念、定义。"语文课标2022年版在附录中提到:"……要避免脱离实际运用,围绕相关知识的概念、定义进行系统、完整的讲授与操练。"

课程标准强调语文的实践性,方向是正确的,符合语文教学的特点,但淡化了语文知识,这实际上是否定了语文知识在语文实践中的地位与作用,结果架空了语文的实践性,给语文教学带来了一系列负面影响,尤其是增加了一线教师的教学难度。

从语文教学发展的历程看,主要存在两种观点:一种观点认为语文课程应当将语文知识和技能作为语文教学的主要目标,明确列出知识点或训练点,通过教学将相关的语文知识明白无误地告诉学生,并在具体的教学实践中帮助学生将知识转化为技能,培养学生理解和运用语言文字的能力,叶圣陶、张志公、丁有宽等是这一观点的主要代表人物;另一种观点认为语文课程是一门综合性很强的实践性课程,它的内容有很大的开放性和综合性,应该让学生多读多写,让他们在大量的语文实践中体会、把握运用语文的规律。这是现行语文课程坚持的理念,但该理念下的教学,目标含糊,可操作性很差。

在义务教育阶段十几门课程标准中,其他课程标准都有一个十分详细的"内容标准",唯独语文课标缺失"内容标准",只是在"课程目标"里设置了总目标和学段目标。

实验稿的总目标共10条,其中第1、2、5条是概括性的内容,第3、4条蕴含了部分认知策略和态度情感方面的教学内容,第6、10条目标"学会汉语拼音""学会使用常用的语文工具书"含有知识与技能的教学内容,第7、8、9三条目标分别是阅读、写作、口语交际的综合活动。语文课标2022年版的总目标改为9条,另外增加了"课程内容"板块。总目标与实验稿的内容相差不大,语言文字的内容集中在第4条:"认识和书写常用汉字,学会汉语拼音,能说普通话。主动积累、梳理基本的语言材料和语言经验,逐步形成良好的语感,初步领悟语言文字运用规律。学会使用常用的语文工具书,运用多种媒介学习语文,初步掌握基本的语文学习方法,养成良好的学习习惯。"新设置的"课程内容"提出了3个人文主题的内容,分别是中华优秀传统文化、革命文化、社会主义先进文化，并设置了6个学习任务群。

20世纪五六十年代，知识与技能是语文教学最重要的教学内容和核心目标。21世纪的课程标准中，除了识字、写字等少数知识与技能外，许多重要的知识与技能都消失了。这就给一线语文教师的教学实践带来极大的困难。

有专家对语文知识和语法教学做了相应的解释，他们认为语文学科课程与数学、物理、化学等课程不一样，那些课程都有由一系列概念、定理、公式等构成的逻辑性体系。语文课程具有不同的特点，它不是由一套抽象的知识和客观的定律规则等支撑起来的。如果戴着数理化学科的眼镜来观照"语文"、改造"语文"，语文教学就可能偏离正确的轨道。

上面的论述看似很有道理，但深入探究就会发现有许多经不起推敲的地方，其实这也不是我国语文教学独有的问题。让我们先来看看曾轰动一时、风靡我国教育界的美国优秀教师雷夫·艾斯奎斯在《第56号教室的奇迹》一书第四章《写作》开篇的几段话。

普遍来看，现在学生的写作能力很差，不过这也难怪。由于长年累月的欠缺练习、劣质教学、互发短信、E-mail火星文，以及我们这个分明就推崇文盲的文化，现在大多数学生连一个语意连贯的句子都写不出来，更不用说作文或报告了。请各位看看以下叙述：

1982年　在我教书的第一年，校方提供了漂亮的语法书给我们使用。语法书编排得很有系统，也讲解得相当透彻，解说与范例都很清楚。一年结束时，孩子们对单词、句型以及何谓好的写作有了充分的了解……

1990年　在一次会议中，许多老师指出我们的语法书在使用了8年之后有点破损，或许我们该订购新书，就像数学和自然课一样。但是，校方并未订书……

…………

1997年　校区比平常更热衷于标准化测验的实施。众多的测验日让教师们负担过重。教育者把163天当中的30天都用来进行区测验和州测

	验。自然，老师们开始大发牢骚："不给我时间，要我怎么教？"
1998 年	……虽然如此，至少老师们还有很棒的语法书，尽管这些书已经变得又旧又破烂了。
2000 年	我们学校采用了一套新的基础读本系列，并派了两位读写指导员协助教师。读写指导员的诸多工作之一，就是把语法书自教室内移除。他们规定教师只能用新教材教语法。教师们表示，虽然新基础读本系列涵盖了部分词类和句型，不过，旧语法书比较好用。最后，他们还是被迫交出语法书。我们提出各退一步的建议，也就是把语法书当作正式教科书的补充教材来使用，但是校方不准……
2001 年	校方在某次教职员会议中针对阅读和写作教学宣布一项新规定：教师在批改校区委托的写作作业时，不可以再把拼错的字视为错误，他们认为这么做才能更"精确"地评估学生的进步。
…………	
2004 年	在使用新基础阅读系列 3 年后，本校的阅读分数仍未进步。实际上，许多项目的分数都降低了。三年级的阅读分数更是一片低落。

过去三年来，校方每周都告诉我们阅读的关键是流畅度。读写指导员又告诉我们，过去那么重视流畅度是错误的；一直以来，重要的都是理解测验。他们又说，不用担心过去会议的错误认识。于是，走廊墙上的流畅度成绩表被拿下来了。

…………

这几段话陈述的事实与我国语文新课程改革前后的情景何其相似，字里行间隐藏着许多值得深思的信息。

首先，从每个自然段段首的年份看：1982 年正是美国爆发认知革命之时，认知心理学成为指导教学的重要理论，学校普遍重视语法教学，学生从一年级开始就接受语法训练，取得了良好的效果。我国在这个时期也十分重视语文

"双基"训练，语文教学质量也呈稳步提高之势。

1990—2001年，美国认知心理学受到冷落和批判，取而代之的是建构主义和后现代主义哲学思潮。我国也由此开始引进建构主义和后现代主义，并将其作为指导新课程改革的指导性理论。在语文教学的操作层面，期望用多读多背、感悟体验的方法来学习语文。

2004年，美国学校的教学质量不但没有进步，反而退步了，建构主义开始受到责难与批判。我国学生语文能力也未见显著提升，这引起社会各界的不满和质疑。

显然，雷夫揭示的这个变化历程与我国几乎如出一辙，其内在的逻辑联系值得深思。

其次，美国的母语教学分为语法和阅读两个部分，但我国语文专家采用了选择性注意的立场，引进的大都是美国阅读教学方面的经验，对语法教学却视而不见。实际上，母语教育的基础是语法教学，阅读教学也并不是语文课程的专属科目，而是各学科都需要的跨学科课程。

语法规则和言语规则是语文教学的核心内容，而我国根据课程标准编写的语文教材中却没有明确显示，这就迫使语文教师要从一篇篇课文中大海捞针似的把这些规律性知识找出来，这个难度实在太大了。如果数学课也把数学的各种概念、定理、运算法则隐藏起来，藏在一道道算式例子里，要教师大海捞针似的从例子里把那些概念、定理等内容捞出来，那数学教师是要崩溃的。语文教师之所以没有崩溃，是因为语文课文的思想内容非常丰富：上至天文宇宙，下至人文历史，还有大自然的无限风光、生动有趣的人物典故、引人入胜的故事情节。语文课上，教师与学生有聊不完的话题，语文课本中道不尽的诗情画意和人文情怀，引得无数名优特教师为此竞折腰……殊不知，语文教学的核心内容也因此被边缘化了。

不过，值得一提的是，在语文课标2011年版的修订过程中，课标修订组专家曾组织力量，根据课程标准各学段目标中所涉及的语文知识，将原来的附录《语法修辞知识要点》扩充为《语文知识要点》，增加了汉字、拼音、阅读、写作、文学等方面的知识。可是，最后还是放弃了已经完成的这项工作，因为担心如果单独列出语文知识要点，有可能会传达出加强围绕知识点训练的信息，误导教学。

实践是检验真理的唯一标准。2009 年 5 月，中央教育科学研究所等多个部门的研究人员从全国东、中、西部 8 省共 31 个区县中抽取 18 600 名小学六年级学生进行了语文、数学、科学、品德与社会 4 门学科的测试。本次测试以实验稿为依据，以学生在学科内容和基本能力两个维度的发展要求作为依据来确定评价的基本框架，编制各科试卷。结果显示，在内容方面，学生对这 4 门学科的学习基本达到了课程标准的要求，但在某些知识和技能方面仍存在不足，综合解决问题的能力也有待提高。尤其是语文，在语言运用方面的总得分率在 4 门学科中最低，在"运用"方面的得分率只有 27%。"能够准确地理解并用自己的语言概述文章的主要内容"以及"能够体会并用自己的语言评价表达效果"的学生不到十分之一。

本次测试实际上就是对 21 世纪初语文新课程改革后的一次教学质量检验。语文新课标对教学质量的提升效果如何，能否扭转这种情况，要待 2032 年左右才能知晓。

二、语文课堂教学双轨制

这个时期语文课堂教学形态也发生了很大的变化，出现了课堂教学双轨制现象。其中一轨是以展示、观摩、评优为主要特点的公开课教学形态。公开课的特点是容量大、亮点多、节奏快、追求创新，教学手段不断更新，后逐渐固化成一种以体现某种教学理念为标志的教学研究范式。另一轨是学校一线教师平时上的语文课，教师称之为"家常课"。这种课主要依靠教师个人的素质和教学经验，具有教师个人的特点，教学质量参差不齐。

透过现象看本质，纵观那些以展示、观摩、评优为主要特点的公开课，真正在促进学生言语发展上下功夫且有实效性的课堂教学并不多见。不少的课堂教学实际上是将一篇篇课文演绎成一场场展示教师才华的课堂表演剧，用教师本身的优良教学素质掩盖语文教学学理上的贫乏。许多一线语文教师在观摩公开课时虽得到了精神上和眼睛上的享受，回到自己的教室后却不敢盲目效仿。不少被借班上公开课的任课教师，课后往往还要给学生重新补课。

我曾经组织过一次大型的公开课教研活动，邀请全国著名特级教师来上课。课上得非常精彩，会场上掌声雷动。不料，活动结束，一名老教师带领班级离开会场时，狠狠地瞪了我一眼，从牙缝里挤出一句令我终生难忘的话："我回去还要补课！"事后，我对这些公开课进行了"学生学到了什么"的复盘研究，结果冒出一身冷汗：学生所得几乎是一片空白！

显然，许多公开课无论是内容还是形式都不同程度地偏离了学校语文教学实际，代表不了真实的语文教学形态。耗费大量人力、物力、财力的公开课教研活动并没有对提高语文教学质量做出应有的贡献。许多语文教师观摩了展示新课程理念的公开课后，感觉自己更不会教语文了。而学校里真实的语文课，在应试教育的压力下，又大多异化为应付考试而教，同样偏离了语文教学的应有形态。

问题是，许多语文专家往往把公开课作为范例来研究语文教学规律。公开课是少数优秀教师与少数优秀学生展示个性与才华的一种教学形态，而每一个优秀教师对语文教学都有自己的个性化见解，即一千个读者就有一千个哈姆雷特，结果只能是公说公有理，婆说婆有理，五花八门的课堂教学样例活跃在公开课上，其中还夹杂着不少误导性杂音。家常课是广大普通教师上课时的基本教学形态，一个语文教师一学期要上200节左右的语文课，一个学生在小学六年的语文学习中要上2000多节语文课，正是这几千堂课的教学质量决定了语文教学的质量。长期以来，语文教学缺失的正是对这种关系语文教学质量命脉的真实课堂的教学研究。

上述问题，昨天的语文也存在，但在今天的语文中格外突出。研究和指导语文课程改革的专家应深入一线，加深对小学语文教学领域的研究。20世纪指导语文教学的专家大都有丰富的语文教学实践经验，熟悉语文教学规律，编写的教学大纲和对语文教学的指导都比较靠谱。

近几年，社会各界尤其是语文教学界已经意识到上述问题的严重性，开始探索走出语文教学困境的新路径。语文教学要真正走出困境，需要有另起炉灶的决心和行动。

第三节 明天的语文：高标准、低难度

明天的语文，将正本清源，牢记语文单独设科的初心和使命，遵循学生学习语文的规律，运用语言学、科学心理学、唯物辩证法三大理论武器，建构具有高标准、高质量的语文教学体系，从根本上解决语文教学高耗低效的历史顽症，用最少的时间取得最大的教学效果，腾出更多时间让学生学习现代科学技术，参加各种文体艺术活动，开发创新精神和创造能力，为培养一代新人做出应有的贡献。

从教什么和怎么教两个维度看，明天的语文的主要特征是高标准、低难度。高标准是指根据汉语言文字特点和科学心理学理论，建立一套能切实提高学生语文能力的系统、完整的语文知识体系和教学内容标准。低难度则是运用现代教学设计技术，遵循不同的知识需要不同的教学方法和策略这一基本规律，通过目标导向、任务分析、教学设计与教学评价等环节，以最少的时间取得最佳教学效果。

由于语言学和科学心理学理论的知识门槛比较高，入门相当困难，加上语文教学本身的特殊性和复杂性，语文教学要取得实质性的进展，必然要经历一个十分艰难的探索过程。这一过程大致要分两步走：第一步是语文教学科学化，主要是运用语言学和科学心理学理论解决语文教学的科学性和有效性问题；第二步是语文教学现代化，在实现语文教学科学化的基础上，深入潜意识心理学领域，探寻无意识学习机制，研发高效的元认知学习心理干预技术，使大多数学生成为语文学习的优秀生。

一、不忘初心，牢记使命

语文单独设科的初心和使命是什么？叶圣陶的回答是：培养学生"理解和运用语言文字的能力"。具体来说，就是做两件事，一是让学生掌握语言这个工具，二是让学生运用语言这个工具做事：能阅读、会写作、善口语交际。

语文教学要做到"不忘初心，牢记使命"，需要正本清源，需要厘清以下几个语文教学基本要素的各种逻辑关系。

（1）语文教学的基本问题：教什么，怎么教。

首先，要解决"教什么"的问题，这是语文的教学内容。语文课到底应该教什么？纵观百年语文教学发展史，这个问题一直没有得到很好解决。昨天的语文提出要教语文知识，方向正确，可惜缺乏知识分类的思想，将不同性质的知识混在一起"一锅煮"，效果不理想。今天的语文以此为由，另辟蹊径，将教材内容、课文内容作为教学内容，结果走上了去知识化、淡化知识之路。近年来，虽然语文界开始接受"不教课文教语文"的理念，但在实际操作中涛声依旧。时至今日，绝大多数语文课仍然是在教课文，究其根源，有两大主因：一是坚持人文主题为主线的立场，二是分不清"教语文"与"教课文"的本质差异。这两个问题不解决，语文教学还将在混沌中不断打转。

明天的语文要想在这个问题上有重大突破，首先，要解决"教什么"的难题。在学理上要确定：语文的教学内容就是语文知识，即语文课要教知识。根据知识分类的思想，语文知识有三类：拼音、文字、标点等语言文字符号性知识，这类知识是有限的，是学生必须掌握的基础知识；课文内容等事实性知识，这类知识具有人文内涵，在数量上是无限的，在教学中要有所选择；语法、章法、表达与修辞等概念性知识，这是语文教学的核心内容。其中"语法""章法"是第一、二学段的教学重点，教师应以此为核心建立一套比较系统、完整、科学有序的语文知识体系，为语文教学提供数量有限、质量稳定的教学内容。这是贯穿本书各章的一条中心红线。

其次，要解决"怎么教"的难题。有了正确的教学内容，还需要相应的教学策略和方法。从我国语文教学的百年发展历程来看，这个问题最难，无论是昨天的语文还是今天的语文，都在"怎么教"这个问题上卡住了。昨天的语文曾两次在教学大纲中提出"把知识转化为技能"的正确理念，但怎么转化呢？1978年的思路是"通过多读多写"，1986年的思路是"通过各项基本功训练"，实践证明，这些方法都是低效，甚至无效的。明天的语文用科学心理学理论和先进的教学技术，可以有效解决这一"卡脖子"难题：变式练习可以让学生用少量的时间将知识转化为技能。这是贯穿本书各章的一条技术路线。

（2）构建语文教学目标分类体系与知识清单。

小学语文教学的核心目标是让学生掌握语文的智慧技能，教这些技能需要专门的专项智慧技能课，大概需要200多个课时。小学一到六年级有2000多节语文课，专项智慧技能课只占10%的时间，耗时少，效率高，能从根本上解决语文教学高耗低效的历史难题。当然，专项智慧技能课的教学是有条件的：一方面，这些课必须用科学心理学理论和教学设计技术精心设计；另一方面，专项智慧技能课需要在阅读教学的基础上进行，即需要阅读教学与专项技能打组合拳，同时，还要大幅度地减少各种低效、无效的作业。由此，学校的语文课在教学时间总量不变甚至减少的情况下，可以事半功倍地提升语文教学的质量和效率。这是贯穿本书各章的重点内容。

（3）中小学语文各学段的教学定位。

长期以来，我国一直将中小学语文混为一谈，小学语文的学科独立性不强。如中学语文提出要弘扬人文性，小学语文就跟着张扬诗意与人文。弘扬人文性的观点是上海特级教师于漪提出来的，于漪是高中语文教师，高中语文教学弘扬人文性完全正确，但在小学并不合适。就像造一座摩天大楼要经过打基础、建楼房、精装修三个阶段一样，小学语文是打基础阶段，要求基础扎实，语文知识与技能的基本功就好比建筑中的地基。初中语文教学的主要任务是让学生拥有阅读和写作能力，这些是地基以上高楼主体部分的建造过程，是大楼各单元的结构、布局和功能的综合构建过程。高中语文就好比最后的精装修阶段，要求的是美观和个性化的审美情趣，在这个阶段弘扬人文性，追求诗情画意不仅合适而且有必要。诚然，谈论学术问题时，任何比喻都是蹩脚的，这里只是借此阐明中小学语文各学段教学任务的逻辑关系。反观当前的中小学语文教学，小学基础还没打好，就急匆匆地高举人文大旗，抢种别人的地，荒了自己的田，导致中学教师普遍对小学语文教学质量不满。最终结果就是：基础不牢，地动山摇。

（4）辩证认识"学习阅读"和"阅读学习"的逻辑关系。

"学习阅读"是语文教学的重要目标，包括学习阅读的技能和策略，而且要用少量的时间学习和掌握它们。道理很简单，语文教材里的课文是有限的，学校里的语文教学时间是有限的，阅读技能和策略的数量也是有限的，在有限的时间里用有限的课文教有限的阅读技能和策略，这才是阅读教学的应有形态。

"阅读学习"不是语文教学目标，其作用是让学生通过阅读活动来学习和获取各种科学文化知识，如数学、科学、地理、历史等各门学科均需要通过阅读学习来获取该学科的专业知识。这种百科知识是海量的，需要花费大量的时间。多读多写、自读感悟，是我国古代传统的语文教学经验，至今已有几千年的历史。新课改后继承了这种传统经验，并由此演绎出"大量阅读""群文阅读""海量阅读""读整本书""连滚带爬地读"等形形色色的新形态。显然，有限的校内语文教学时间根本不可能承受这种需要无限时间的无限量课外阅读。

语文教学应坚持实事求是的精神，坚持"在有限的时间里用有限的课文教有限的阅读技能和策略"这一原则，辩证认识和处理"大量阅读""海量阅读""感悟体验"等传统经验，切实提高语文教学的质量和效率。

二、加强研究，科学实证

语文教学要取得实质性的进展，还需要具备五个外部条件。

（1）构建语文教学的科学理论体系，为语文教学中各种疑难问题的解决提供科学的理论依据。

（2）建立以心理学和教学设计为内容的教师专业培训方案，提升教师的专业教学技术和能力。

（3）用大量且充分经过科学验证的成功案例，获得语文学术界、政府部门的认可和支持。

（4）开展以科学实证为主的教学实践和研究，研发能经受历史考验的科学研究成果。

（5）做好语文课程的顶层设计，包括研制科学的语文课程标准，编写以语文技能为主导、渗透人文思想的语文教科书，还要解决学校教育与应试教育、有限教学时间与无限语文学习等要素之间的冲突与矛盾。

30多年来，我国一些心理学专家和探索教学科学化的优秀教师分别在语文专项技能和作文教学领域为前4个外部条件做了大量卓有成效的准备工作，基本形成了语文教学科学理论体系，形成了较成熟的教师专业培训方案，在部分试验区也已积累了较丰富的典型案例和成功经验。下面就此简要阐述。

一是构建语文教学的科学理论体系。

皮连生教授运用科学心理学理论和系统化教学设计原理和技术，对我国语文教学进行了深入、系统的研究，用科学取向的教学论重新解释语文学习和教学的一系列问题，在促进语文教学科学化方面取得了突破性的成果。他撰写并出版的两本理论专著《语文教学科学化：跨越30年的研究》《小学语文学习与教学论》，为语文教学实现科学化提供了坚实的理论基础。

吴立岗教授把语言心理学、发展心理学和活动心理学的研究成果运用于作文教学，为作文教学提供了比较坚实的理论基础。他利用活动心理学原理，以儿童语言交际功能发展的年龄特征为主线，构建小学作文教学新体系，以期解决在小学阶段要教儿童掌握哪些作文的知识和技能等问题。他的《吴立岗作文教学研究论集》为小学作文教学体系奠定了理论基础。

华东师范大学副教授王小明顺应科学心理学发展的趋势和要求，专注于研究学生在真实学校情景中如何学习等一般教学规律，用科学的理论指导学校的学科教学实践，如教学生学会怎样阅读、作文，学习数学、科学等。其代表作《学习心理学》是学科教学论的基础理论。

辽宁师范大学教授金洪源则另辟蹊径，从潜意识心理学的角度，研究知识与情绪的结构、认知结构与情绪反应的性质与水平，在问题解决的情境中对阅读能力和作文能力的培养做了深层次的分析和研究。尤其是其创建的元认知心理干预技术，为解决学生在阅读和作文中出现的学习障碍提供了诊断和辅导的干预技术。其著有《学科学习困难的诊断与辅导》等专著。

二是建立一套成熟的教师专业培训的方案。

以科学心理学为专题的教师培训已在许多地方开展，取得了以哲学经验为取向的教师培训难以企及的效果。凡是参加过科学心理学专题培训的教师，都真切地认可科学取向教学论对提高教师专业水平的有效性。笔者从事语文教科研和教师培训工作多年，深切地感受到，无论是教师培训还是教学实践指导，要得到广大一线语文教师发自内心的真正认可和真诚欢迎，是很不容易的。原因很简单，一线语文教师面对的是学生，他们需要的是能真正解决他们在教学过程中遇到的一系列实际困难的方法和策略。

鉴于科学心理学和现代教学设计的理论比较抽象，教师接受起来相当困难，因此，在长期的教师培训中，笔者研发了一套教师容易理解和接受、具有可操作性的专题行动研修方案，可以有效地将学到的理论转化为可操作的教学技术，最大程度地提升教师培训的质量和效率。如2009—2019年，笔者在浙江萧山牵头进行了长达10年的语文教学科学化专题培训，每年两期，每期7天，参训教师1000多人，培训效果十分显著，得到了一线教师的普遍欢迎和赞赏。

三是成功实践，即能经受科学验证的成功案例。其中较典型的例子如下：

1980—1984年，皮连生教授在上海宝山区开展的"知识分类与目标导向"理论与技术的科学实证研究。上海一些学校开展了"小学低年级学生掌握汉语句法、词性概念、规则的教学实验研究"。

1983年，广东省特级教师丁有宽主持的"读写结合五步训练"教学实验。他从文章的语言结构和表达（描述）两个方面，归纳出记叙文读写的规律性知识，并称之为"五十个基本功"。为了使语文"双基"落在实处，他又从"言之有序""言之有物"等方面进行系统设计，由此揭示了句子、句群、构段、构篇中的各种逻辑关系。如此，既可以提高学生语言的条理性，又可以促进学生逻辑思维的发展。

1984年，吴立岗教授在上海宝山区用活动心理学理论开展了"小学二年级童话体作文教学实验"和"小学中年级作文教改实验"等科学研究，其成果编入《吴立岗作文教学研究论集》。

1992—1995年，笔者在浙江省象山县石浦镇中心小学开展了"小学语文单元达标训练"的实验与研究，以言语技能训练为重点，借助单元达标的形式，通过小步子成功的累计心理效应，使 90% 的学生达到 80% 的学习掌握水平。三年内取消所有书面家庭作业，三年后的教学检测取得令人惊喜的教学效果。1995—1998 年，笔者又在全县 6 所学校 13 个班级中进行验证性实验，取得了同样显著的成效。（参见本书附录）

2002 年，中央教育科学研究所研究员戴汝潜遵循钱学森的"大成"教育思想，按"动作技能、智慧技能、认知策略、人文修养"四类协调的横向学习目标，按"认知规律、汉语规律、方法规律、发展规律"四律为据的理论原则，编写了一套《大成·全语文》，先后在全国 24 个省、自治区、直辖市上千所学校开展了语文教学科学化的实验，取得了很好的学习效果。

2007 年，原内蒙古自治区包头市土默特右旗、现广州市花都区教师石皇冠曾在内蒙古自治区土默特右旗党三尧中心小学开展了写字序列化的科学研究，他将写字教学任务分解为动作技能和智慧技能两个部分，用黄金格习字法从汉字中提炼书写规则，并将规则序列化，组成相对独立的写字课程，颠覆了传统的写字教学观，科学有效地提升了写字教学的质量和效率。

2008 年和 2011 年，皮连生教授组织的团队分别在苏州市实验小学、北京市昌平区十三陵中心小学开展了语文教学科学化的研究。其中的十三陵中心小学是一所乡村小学，经过三年的教师培训和实践指导，全校教师基本上摆脱了模仿别人教法的陈旧做法，能够运用科学取向教学的理论和技术，独立自主地研发规范的单篇课文和专项技能的教学设计，取得了传统教学难以企及的教学效果。

2008 年，笔者在浙江省象山县组织开展了小学语文教学科学化的探索性研究，验证了"结构助词的、地、得"教学有效性的科学结论；2012 年，笔者在浙江省宁波市白鹤小学开展了修辞教学专项技能的教学实验研究，成功研发了比喻、拟人、设问、反问、排比、夸张、对偶等 14 个专项技能教学设计和课堂教学典型案例。

2010 年，杭州师范大学倪文锦教授与华东师范大学博士周子房及笔者在宁波、杭州、金华、广州等地 9 所学校开展了电脑打字、识读写互动的课题研究，效果显著。2012 年和 2016 年，笔者又在浙江省象山县丹城第五小学、上海市民办协和双语学校开展了低年级电脑打字、朗读与写字等专题训练的实践研究，并最终形成了一项成熟且具有普遍推广价值的科研成果。

2014年，广州市花都区教育局提出构建"科学与高效"的课堂教改任务，聘请了华东师范大学心理与认知科学院以副院长庞维国教授为首的团队，以语文、数学、英语、物理、历史五门课程的骨干教师为重点培训对象，进行学习心理学和教学设计的专业培训。培训结束后，其中7所试点小学的语文教师分别研发了低年级朗读指导课、单篇课文教学、专项技能教学等基于科学心理学的教学设计和课堂教学案例。课堂教学的"科学高效"初露端倪。

2017年，笔者在云南省保山市腾冲市，以姜琪语文名师工作室的骨干教师为重点培训对象，进行了学习心理学和教学设计的专业培训，激起该区域语文教师的教改热情，专项技能教学成了该区域语文教学的重点课题。

上述教学实践和成功案例大都获得当地教育行政部门和教科研部门的高度重视和大力支持，而且取得一系列令人振奋的实践成果。

四是开展以科学实证为主的语文教学科学实验研究，并通过科学的学术鉴定，形成科学研究成果。

在这个层面进行的科学实验研究还不多，笔者了解到的主要有：皮连生教授在1984年主持的"小学低年级学生掌握汉语句法、词性概念、规则的教学实验研究"以及"小学四年级学生分段能力的教学研究试验——一项以策略性知识为主要目标的教学实验"；吴立岗教授在1984年主持的"小学二年级童话体作文教学实验"和"小学中年级作文教改实验"等科学实证研究；邵瑞珍、皮连生、王映学等人在1995年开展的"知识分类与目标导向教学"的实证研究。

综上所述，30余年的语文教学科学化历程已初步展现了语文教学应具备的雏形。通过现有的成功实践，我们建立了三个自信。

（1）理论自信：科学心理学理论和教学设计技术能切实帮助解决语文教学中的一系列疑难问题。

（2）道路自信：语文教学科学化是语文教学走出高耗低效泥潭的必由之路。

（3）实践自信：在科学心理学和教学设计技术指导下的语文实践，无论是教师的专业培训，还是学校的语文教学实践，均取得了令人振奋的成效。

虽然语文教学科学化实践目前还只是在少数地区进行，但其所取得的效果已开始引起许多语文教师和部分专家的关注，并以星火燎原之势在许多地方逐渐推广。目前应主要做好两件事：一是加强基础理论的研究，建构一套比较系统、完整、科学有序的语文知识体系，为语文教学提供数量有限、质量稳定的教学内容；二是运用科学心理学理论和现代教学技术，研发一套普适性的结构化、系统化教学设计。

最后，借用伟人毛泽东在《星星之火，可以燎原》中的最后一段话，以示对语文教学科学化的展望：它是站在海岸遥望海中已经看得见桅杆尖头了的一只航船，它是立于高山之巅远看东方已见光芒四射喷薄欲出的一轮朝日，它是躁动于母腹中的快要成熟了的一个婴儿。

第二章
语文教学的科学理论与先进技术

近百年来,我国的语文教学一直陷于高耗低效的历史泥潭难以自拔,无数专家学者和名优特教师前赴后继地寻找改革语文教学的良药秘方,但至今仍看不到成功的希望。为什么?

1978年,吕叔湘先生尖锐的批评震动了语文教学界:两千七百个课时用来学语文,却是大多数学生过不了关,岂非咄咄怪事? 40多年过去了,这个问题至今无解。

1985年,物理学家钱学森指出了问题的关键:教育科学中最难、最核心的问题,是教育科学的基础理论,即人的知识和应用知识的智力是怎样获得的?有什么规律?只有找到语文教学的科学理论和教学技术,才能解答吕叔湘先生对语文教学的质疑和批评,才能让语文教学走出高耗低效的历史泥潭。

第一节　语言学理论：语文课教什么

为解决语文教学中各种疑难问题，近百年来，各路专家提供了近百种理论，从不同的角度对语文教学作出各自的解释。从解决语文教学难题的角度看，比较靠谱的是语言学和科学心理学理论，但这两类理论也有十几种。

在笔者看来，要切实解决语文教学难题，就需要从语言学、科学心理学、唯物辩证法三个领域的科学理论中汲取营养，建构切实有用的科学理论和教学技术。语言学主要解决教什么的问题，科学心理学主要解决怎么教的问题，唯物辩证法则坚持实事求是的精神，解决语文教学的结构化、系统化问题。三者需要合作共振，协同运作。

语言学是一门以语言为研究对象的先导性理论，其目的在于研究与揭示语言的本质及其发展的内在规律。语文教学需要有科学的理论指导，而语言学是与语文教学最密切相关的理论。

我国对语言学的研究早在公元前 7 世纪就已开始，如音韵学（语音学）、训诂学（语义学，兼有语法学）、文字学，这比古希腊的语法学、修辞学研究至少要早 2 个世纪。17 世纪以后，由于清王朝的闭关锁国，我国的语言学研究开始滞后。直至 19 世纪末，我国一些语文学家才开始对汉语进行语言学的研究。1898 年马建忠的《马氏文通》是我国第一部比较系统的语法书。虽然语言学与语文教学具有十分密切的关系，但语言学界与语文教学界似乎关联较少。语言学界的研究，要么是对语言本身的纯理论研究，要么是对第二语言教学（外语教学）的研究，而对母语教学，除了"注音识字，提前读写"等少数实验，很少有人涉及；语文教学界大都不了解语言学理论及其发展，这使得语文教学长期缺乏语言学理论的指导。这恐怕是语文教学耗时多、效益低的深层次原因之一。因此，语文教师要了解和掌握一些必要的语言学理论知识及其发展轨迹，用辩证思维反思语文教学实践，减少语文教学的盲目性和随意性。

一、语言和言语

"语言"和"言语"是语言学的两个重要概念，也是语言学的基础理论问题。语言是人类重要的沟通工具，是人类进行思维的工具，这是比喻的说法，主要点明了语言的功能。就其本质而言，语言是以语音为物质外壳、以词汇为建筑材料、以语法为结构框架构成的符号系统。文字是记录语言的书面符号，语文教学界将其合称为"语言文字"。显然，语言文字包含着两大要素：一个是语言文字本身，另一个是语言文字的运用规律和语法规则。语言就是由这两样东西组成的一个完整的符号系统。语言具有工具性。

言语是人们运用语言这个工具传递信息、表情达意的过程和结果，具有个人特色。通俗地讲，言语就是说话这个行为和所说的内容。仔细分析一下就可发现，人们说的每一句话都包括了以下几个要素："说"的行为、"说"的内容、"说"时所用的词语和规则。其中前两个就是言语，最后一个则是语言。语言作为被使用的工具，在说话的过程中已转化为言语的组成要素了。

人们在日常交流活动中，可以不注意区分语言和言语，但在语文教学中，却不能不加以辨析，弄清这个问题，有助于解决语文教学中的许多实际问题。例如：

"我们之间没有共同语言。"

"这篇文章的语言真优美。"

"这个人讲的是什么语言？"

"语文教学的根本任务是学习语言。"

上述四句话中，"语言"的含义是不一样的。前两句中的"语言"实际上是指言语。如第一句中的"没有共同语言"，是指对话双方说不到一起，或无法接受对方所说的话，而不是说对话双方用的是不同的语言。第二句中的"语言真优美"是赞扬作者运用语言的技巧，因为语言作为工具，其本身是没有优劣美丑之分的，这里的"语言"实际上就是言语，指的是所用的词语和规则。第三句中的"语言"则是语言而非言语，指的是对方说话时所运用的是一种语言工具。而第四句中的"学习语言",则是一种宽泛的说法,既包括了语言,即对语言本身的学习和掌握,如识词、析句、找近义词、反义词等;也包括了言语,即对语言的运用,如造句、写信、口语交际等。由此可见,语言学中的"语言"和日常生活中的"语言"并不完全是同一回事。从语文教学的角度看,要特别从两个方面来整体认识、把握语言和言语的特点。

(1)语言是有限的,是人类共享的知识,而言语是无限的。

语言这个系统,无论是工具性本身,还是运用语言这个工具的语法规则,都是有限的。如汉语拼音符号包括大小写字母和4个声调,约有60个,音节有400多个,构成音节的音素有30多个,小学生要掌握的常用汉字有3500个左右,标点符号有17种。运用语言的语法规则,数量也是有限的。如汉字构字法有象形、会意、指事、形声、假借、转注6种,汉字结构有上下、左右、上中下、左中右、半包围、全包围、独体字7种。汉语拼音的拼读法有声母与单韵母拼读、声母与复韵母拼读、声母与介韵母拼读、整体认读音节4种。词语与句子虽然比较复杂,但其数量也是有限的,以语文课标2011年版的附录为例,词的分类有名词、动词、形容词、数词、量词、代词、副词、介词、连词、助词、语气词、叹词12种,短语的结构有偏正式、并列式、主谓式、动宾式、补充式5种;句子的分类中,单句的成分有主语、谓语、宾语、定语、状语、补语6种,复句的类型有并列、递进、选择、转折、因果、假设、条件7种;常见修辞格有比喻、拟人、夸张、排比、对偶、反复、设问、反问8种。

而言语是无限的。首先,言语作为一个行为过程,人们所说出的话是无限的,任何一句话都可以追加成分而使它变得更长甚至无限长。我们每个人每天都在说话,一生可以说出无限多的话语。图书馆里的各种图书都是文字记录的言语作品,人类已经创作并将不断地创作出更多的乃至无限的言语作品。其次,言语是不稳定的。每个人说话的嗓音,每个音的具体发音,每一次说话或书面交流所使用的词语和句子等都有鲜明的个人特色,如"自言自语、少言寡语、甜言蜜语、花言巧语、慢言细语、快言快语"等词语都形象地揭示了言语的个人特色。

（2）在实际语文生活中，语言和言语又是密切相关的。

言语不能脱离语言而独立存在，离开语言这个工具，人与人之间就只能用表情、动作等体态语进行交流。同理，语言也离不开言语。任何一种语言都必须通过人们的言语交际活动才能发挥它传递信息和表情达意的交流功能。离开了人们的交流活动和具体的语境，语言就成了机械的工具性符号。如《鱼游到了纸上》一文中有这样一句话："金鱼游到了他的纸上来啦！"没有读过这篇课文的人能感受到这是一个感叹句，句子完整通顺，没有语法错误。但对这句话的意思会产生疑惑：鱼怎么会游到纸上呢？会不会是病句？是哪种性质的病句呢？读过课文就会知道，这是对一名聋哑青年忘我地学画，将金鱼画得栩栩如生的高超画技的惊叹，而且是用小女孩天真烂漫般的话语写出了这种情趣，这个效果远胜于"他画得真像啊！""他的水平真高啊！"之类的直接感叹。由此可见，语言和言语在语文教学中是密切相关的。

但有时为了需要，语言也可暂时脱离言语而存在，如字典，词典，语法书中的字、词、句，以及语法规则中的语例等语言现象。这在小学语文教材中也可找到例证，如课文后面的生字表，教材附录的生字表、写字表、词语表等。

值得注意的是，语言和言语都有一个重要的内容——与遣词造句相关的词法、句法等语法规则，与布局谋篇相关的文法、章法、表达方式等言语规则。这些内容在语文教科书中是看不见的。看不见并不等于不存在，语法规则和言语规则是隐形地蕴含在每一篇言语作品之中的。问题的焦点在于：这些语法规则和言语规则是语文教学的核心内容，语文教材中却没有明确显示，这就迫使语文教师要从一篇篇课文中大海捞针似的把这些规律性知识找出来，这个难度实在太大了。也正因为这些难题，语文教学才显得扑朔迷离，难以把握。

（3）教语言，还是教言语，这是语文教学面临的一个艰难的抉择。

要回答这个问题，首先要明白一个事实：学校里语文教学的时间是有限的。20世纪80年代，学校一般一周有11节语文课，现在一周只有7节语文课。语言是有限的，言语是无限的，因此，语文教学应该教的是有限的语言文字，而不是无限的言语作品。用有限的时间去教无限的言语是很恐怖的。

再联系叶圣陶的话"教材无非是个例子",这就对上号了,当前流行的"教语文而不是教课文"的含义也就有点眉目了。不幸的是,长期以来,我们的语文教学就是用有限的时间教无限的言语作品,且至今仍没有走出这个误区。

二、语言和文字

语言和文字是两个彼此独立而又密切相关的概念。文字不是语言,而是记录语言的书面符号,是人们运用语言进行交流活动的辅助性工具。从语言文字的历史发展来看,是先有语言后有文字的。从语言与文字的发展现状来看,不同的语言可以采用相同的文字形式,而同一种语言也可以采用不同的文字形式。前者如英语、法语、德语、西班牙语等均采用拉丁字母,后者如南斯拉夫的塞尔维亚语有拉丁字母和斯拉夫字母。有时,不同的语言也可以用同一种文字记录,如汉语、日语、朝鲜语和以前的越南语均采用或曾经采用汉字作为记录语言的工具。因此,不能把语言和文字混为一谈。

我国小学语文向来重视识字教学,20世纪七八十年代,全国共创建了30多种识字教学法,在识字教学领域取得了显著成效——低年级学生认识2000多个汉字已不是难事。然而,所有的识字教学实验都有一个共同的难题没有解决——错别字。究其根源,就是没有正确处理好语言与文字的关系,具体地说,就是词与字的关系。

词属于语言的范畴,只有语音和语义两个要素,其本身是没有形的。字不是词的形式,是记录词的书面符号。一个词用什么字来记录,由几个字来表示,是一种约定俗成的关系,其间没有必然的联系。如"葡萄"这个词由两个字组成,"计算机"由三个字组成,"葡""萄""计""算""机"这几个字是构词的"词素",其本身是没有什么意义的。有时人们说汉字是表意文字,具有音、形、义三要素,这里的"字"实际上指的是单音节词,如"山""水""江""河"等既是字又是词,这种情况掩盖了词与字的内在逻辑关系,学汉字难就难在这里。小学生常常把"应该"写成"因该",把"主席"写成"主度",很可能就是字、词不分造成的结果。在语文教学中,强调孤立识字和写字，学词时忽视对"词形"的整体识记（这里的"词形"指的是一个词由哪几个字记录的固定的书写形式），这实际上是识字教学，而不是词语学习，结果是学生靠机械识记记住了一些字的书写符号，但在词的实际运用中，往往由于"音"与"形"的实质性联系不牢固，导致了错别字的产生。

而从人类文化的角度看，汉字又是一种特殊的文字。汉字是当今世界上唯一仍在使用的象形文字，其中隐含着中华民族独特的思维方式和人文内涵，是中华民族几千年保持高度民族统一的重要原因。因此，汉字文化也是语文教学的内容之一。有人以朴素的民族感情强调"字本位"教学，此观点应该被予以尊重，但不能因此而忽视字与词的内在逻辑关系。小学生识字的目的是阅读和习作，不是去研究汉字的学理和文化。

三、语言和篇章

语言和篇章这两个概念似乎很容易分辨，但在语文教学中，仍常常被混淆。如把"字词句篇、听说读写"并列起来统统称作语言训练。其实，它们属于不同的范畴。"字词句"属于语言的范畴，"篇"属于篇章的范畴，"听说读写"则属于言语行为的范畴。它们是有质的区别的。

所谓篇章，就是用语言这个工具表达一个完整的意思并用文字记录下来的定型的书面言语作品。语言存在于篇章之中，但不从属于篇章。语言的范畴是：词素、词、句、句群；段、篇属于篇章言语学的范畴，阅读教学中的分段、概括段意、归纳内容和中心主旨均属于篇章训练，而不是语言训练，尽管其中有语言的因素。就好比数学、科学等学科的教学中也有语言因素，但不能就此说数学、科学也是语言训练。平时所说的阅读教学与作文教学实际上都属于篇章训练的范畴，虽然在阅读和写作训练中都要涉及语言的学习，但这毕竟是两码事。例如，在阅读教学中，对课文中的词语和句式进行解词、析句是语言训练，而要求找出表达文章中心的关键词、中心句，或有关文章结构的过渡句、过渡段等，就属于篇章训练了。因为语言学中是没有关键词、中心句、过渡句这些概念的。

长期以来，由于缺乏语言学理论的科学指导，不仅语文课堂教学中出现了淡化知识的现象，语文学科的读物中也经常出现各种不应该有的病例。

例如，在一篇题为《春夏秋冬》的文章中，正文中有4个词语、4个短语。"春风、夏雨、秋霜、冬雪"4个词语都是偏正结构，分别指"春天的风、夏天的雨、秋天的霜、冬天的雪"。"春风吹、夏雨落、秋霜降、冬雪飘"4个短语是主谓结构，分别指"风吹、雨落、霜降、雪飘"。编写者从内容层面考虑，认为题目应是《春夏秋冬》；但从语言规则的角度考量，文中的关键词应是风、雨、霜、雪，题目应该是《风雨霜雪》。

再如，某篇阅读练习中有一个句子："孩子看见从小青蛙家的窗户里冒出黑烟，蹿出火星。"这是个病句。"从小青蛙家的窗户里"是介宾短语。如果作定语，就要在"冒出黑烟""蹿出火星"之间加一个"的"，即"冒出的黑烟""蹿出的火星"；如果作状语修饰"冒"和"蹿"，"从小青蛙家的窗户里冒出黑烟，蹿出火星"就缺少了主语。联系上下文，这句话正确的写法应该是去掉介词"从"，改为"孩子看见小青蛙家的窗户里冒出了黑烟，蹿出了火星。"

第二节　心理学理论：语文怎么教

语文教学与研究有两种路径：一种是哲学思辨与经验演绎的教学研究，主要指由主观思辨和经验总结所形成的对语文教学的看法，简称哲学取向教学论，至今已有几千年的历史；另一种是教育心理学理论指导下的科学研究，主要指经心理学和科学实验所证实的语文教学科学规律，简称科学取向教学论。科学取向教学论遵循学习的客观规律，主张用科学实证的方法，提供具有广泛运用价值的技术和方法。其显著特点就是可重复、可验证，这样得出的结论就具有科学性和普遍推广的价值。这两种教学论各有各的优点和缺点。

皮连生教授指出哲学取向教学论有 3 个优点：第一，它能对教育实践提供一般的原则性指导；第二，其中的许多论述反映了教育与教学规律；第三，能及时反映社会需要。同时，也指出了这种理论的局限性：第一，它有许多未经严格定义的概念，由这些概念构成的原理，其含义模糊；第二，缺乏可操作性，由于许多概念的定义模糊，教师在实践中难以操作，很难达到预期的教学效果；第三，用这种理论培训教师，教师的专业发展十分缓慢。

科学取向教学论也有 3 个优点：第一，由于有坚实的科学心理学理论基础，它的概念一般经过严格定义，由这些概念构成的原理含义比较清晰；第二，它有一套可操作的系统教学设计技术，明确告诉教师做什么和如何做，可操作性强，能有效解决语文教学中的许多疑难问题；第三，近 10 年来，科学心理学在对语文教学的介入研究中取得了突破性的进展，已能解决语文教学的各种疑难问题，教师在这样的理论培训下成长较快。

科学取向教学论也有一定的局限性：它虽然能将复杂的综合能力分解为一个个专项技能分别进行教学，但一个个专项技能如何形成综合能力？其心理过程如何？心理学对这些问题的研究尚无重大突破，还需要借助哲学推理和经验演绎等方法来解决。下面从教什么和怎么教两个层面来说明两种取向教学论在语文教学中的差异。

一、教什么

上一节已经从语言学的角度初步阐明了语文教什么的问题，本节用科学心理学理论进一步阐释这个问题。要解决教什么的问题，首先要从"学什么"的路径入手，即学生的语文学习是如何进行的，能力是如何形成的。这涉及学习的内在机制和认知规律。哲学取向教学论对此的回答是模糊的，科学取向教学论对此的回答则很清晰，可以为教师实际操作提供科学的依据。

例如，传统的语文教学十分强调阅读教学和写作教学，期望以此培养学生的阅读能力和写作能力。心理学研究则表明，阅读能力和写作能力都是综合能力，综合能力是不能直接教的，构成综合能力的语文技能一般也是不能直接教的，能直接教的是语文知识，技能是在掌握知识的基础上通过变式练习转化而来的。语文读写能力是由知识和技能综合构建而成的。显然，这是哲学取向教学论占优势的语文教学界很难理解的，诚如山东省东营市一名中学校长的困惑："心理学许多观点与我们在学校里看到的正好相反，是学校错了还是心理学错了？"对此，必须坚持实事求是的精神，坚持科学论证。

首先，要弄清楚构成综合能力的知识成分，在语文教学中，就是构成阅读和写作能力的知识成分。科学心理学研究表明，语文阅读能力和写作能力大致由以下五类知识构成。

（1）课文的思想内容。课文的思想内容是作者所叙述和论述的事实、道理、价值、情感等事实性知识。语文课程的主要目的是让学生借助课文的思想内容知识，学习作者如何用语言这个工具来表达内容和情感。

（2）遣词造句等基本智慧技能。这是学生在已有口语句法规则基础上，通过学习书面语，运用词法、句法等概念和规则而形成的言语智慧技能。学生可以运用此技能来解决阅读中的理解、分析，写作中的表达、修改等问题。

（3）文章构思和写作技巧方面的高级智慧技能。如学生能按时间顺序、事情发展的顺序等逻辑结构自觉对一篇文章进行分段或分层，能独立分析出一篇文章的写作特点，熟悉写作技巧方面的知识等。

（4）阅读和写作中的策略性知识。这是反省认知方面的知识，主要指学生能自觉调控自己阅读和写作的学习过程。如在阅读中带着问题读，通过圈画、做批注、摘录好词好句等策略来提高阅读能力等。在写作前能认真审题，列好写作提纲，能对照目标修改作文等。

（5）正确、流利朗读和规范写字等动作技能。如在阅读课文时，学生常常要用朗读的方式来感受课文中的思想感情，即使是默读，也需要有正确的朗读技能支撑。在写作时，学生要想顺畅地写出一手正确、规范甚至美观的文字，就要具备书写工整、规范，有一定速度的动作技能。

显然，无论阅读还是写作，学生都需要一心多用，既要考虑课文或内容的选材、立意、构思等，又要考虑遣词造句、布局谋篇等因素，还要关注书写规范、端正等书写行为。大脑的工作记忆和心理机制能否承受如此多的认知负荷呢？这要从人类记忆系统的三个信息加工阶段中寻找答案。（如图2-1）

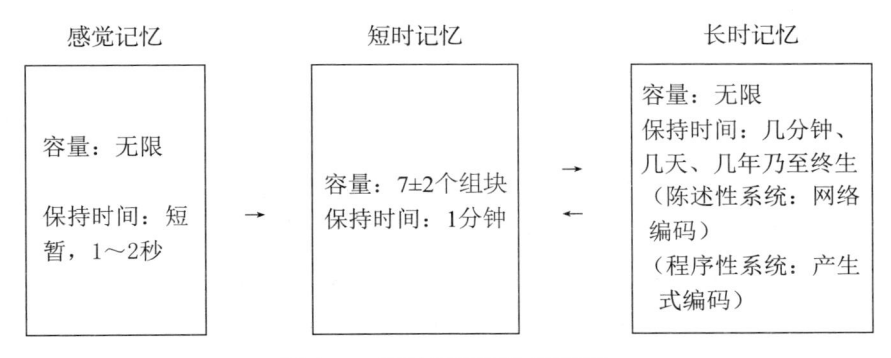

```
   感觉记忆              短时记忆              长时记忆
┌──────────┐        ┌──────────┐        ┌──────────────┐
│          │        │          │        │ 容量：无限    │
│ 容量：无限│        │          │   →    │ 保持时间：几分│
│          │   →    │容量：7±2 │        │ 钟、几天、几年│
│ 保持时间：│        │个组块    │   ←    │ 乃至终生      │
│ 短暂，1~2秒│       │保持时间：│        │（陈述性系统：│
│          │        │ 1分钟    │        │ 网络编码）    │
│          │        │          │        │（程序性系统：│
│          │        │          │        │ 产生式编码）  │
└──────────┘        └──────────┘        └──────────────┘
```

图 2-1　三种记忆工作模型图

一是感觉记忆，这种记忆的容量是无限的，但信息的保持时间很短暂，一般只能保持 1～2 秒。我们在日常生活中会看到、听到、感觉到各种各样的信息，这些信息是海量的，只有极少数经过选择性注意的通道进入短时记忆，绝大多数信息很快就被遗忘了。

二是短时记忆，这是重要的学习加工平台。短时记忆有两个突出的特点：一是信息的保存时间较短，一般为 1 分钟；二是记忆的容量有限。心理学家米勒的研究表明，短时记忆能同时保存的信息单位是 7±2 个。学生的学习主要是在短时记忆区进行的，包含着两种学习类型：一种是为保持信息而进行的复述；另一种是通过学习加工对信息进行编码，然后将经过编码的信息送到长时记忆区中永久保存。信息如果未经编码进入长时记忆区，很快就会被遗忘。短时记忆的提升对学生的学习意义重大。著名心理学家迈耶甚至将提升短时记忆的有限容量作为一条重要的学习原则。

三是长时记忆，又称为潜意识记忆，能对信息进行几分钟、几天、几年乃至终生保存。进入长时记忆区的知识能长久储存，很难被遗忘。长时记忆区中保存的信息在需要时会被提取出来进入短时记忆区。在提取信息时，有时会出现遗忘，但这不是真的遗忘，而是在提取信息时发生了困难，这就涉及信息编码的问题。

短时记忆区将信息送到长时记忆区进行储存，一般有两种编码方式。一种是以命题网络形式进行编码，通过此编码方式形成的语文知识被存储在"陈述性知识系统"中。在日常教学中，如果编码不当，则提取信息时就会出现阻碍。传统教学往往采用大量复习、死记硬背等碎片化编码方式，即所谓的语言积累，这种方式不仅耗时费力，而且编码杂乱无章，提取时难免出现阻碍和错误。以常见的错别字现象为例，学生经常将"关键"写成"关健"，将"主席"写成"主度"，原因是学生在学习这些词时，在短时记忆中没有很好地进行编码，结果这些词以错误的编码形式进入长时记忆中，当写作中要用到这些词时，提取的就是"关健""主度"这类错误的词语。当教师发现这些问题，尽管不断地讲解、矫正、复习、练习，学生在短时记忆中也确实都纠正了，但长时记忆中原来的错别字仍然"强势"地储存着，这就是错别字难改正的心理机制。因此，在短时记忆过程中，学生可用精加工、思维导图等策略做好编码加工，保证词语进入长时记忆存储时编码方式的正确。

另一种是产生式编码（产生式条件与动作的联结，它由条件项"如果"和动作项"那么"组成），通过此编码方式形成的语文技能被存储在"程序性知识系统"中。这些知识一旦被激活，就会自动执行相应的操作程序，即不占用短时记忆的空间，如写作时优美词句的"喷涌而出"就是很好的例证。

显然，培养阅读教学和作文教学中语文综合能力所涉及的知识数量远远超出短时记忆的工作容量，如果不加选择地全部教给学生，不但会增加学生学习时的心理负荷，而且也违背人的工作记忆是有限的这个心理机制和规律。

要指出的是，这个记忆工作模型是"认知模型"，未考虑学生的学习动机、情感等因素对学习的影响，对影响学习的社会文化因素也未予以考虑。但就揭示学习的内部认知过程这一点来说，这个模型提供了综合能力不能直接教的科学依据。

那小学语文应该教什么呢？教语文知识。语文技能是从知识转化过来的，这是知识与技能转化关系的底层逻辑。

语文知识分三类：第一类是语言文字符号性知识，第二类是课文内容等事实性知识，第三类是语法、章法等概念性知识。其中第三类概念性知识是重点，是核心。遗憾的是，这种概念性知识在当今的语文教学中却几乎是一片空白。

再从语文能力和情感态度两个维度来看语文教学的残酷现实：在小学，语文不教知识，而是倡导大量阅读，感悟体验，想象创新。到初中，初中老师普遍对小学语文教学质量不满，想补也无从补起，只好靠题海战术以求较高的升学率。到高中，高中老师关注的是高考升学率。高考结束，许多考生回教室的第一件事就是撕书，望着满天飞舞的纸片，发出"结束啦""自由啦""解放啦"之类的欢呼声。语文素养的维度之一"情感态度"出了问题，热爱读书的情感态度没了；至于另一个维度"语文能力"，则要到大学写毕业论文时，伴随着教授们紧皱的眉头，"大多数学生过不了关"的真相才浮出水面，原形毕露。

二、怎么教

1956年颁布的教学大纲中有一个很好的汉语教学建议，其基本思路是：要凭借足够的语言材料，从语言材料中概括出一些基本的语言规律，让学生认识这些语言规律，并且用这些规律指导自己的语言实践。

这段话非常精辟地揭示了语文概念性知识怎么教的问题，蕴含着"知识转化为技能"的科学心理学原理。许多语文教师看了这段话虽然都觉得非常有道理，可是在实践中仍不知道怎么教。运用科学取向教学论原理，能将这段哲理性很强的话语转化为科学的可操作的课堂教学程序。（见表2-1）

表 2-1　话语取向转变

哲学取向的精辟论述	科学取向的教学程序
1. 要凭借足够的语言材料	1. 学生要积累丰富的典型语例
2. 从语言材料中概括出一些基本的语言规律	2. 学生从三个以上的典型语例中发现其中的语言规律（"举三反一"）
3. 让学生认识这些语言规律	3. 教师用概念或定义揭示语言的规律性知识（清晰表征概念与规则）
4. 并且用这些规律指导自己的语言实践	4. 学生用规律性知识解决新的典型例题（举一反三，变式练习）

这段话可以分为4个层面。第一个层面"要凭借足够的语言材料"，就是在阅读教学中要引导学生在理解的基础上积累丰富的典型语例。后面三个层面则是语文专项技能训练课中的三个环节。第一个环节是"举三反一"："从语言材料中概括出一些基本的语言规律"，即从三个以上典型语例中发现其中的规律性知识，并引导学生将发现的规律说出来；第二个环节是认识语言规律，即在学生自主发现的基础上，教师用概念或定义揭示语言的规律性知识，使学生清清楚楚地认识这些规律；第三个环节是举一反三，即在变式练习中用已习得的规律性知识解决新语例中的问题，将知识转化为技能。

这与皮连生教授研发的"六步三段"专项知识技能教学模式有异曲同工之妙。概念性知识的学习一般要经历三个阶段：陈述性知识习得阶段、知识转化阶段和技能的运用与迁移阶段。

以上论述充分显示了两种取向教学论的互补原理，其中上文提到的1956年颁布的教学大纲中的那段话，实际上包含着语文教学的两种课型：一种是阅读课，另一种是专项技能课。经济学中有一个二八定律，即80%的收益来自20%的核心客户。迁移到语文教学中，这"20%的核心客户"就是专项技能课，即用不到20%的课时能提供80%以上的语文教学质量和效率。现在我们大多数阅读课则相反，80%的课时却只能提供20%的收益。要进一步解开语文教学高耗低效的历史难题，还需要从三个方面进一步解码。（具体内容参见第五章至第八章的"智慧技能教学"）

第三节　唯物辩证法：教学设计的结构化、系统化

科学技术是第一生产力，这句话里包含着两个要素：科学理论和专业技术。没有技术的理论是空洞的理论，只有技术而没有理论，则如盲人摸象，就像那漫天乱转的无头苍蝇。

语文教学不仅需要科学的语言学和心理学理论，还需要唯物辩证法的指导。辩证唯物法坚持实事求是的精神，坚持具体情况具体分析。要解决语文教学的结构化、系统化问题，并在此基础上寻找精湛的专业化教学技术，需要唯物辩证法的指导。

教学设计是一门科学的教学技术。在语文教学领域，它能有效解决语文教学结构化、系统化的问题。教学设计最重要的基础理论是学习心理学，专门研究有效学习的心理机制和各种条件。因此，教学设计实际上蕴含着学习心理学、教学心理学等科学理论，它们能真正推动语文教学的革命性发展。

教学设计的主要任务和功能是设置教学目标。通过任务分析，帮助教师确定教学起点和终点，选择相应的教学策略，将各种教学要素进行优化排序，形成科学、合理、可操作的教学方案。其目的是以最少的教学时间取得最佳教学效果，其中最重要也最难的是任务分析。

由于语文教学的复杂性和特殊性，语文教学设计分为语文课程的宏观设计与微观设计两大类。

一、语文课程的宏观设计

语文课程的宏观设计是从课程论的高度出发所做的顶层设计。它主要根据语文能力、语文基础知识和语文智慧技能之间的层级关系，语文能力和情感态度与价值观之间的内在关联度，来研究和确定语文基础知识和智慧技能在各学段的前后排列顺序等内在的逻辑，以及监测和预测学生在语文学习过程中产生的心理变化和结果。做好语文课程的宏观设计，可以使学生在每个

阶段习得所需技能，完成不同阶段的技能衔接。如学生在低年级阶段习得的正确朗读、规范写字等动作—智慧技能，可以为其在中高年级阶段，在阅读和写作层面的语感培养做铺垫，学习词法、句法、句读、标点等遣词造句基本智慧技能，是为写作中文通句顺的表达能力做铺垫；学生在中年级阶段习得的布局谋篇、修辞运用、表情达意等高级智慧技能，则是为后续各学段在阅读中理解课文，在写作中写清楚、写具体等要求所做的迁移性条件做准备。其功能和作用类似于"预制件"，当阅读与写作等综合实践活动需要这些知识和技能时拿来就能用，而不必到需要时因发现缺乏这些知识和技能而临时抱佛脚。

宏观教学设计即顶层设计应该是语文课程专家的任务，应该体现在课程标准研制和语文教科书编写过程中。要做好语文课程的顶层设计，首先需要在教什么层面更新有关概念的知识结构，辩证认识和正确处理以下几组知识概念的内涵及其内在的逻辑关系。

（1）继承和发展语文综合素养的目标导向及其价值功能，构建包含语文能力和情感态度与价值观两个维度的语文课程教学内容和教学目标体系。

（2）更新语文知识、语文技能和语文能力三个概念的知识结构，厘清语文能力与语文知识、语文技能两者之间的层级和逻辑关系。

（3）将语文知识与语文技能确立为小学语文的主要任务和教学目标，在此基础上开展阅读、写作、口语交际等综合实践活动，引导学生在综合实践活动中建构和发展阅读能力、写作能力、口语交际能力。

（4）辩证认识、正确处理语文能力、情感态度与价值观两者的矛盾统一关系，既要实现课程论层面以德树人的育人功能，又要完成教学论层面培养学生语文能力的教学目标。

二、语文教学的微观设计

语文教学的微观设计指的是语文教师在课堂教学层面所做的备课、写教案、准备教学资源等日常工作层面的教学设计，是在课程标准与教科书做好顶层设计的前提下进行的。顶层设计与微观设计就如同战略与战斗的关系，战略决策错误,战斗打得再精彩也无济于事。要做好微观教学设计,首先要学习有关学习心理学的基本原理。

(1)语文学习的知识分类。

语文教学要树立知识分类思想,并在此基础上确定教学内容和教学目标。不同类别的目标需要运用不同的教学方法,其中的规律需要用不同的理论来揭示。20世纪80年代,国际心理学爆发了认知心理学革命,安德森将知识分为陈述性知识和程序性知识两大类。布卢姆的教育目标分类学从知识和认知过程两个维度构建了两维目标体系。加涅的学习结果分类理论、奥苏贝尔的有意义学习理论、班杜拉的社会学习理论,则从不同侧面系统解释了每一类知识的学习过程和条件,阐明了知识转化为技能的基本规律。

笔者将各种学习与教学心理学理论的观点经整合、梳理,并与我国语文教学传统话语接轨,以揭示其中的共同要素。(见表2-2)

表2-2 学习与教学心理学理论的观点整合

我国语文的"双基"分类	安德森的知识分类理论	加涅的学习结果分类理论	布卢姆的教育目标分类理论	科学取向教学论视野下的语文知识与技能分类
基础知识:字词句篇	陈述性知识	言语信息	事实性知识	语言文字符号
				课文内容、生活经验等事实
			概念性知识	词法、句法、修辞、表达、篇章结构等概念、规则、图式
基本技能:听说读写	程序性知识	动作技能	不涉及	音节拼读、正确朗读、规范写字技能及其自动化
		智慧技能	程序性知识	遣词造句、布局谋篇、修辞手法、表情达意等技能
		认知策略	元认知策略	阅读、写作、口语交际等策略
思想品德、情感态度与价值观	不涉及	态度	不涉及	课文中人物榜样与情感态度,学习语文的态度与情感

上述知识分类及其教学原理参见相应的理论专著,这里不具体展开。

（2）语文教学设计的主要环节。

教学设计是为了帮助学生学习，而不是为了展示教师的教学过程，更不是为了体现某种教学理念。因为学生的学是一个独立完整的过程，而教师的教并不是如此，离开了学生的学，教师的教毫无意义。

语文教学设计分单篇课文教学设计、专项技能教学设计、单元重组教学设计，以及阅读、写作、口语交际、综合实践活动设计等类别。无论何种类型的教学设计，都涉及教学目标、教学过程和教学评价三个环节。

一是教学目标。教学目标是语文教学的灵魂。确定教学目标前，教师应明确：学生在这堂课或这个单元结束时能学会什么。语文的教学目标有两个要素：科学设置与可操作性表达（内容详见第三章第一节"语文的教学内容和教学目标"）。教学目标确定后，要对教学目标进行任务分析，这是教学设计中最重要的部分，也是最复杂的部分。这里仅就设置教学目标时要考虑的几个要素简要阐述。

①确定学生的学习内容，即学生需要学习的语文知识、语文技能、情感态度与价值观，语文技能一般是智慧技能、动作技能、认知策略这三类中的一个或几个。

②确定达成教学目标所需要的时间。教学时间是有限的，因此必须考虑哪些是需要教的，哪些是不需要教的。语文课中一个常犯的错误是教学的广度有余而深度不足，广度是指语文教材与课文中知识内容的覆盖面，深度指知识可以转化为技能的程度。

③确定教学目标的类型以及达成目标所需的教学条件是否满足。掌握一个新的教学目标需要利用先前习得的知识和技能，不同类型的目标需要不同的知识与技能，因此必须保证学生在学习之前已经具备应有的知识与技能，如果有知识缺口，就应及时补上。

④把单元分解为课时计划。课时计划是针对每一堂课所做的具体深入的教学准备，包括教师、学生将做什么等内容，以促进教学目标的有效达成。

二是教学过程。这是教学设计中富有挑战性的环节，教师需要根据教学目标，布置学习环境，准备各种教学资源，包括背景资料，各种典型例题、变式练习题，以及相关的多媒体设备等，其中最重要的是寻找与教学目标相匹配的教学策略。如果目标是传授知识，那么采用讲授法效果比较好；如果目标是学习动作技能，最好的方法是教师示范讲解、学生模仿、教师给予及时的反馈和纠正；如果目标是习得智慧技能，就不能用讲授加模仿的教法，因为智慧技能都是从知识转化过来的，教学要以掌握知识概念为前提，以迁移练习为核心；如果目标是培养学生的情感态度与价值观，就应采用班杜拉的榜样示范和观察学习等策略。

  三是教学评价。语文教学评价包括对语文教师的课堂教学评价和对学生的语文学业成绩评价两个方面。前者评价的是教师在课堂教学中指导、帮助、促进学生语文能力和素养发展的效果，后者评价的则是学生语文学习与语文能力发展的情况，两者的共同聚焦点就是学生语文能力与综合素养的形成和发展。同时，教学评价应以反馈矫正的方式，促进教师教学和学生学习的进步。当前语文教学评价在上述两方面都存在许多问题，这使教学评价异化为教师和学生头上的"紧箍咒"、难言的心头痛。因此，语文教学评价要解决两个难题：一是教师课堂教学评价的科学化，二是学生学业评价的科学化。

  探索教学评价的科学化有两个关键点。

  一是教师的课堂教学评价科学化。

  先看几个案例：其一，某地市举行优质课评比，十几个评委的打分相差惊人，高的90多分，低的60分，相差30多分。执教教师郁闷，听课教师困惑。其二，在某地省优质课评比中，一名教师上的课得到听课教师的一致好评，而专家评委的打分与听课教师的评价完全不相符。这在其他任何比赛评比场合都是不可思议的。如在体育、艺术等比赛评比活动中，众多评委的打分误差一般不会超过10%，评价结果也很少有争论，根源就在于这些评比都有一个科学合理的评价标准和规则。

  笔者认为至少可从以下几个方面来建构教师的课堂教学评价的过渡性标准。

  首先，看课堂教学的表象特点，即上的是不是语文课。根据语文教学应该用大部分时间教言语形式的本体要求，观察教师教的是课文的思想内容还是言语形式，用当前流行的话来说就是有没有"语文味"。有"语文味"说明上的是语文课，不是常识课。这是最低的合格标准。

其次，看课堂教学的内涵特征，教师教的内容是停留在语文知识还是语文技能上，我把它称之为有没有"语能味"。显然，"语能味"要比"语文味"高一个层次。

最后，看课堂教学的实际效果，即学生的学习是否达到了预期的教学目标，语文知识是否转化为了技能。用我生造的词来说，就是有没有"语效味"。这是优质课的标准。

这样，就由低到高清晰地形成了不同层次的评价标准，可以从语文教学的本体导向、能力取向、科学检测等方面引领语文课堂教学的健康发展。为了便于实际操作，还应该设置一些刚性的评价指标和操作步骤。首先，请执教教师简要阐述自己设计的教学目标，听课教师思考、评议教学目标设置是否科学合理，是否可操作、可检测，目标不明确的课就不必上了。其次，执教教师上课，听课教师根据教学目标来听课、评课，看这堂课是否紧扣教学目标，教学方法和策略与教学目标的类别是否对应、吻合，学生的语文技能是否发生了实质性的变化和进步。再次，对这堂课或这篇课文的课堂教学效果进行检测，即根据预设的教学目标编制相应的教学效果检测题，对检测效果进行定量分析，看各项目标的有效达成度。最后，综合上述要素开展课堂教学的评议和研讨。这样的教研活动始终指向语文课堂教学的语文品质和学生语文学习的质量提升，可有效剔除许多非语文的东西，切实保持教学目标、教学活动、教学评价三者之间的内在一致性，在这样的教研活动中，语文教师的专业水平就会得到快速提升。

二是学生的学业评价科学化。

学生的学业评价一般有两种类型：一种是标准参照评价，即绝对评价法，是学生自己与自己比；另一种是常模参照评价，即相对评价法，是学生之间互相比。指出这一点非常重要，长期以来，语文教学盛行的是相对评价法，这种评价关注的是学生之间或班级之间的成绩比较，以名次高低论英雄，结果给学生和教师带来无穷无尽的负担、压力和烦恼，导致语文教学的异化。而绝对评价法关注的是学生掌握教学目标的程度，其目的是改进教师教学，消除学生学习误差，使大多数学生能达到教学目标。因此，科学合理的教学评价采用的是绝对评价法，其中，确定的评价合格标准是一个难点。我国语文教学的学业评价合格标准是60%，这就意味着允许有40%的学习误差，显然，这个标准太低了。布卢姆在《布卢姆掌握学习论文集》中根据正态分布原理，提出了80%的合格标准，即允许有20%的学习误差，这就比较科学合理。

综上所述，教学设计最关键的三个要素是教学目标、教学过程与教学评价。考核语文课堂教学有效性的标准就是目标、过程、评价三者之间要达到高度的内在一致性，对教师来讲就是教什么、怎么教、教学效果的内在一致性；对学生来说就是学什么、怎样学、学习结果的内在一致性。三者达到高度的内在一致性，就说明教学有效，反之就是低效或无效。许多教师最关注的是第二个要素，即教学过程，而教学目标基本是个摆设。只要将教师教案中的教学目标与教学过程一一对照，就会发现，除了字词教学，许多教学过程与教学目标对不上号。目标上有的，在教学过程中却不见影子，反之亦然。至于教学评价，更是神龙不见尾，往往用课外的题海战来代替。打开市面上形形色色的语文教案，或者走进五花八门的语文课堂，就会发现这是普遍现象。

因此，要做好教学设计就要对语文教学的各种要素有一个清晰、全面的认识，要对具体的教学目标、教学内容、教学时间、教学顺序和学习过程做详细的分析和计划。如确定和分析教学目标的学习类型及其学习性质和特点以及每一项目标所需要的教学时间和学习条件，把单元目标分解为课时目标，制订课时计划，选择合适的教学资源等。

（3）语文教学的任务分析。

任务分析是现代教学设计中一项十分重要也是比较复杂的设计技术，是为了达成教学目标而对必须具备的学习条件进行一系列的前置性分析，旨在解决教什么和怎么教的顺序安排等问题。皮连生教授在《智育心理学》中专门对任务分析进行了论述，其要点是：在教学之前，首先，确定学生的起点能力，即学生原有的基础知识和技能的准备情况；其次，分析学生从学习起点到教学目标（学习终点）之间所需要满足的前提条件，即学生还需要具备哪些知识和技能；最后，分析教学目标中蕴含的学习类型，需要哪些教学资源和外部条件。这些工作就像医生给病人开处方：先对疾病进行正确的诊断和分析，后对症下药，开出正确的处方。

奥苏贝尔有一句名言：假如把全部教育心理学仅仅归结为一条原理的话，一言以蔽之，影响学习唯一的重要因素，就是学习者已经知道了什么。由此可知，任务分析就是要探明学生的原有知识，并据此进行教学。教学任务分析主要有以下四点内容。

①分析学生的原有基础，即根据教学目标分析学生原有的相关知识与技能。学生的原有基础决定着教学目标达成的快慢。

②根据教学目标分析学生是否存在知识缺口，即从学习起点到学习终点，学生还缺少哪些必要的知识和技能。这一步至关重要，它决定着教学目标能否有效达成。如发现学生存在知识缺口，就必须设计一个"先行组织者"的前置性教学，帮助学生将模糊或残缺的知识缺口补充完整。

③分析支持性条件。所谓支持性条件是指能更好地达成教学目标所需要的辅助条件，有点像化学反应中的催化剂，可以加快新学习的发生和能力的形成，比如教学过程中是否需要多媒体设备的辅助等。

④分析教学目标的类型。不同类型的教学目标有不同的教学方法，分析教学目标的类型，是为了找到合适的教学方法和策略。方法和策略正确，教学就会事半功倍，反之，教学效果就会大打折扣。传统的语文教学缺少的就是这一步，其结果就是耗时长、效果差。

由于语文教学目标比较复杂，有些教学目标之间有先后顺序和层次等逻辑关系，而有些教学目标没有。因此，语文教学的任务分析有一定的难度。下面试举两例佐证之。

其一，结构助词"的、地、得"的任务分析。

"的、地、得"这三个结构助词的教学，可用两套规则。一套是词法规则：代词和名词前面的修饰词用"的"，动词和形容词前的修饰词用"地"，动词和形容词后面的修饰词用"得"。另一套是句法规则：主语前的修饰词用

"的",谓语前的修饰词用"地",谓语后的修饰词用"得"。(见表2-3)

表2-3 结构助词"的、地、得"的两套教学规则

词法规则	句法规则
(的)名词　(地)动词 (得) (的)代词　(地)形容词 (得)	(的)主语 (的)宾语　(地)谓语(得)

小学语文教材中的练习采用的是词法规则。但词法规则常有例外,因此,即使学生从二年级就开始学"的、地、得",可是到了六年级,许多学生仍然搞不清,在写作中经常用错。用句法规则来教则不同,一般来说,只需要两节专项技能课(6个课时),绝大部分学生都能基本掌握"的、地、得"的用法。当然,要教会这三个结构助词是需要有前提条件的,因此在教学前需要做一项任务分析。

教学目标:能正确运用三个结构助词"的、地、得"填空、造句和改错句。

任务分析:从终点目标出发,逆向追问。

第一,学生要正确运用"的、地、得"填空、造句和改错句,他们首先必须知道什么?答:必须知道句法规则或词法规则。

第二,要掌握句法规则,学生必须掌握构成句法规则的哪些概念?答:主语、谓语、宾语和修饰词四个概念。

第三,要掌握主语、谓语、宾语和修饰词四个概念,学生必须先知道什么?答:句子的概念。

第四,要掌握句子的概念,学生必须先知道什么?答:要先知道句子有哪些主要成分。

第五,要知道句子的主要成分,学生还要知道什么?答:句子的主要成分和次要成分。

第六,句子是一个极为复杂而且难以下定义的概念。根据小学生的年龄特点,要先教两种简单完整句的句式和句子中的主要成分。

根据上述任务分析,找到三个结构助词教学需要的先决条件及其层级关系:

先教简单的完整句——主谓句和主谓宾句，识别句子的主要成分——主语、谓语和宾语；再教句子的主要成分和次要成分，让学生能正确识别和画出句子的主要成分；接着教缩句，让学生能识别出句子的主要成分；最后才能教结构助词"的、地、得"。由此形成以下具有层级关系的专项智慧技能课，共6个课时。

第一课，主谓宾句：能识别简单的完整句，说出并画出完整句中主语、谓语、宾语三个主要成分。

第二课，主谓句：能说出一个完整句至少有主语和谓语两个主要成分，画出主语和谓语这两个主要成分。

第三课，句子的主要成分和次要成分：能识别句子的主要成分"主、谓、宾"和次要成分"定、状、补"，并正确识别出句子的主要成分。

第四课，缩句，能识别出长句子中的主语、谓语和宾语。

第五、六课，能运用结构助词"的、地、得"造句和修改病句。

其二，概括段落大意。

概括段落大意的技能大致需要掌握以下几类知识：句子、句群和段落内容的语义知识；复句、句群和段落的结构语义关系，如并列关系、总分关系、承接关系等；概括句子、句群、段落主要意思的方法与策略。由此可形成以下教学层级关系：先教并列结构，概括段意需要找出并列关系的关键词，创造一个中心句，再教承接结构，最后教总分结构等的段落。

上述专项技能课经过多次实践检验，已被证明具有良好的教学效果。

第三章 语文教学内容、教学目标与认知过程

语文教学内容是客观存在的、外在于学生的、人类共享的语文知识。从广义知识观看，语文教学内容包括语文知识与技能、读写综合能力、情感态度与价值观等具体内容。综合能力是不能直接教的，语文技能是由语文知识转化过来的，语文教学内容主要指狭义的语文本体知识，即以语法、章法为核心构建起来的稳定的语文知识体系。狭义的语言知识是没有情感成分的。

教学目标是预期的学生学习的结果，教学目标是含情感成分的，是教学内容转化为学生认知能力的某种程度。语文教学目标由语文能力和情感态度与价值观两个维度构成，语文能力属于解决问题的综合能力，主要指阅读能力、写作能力、口语交际能力，这些能力都是由语文知识和技能综合构建而成。

认知过程是个体认识世界、获取知识的心理活动过程，个体认知发展的基础具有先天遗传的因素。教育目标包含两种最重要的认知能力：一个是保持，一个是迁移。语文学习中有三种学习情形：无学习，对学习内容既没有关注，也没有编码；机械学习，关注并能保持学习，但无法做到学习迁移；有意义学习，能用所学知识解决新问题。

只有弄清楚教学内容、教学目标与认知过程三者的逻辑关系，才能弄清楚语文的教学内容与教学目标，教师才能教得明明白白，学生才能学得扎扎实实。

第一节　语文的教学内容与教学目标

一、语文的教学内容

语文教学首先要解决教什么的问题，即语文的教学内容。与其他课程相比，语文教学内容一直未能完整地进入课程与教材研究者的视野。

新中国成立以来，在我国颁布的语文教学大纲和课程标准中，对语文教学内容表述最清楚的是1956年颁布的小学语文教学大纲。这部大纲明确提出：汉语教学的内容，依照语言学科本身的系统应该是语音、语汇、语法、文字、标点符号五项，并用近40%的篇幅对各年级阅读、汉语、作文、写字等教学内容进行了较为详细的表述。此后的各部教学大纲都没有语文教学内容的表述，只是列出各年级的教学要求或课程目标。语文课标2011年版做出了一些改变，在第二部分将"课程目标"改成"课程目标与内容"，但内容表述较为模糊。如在各学段的教学目标中，都设置了"识字与写字""阅读""写话""口语交际""综合性学习"五个领域，其中只有"识字与写字"属于语文知识与技能的范畴，有具体的内容和精确的数量指标。而"阅读""写话""口语交际"都是语文综合实践活动，是教学活动类型，不是教学内容。综合性学习属于跨学科的综合学习方式，也不是教学内容，它和"识字与写字""阅读""写话""口语交际"也不在同一个层面。鉴于课程总体设计中已有一门跨学科的"综合实践活动课程"，语文课程再设置一个跨学科的综合实践活动似有画蛇添足之嫌，学校的语文教学实践中也鲜有科学的案例。

其他课程如数学、物理、化学、历史、地理、政治等都有明确的内容标准，教什么，教师是明确的。唯独语文教学，由于缺乏内容标准，许多教师连教什么都不清楚。语文课程专家王荣生博士认为，我国语文课程与教学内容的问题，在课堂上表现为大面积地出现不合适的教学内容。小学语文专家吴忠豪教授也尖锐地指出，一门成熟的课程，必须要有结构化的教学内容，否则这门课程的合法性、科学性就会遭到质疑。我国语文课程长期缺乏结构化的教学内容，不仅使语文教学和学业评价缺乏科学依据，还可能会影响教科书编写的科学性。

如果采用文选型教材的编排方法编排教材，遵循的是思想性、人文性等选文原则，突显的是课文内容的价值取向，便会使教材忽视言语形式的功能定位，语文教学内容便成了雾中之花，在具体的课堂教学中呈现出随意生成的特点。从知识的角度看，这种文选型教材中的语文知识既丰富又匮乏。说丰富，是指课文的思想情感丰富多彩；说匮乏，是指语法、修辞、章法等概念与规律性知识的缺乏。若课文后面只有生字条和写字条，教材附录只有生字表、写字表和词语表，课后练习也大都是课文的思想内容，不是语文本身的知识，语文园地中的一些语文知识也大都是不成系统的知识碎片，许多语文教师就会对如何选择教学内容产生困惑，往往将教材内容、课文内容、教学内容混为一谈。

据查证，我国权威的《教育大辞典》和《教育百科全书》中均无"教学内容"这个词目。直至后来布卢姆的学生安德森等心理学家对其教育目标分类著作进行了修订，才有了关于教学内容与学科知识的论述：教学内容是人类共享的学科知识，教学内容是外在于学生个体的客观存在的知识。这在国际心理学和学术界已达成共识。

由此可见，一门课程的教学内容就是该课程的学科知识。数学课程的教学内容就是数学学科的数学知识，语文课程的教学内容就是语文学科的语文知识。语文知识是客观存在的、外在于学生的、人类共享的知识，具有以下几个鲜明的特征。

（1）语文知识是客观存在的。这与辩证唯物论的观点是一致的，物质是第一性的，社会存在是第一性的，语文知识也是一种社会存在。如果采取"去知识化""淡化知识"的立场，在理论上似乎有违辩证唯物主义的思想，在实践中则掏空了语文的教学内容。学生的语文能力过不了关则是语文教学去知识化、淡化知识所付出的代价。

（2）语文知识是外在于学生的。学生的语文知识和语文技能都是后天形成的。人们常说某人"喝过墨水""肚里有墨水",指的就是通过后天的教育获得了外在的语文知识;而说某人是"大老粗""胸无点墨",说明其没受过教育,是文盲或半文盲。

(3)语文知识是人类共享的。语文知识是中立的、不带感情的,没有温度和热度,对所有人都一视同仁,无论是好人还是坏人,是中国人还是外国人,语文知识都是能够共享的。斯大林在20世纪50年代就提出了"语言是没有阶级性的"的主张。

由于语文教学涉及的语文知识门类众多,内容广泛甚至繁杂,这与学校有限的语文教学时间形成尖锐的矛盾。在实际操作中,教师需要对浩瀚的语文知识有所取舍,选择那些能使学生终身受益的、最值得学习的语文知识作为教学内容。特别是面向小学生的教学内容,更要精益求精,不能有半点马虎。

为了深入理解语文的教学内容,特以语文、数学两门学科课程标准(2022年版)为例,通过比较来审视语文的教学内容问题。

数学课程标准中有一个"课程内容"板块,明确阐述了要教的数学知识和技能。如小学数学的教学内容主要有"数与代数""图形与几何""统计与概率""综合与实践"四个领域,因此各学段具体的教学内容与目标也都相应地规定了这四个领域要学的数学知识和技能。这些知识与技能的数量是有限的,教一项少一项,什么时候教完了,学生学会了,就不需要再教了。此外,在教学建议中提出的要在学数学的过程中培养学习数学的兴趣和情感体验,则属于情感态度方面的教学内容。

相较之下,语文课程标准中的这个板块,表述则较为模糊。根据科学心理学的知识分类思想,结合叶圣陶等人的长期研究,以及许多优秀教师的教学实践经验,笔者初步梳理了小学语文的教学内容,并以数学的教学内容为参照系,阐述语文的教学内容和教学目标及其知识分类的关系,具体内容见表3-1。

表 3-1　语文、数学教学内容与教学目标及其知识分类对照表

教学内容与知识分类		语文教学内容与教学目标	数学教学内容与教学目标
核心素养	陈述性知识		
	符号性知识	汉语拼音、常用字、标点符号	数字、运算符号、几何图形
	事实性知识	古诗文、课文思想内容与知识背景、学生生活经验等	学生生活经验与数学信息
	概念性知识	语法、章法、修辞与表达等	数与代数、空间与图形、统计与概率等概念与规则
	程序性知识		
	动作技能	写字、朗读	无
	智慧技能、认知策略	遣词造句、布局谋篇、表情达意等技能；阅读、写作、口语交际等策略	数的运算、方程与不等式、图形测量与坐标变换、数据统计与概率等
	问题解决能力	阅读、写作、口语交际等综合能力	数学实践与综合运用能力
	情感态度		
	课文中的人物榜样	中华优秀传统文化、革命文化、社会主义核心价值观	无
	学习兴趣、情绪和情感	学习语文的兴趣、积极情绪和情感体验	学习数学的兴趣、积极情绪和情感体验

表 3-1 所列是广义知识观视野下的教学内容和教学目标，即学科的核心素养。语文与数学的学科核心素养都是由学科能力和情感态度两大维度构建而成的。学科能力是由知识和技能综合构建而成的，学科知识就是陈述性知识，智慧技能和认知策略则是程序性知识。由此可见，表中语文的"陈述性知识"就是语文的教学内容，数学的"陈述性知识"就是数学的教学内容。语文的教学内容主要分三类。

（1）语言文字符号性知识，如汉语拼音、常用字、标点符号等。

这类知识是学生必须掌握的工具性知识。数学课程中也有这一类知识，如加减乘除等运算符号，其数量远远少于语言文字符号。这类符号性知识的学习特点是容易学，也容易忘，需要学生经常复习。

（2）课文内容等事实性知识。这类知识比较复杂，大致可分为两类。

①具有奠基功能的事实性知识，如古诗词、文言文，课文中的一些精彩语段等。这类知识既是语文的教学内容，又是语文的教学目标，也是测试与评价的内容，是学生必须掌握的知识。

②一般课文的思想内容。"教材无非是例子",这与数学教材里例题的性质是一样的。例子不是教学内容,也不是教学目标。但有一点与数学不同,语文的课文内容往往带有浓厚的思想感情元素,在情感态度与价值观方面是需要学生去体验和感悟的。由于小学课文的内容与学生生活经验比较贴近,学生能自己读懂,因此这类知识只需教师稍加点拨即可。

(3)概念性知识。

这类知识是课程的核心内容,如数学课程的核心内容是数与代数、空间与图形、统计与概率等概念与规则。而语文课程的核心内容是语法、章法、修辞与表达等语文本体知识。这类知识从学习性质上看比较特殊,首先,这是语文教学最重要的核心内容,是学生必须学习的;其次,这些知识虽然是教学内容,但不是教学目标,也不是考试内容,不要求背诵、练习,其作用是通过变式练习转化为智慧技能。长期以来,这些知识主要靠学生自己去感悟、体验,殊不知,这种通过感悟、体验来掌握的技能只有5%左右高智商或有一定天赋的学生才能做到,大多数学生是悟不出来的。因此,这是语文教学的短板。要解决语文教学高耗低效的历史难题,就必须补上这块短板。

还有一种程序性知识,即语文技能。语文技能不是教学内容,但其中蕴含的语文知识属于语文教学内容的范畴,因此在此一并予以阐述。

程序性知识有三大类:一类是动作技能,在语文课程中就是写字、朗读等技能,数学课中没有动作技能;另一类是智慧技能,数学课程标准和数学教科书中都明确显示了要掌握的技能,如数的运算、方程与不等式、图形测量与坐标变换、数据统计与概率等,在语文学科中则主要指遣词造句、布局谋篇、表情达意等技能;还有一类是认知策略,即阅读策略、写作策略和口语交际策略。统编版教材中有阅读策略的内容,但表达较为模糊。科学心理学的研究表明,程序性知识都是从陈述性知识转化过来的,语文智慧技能是由语文概念性知识转化过来的。

综上所述,小学语文的核心教学内容就是语文概念性知识。概念性知识大致可分为三类:第一类是能转化为语文基本智慧技能的语法知识,主要是词法、句法等知识;第二类是能转化为语文高级智慧技能的章法知识,主要是篇章结构、表达与修辞等知识；第三类是问题解决层面的元认知知识，如阅读策略、写作策略等元认知知识，这两种策略只有在掌握了语文基本智慧技能和高级智慧技能的基础上才能取得理想的效果。

二、语文的教学目标

教学目标是课堂教学的灵魂，影响和制约着教学过程和教学效果。上课前，教师首先要关注的是教学目标的设置，包括教学目标的正确导向、合理定位、科学表述等问题。许多语文教师在课前备课、写教案时，出于对形式完整的追求，要进行教学目标设计。但从实际情况看，许多教案中的教学目标使用的几乎是同一模式，共包括三大块：认识本课生字词；研读重点句段，有感情地朗读课文或背诵课文；体会课文所表达的思想感情。

这种可套用于任何年级、任何课文的教学目标表述，实际上虚化了教学目标。教学目标是预期的学生的学习结果——这是国际教学界公认的定义。这句话看上去很简单，实际上包含着四层意思。

（1）教学目标是学生的学习结果。许多教师在设置与陈述目标时习惯于传统的表述方式，即不是从学生学的角度，而是从教师教的角度进行表述。下面是几个典型的例子。

①在教学中培养学生的想象力。

②使学生理解课文详略得当的写作方法，指导学生学习语言、动作、神态描写等表现人物品质的方法。

③培养学生的想象力和对古诗词的学习兴趣，体会古诗中的意境和思想感情。

上述例子中的教学目标都不是学生学习的结果，而是对教师如何教的基本设想。对其中隐含的问题简要剖析如下：

第①句中"培养学生的想象力"有两个问题：其一，目标陈述的是教师的教，不是学生的学，用教师"教"的行为替代了学生"学"的预期结果；其二，"想象力"是人们与生俱来的个性心理特征，不受教学影响，不是后天经验能培养出来的，因此将"培养"改为"发展"更恰当。

后面两句中的教学目标都采用"使""指导""培养"等词语来表述，主体是教师，表述的是教师"教"的行为。言下之意，只要教师教过了，任务也就完成了，至于学生学得怎么样那是学生的事情，似有推卸责任之嫌。

（2）教学目标是预期的，不是生成的、已实现的。这句话也包含两层意思：一是教学目标是预期的，二是教学目标中所谈到的知识和能力都是学生还未学会的。

大多数人认为，生成比预设更重要。这是建构主义的观点。建构主义强调学习是一个生成的过程，反对预设目标，反对传授现成的知识，强调要从接受学习转向探究学习。应该说，建构主义在人类的高级思维学习论方面有新的突破，弥补了认知心理学的不足，但在基础知识、基本技能以及情感态度教学方面，就如皮连生教授指出的：建构主义理论几乎是一片空白。在美国，受建构主义影响，学校教育质量下降，建构主义也由此遭到批判。我国2022年印发的语文课程标准也开始淡化建构主义了。

（3）教学目标是学习的结果，不是过程。课改后，一些专家提出了"三维目标"的概念，许多教师感到很难操作，又找不到解困的方法。其实，三维目标不是一个科学的概念，在理论中找不到依据，在实践中必然造成混乱。为此，重申三个理由：一是教学目标是"结果"，"过程"不是"结果"，"过程"不能作为教学目标；二是"方法"属于"知识"和"技能"的范畴，不能作为一个独立的维度；三是语文教学目标只有两个维度：语文能力和情感态度与价值观。

（4）教学目标是指学习，而不是发展。"学习"这个词人们都很熟悉，但要给"学习"下一个科学的定义，说清楚其内在的本质属性很不容易。心理学家经过近百年的研究，最终达成共识，形成了一个公认的定义：学习是由经验引起的能力和倾向的相对持久的变化。这一定义看似很简单，但其内涵十分丰富、深刻。真正读懂并透彻地理解了这句话，可发现语文教学中的许多问题。

①由经验引起的，这里的"经验"包括自学和教学两层含义，排除了先天遗传因素，如记忆、想象、观察、思维等都具备先天遗传的智力因素，即

智商，这些都不是语文学习的结果。学习与发展是有区别的，用"智力发展"作为衡量评价教学的指标，在理论上找不到科学依据，在实践中也找不到成功案例。我国传统语文教学混淆了学习和发展的概念，结果是教师花很多时间教了不需要教的、教不会的东西。考察教学有效性的唯一可靠的标准是预期的学生后天学习的结果。

②能力和倾向，综合起来就是"语文素养"。第一个维度是语文能力，即由知识和技能组成的读写综合能力。另一个维度是"倾向"，即情感态度与价值观。认知与心理倾向都是内在的心理现象，是不能直接观察到的，需要通过外在的行为来判断。如学生是否学会了字词，要通过听写、默写等行为来评价；学生是否学会了详略得当的写作策略，需要通过写一篇作文来判断。

③相对持久的变化，这里有两层含义：其一是"持久"，学会的能力和倾向能持久地保持。笔者在培训教师时经常问教师：如果将每年六月份期末考试的时间改成暑假后的九月初，如何？教师的第一反应就是"不行"。为什么？过了一个暑假，学生学过的知识大多遗忘了，即所学的东西不持久。其根源就在于语文教学教的只是知识而没有能力，如果教的是能力，就能持久保持。这是衡量学习有效性与否的重要指标之一。其二是"变化"，即教学前与教学后学生的语文能力应发生变化，这是衡量教学有效性的质量指标之一。下面举一个具体案例来说明。

一名教师在执教《镇定的女主人》一课时，在学生充分朗读、理解课文的基础上，设计了一道很有价值的言语交际型练习：

忽然，女主人发现_____。心想：_____。于是，她把保姆叫来，低声吩咐了几句："_____。"

下面是一个学生的回答：女主人发现桌子底下有一条眼镜蛇，正盘在自己的脚上。心想：得想一个办法，既要把蛇引出去，又不能惊动客人。于是，她把保姆叫来，低声吩咐了几句："我的桌子底下有一条眼镜蛇，它正盘在我的脚上。你赶快到厨房去，端一杯热牛奶放到窗台上，因为眼镜蛇最喜欢喝牛奶，它一闻到牛奶的香味就会跟过去。等眼镜蛇离开客厅，你马上把门关起来。注意，不要声张，不要惊动客人。"

　　这个学生的回答属于语言转述型的，即根据问题，运用课文中的有关语言进行回答，这种练习对语言的理解、积累是有一定的价值的。从语言表达的质量来看，这个学生的回答是很不错的，文通句顺，表述清楚简练。因此，当时会场上掌声雷动，听课的教师都对这个学生的回答啧啧称赞。如果这是语文考试中的一道题目，相信大多数教师会对这样的回答给一个满分。我的回答则是：零分。

　　让我们先来反思一下。当女主人对保姆说了第一句话："我的桌子底下有一条眼镜蛇，它正盘在我的脚上。"这时，保姆听了会有怎样的反应呢？在毫无思想准备的情况下，那个保姆必定会惊慌失措，因条件反射而惊叫起来，客厅里也将由此引起一阵骚乱。而那眼镜蛇一受惊动，后果不堪设想。显然，那位镇定的女主人不可能没有想到这些问题，这在课文中也有明确的交代。如课文的倒数第二段，客人问："你为什么不叫我们帮忙呢？"女主人说："我一喊，你们必定会慌乱起来。大家一动，眼镜蛇受了惊，只要咬一口，我就没命了。"因此，女主人对保姆说的第一句话应该是："我要告诉你一件很严重的事，不管我说什么，你都要保持镇静，按我的要求去做，千万不要声张，不要惊动客人。"这样，保姆有了一个思想缓冲期，等女主人把事情真相说出来后，保姆听了只是脸色发白，急忙跑出去。客人们也只是觉得很奇怪而已，并未引起慌张和骚动。这样的处理可以突出表现女主人沉着冷静、临危不惧的品质和"镇定的女主人"这一文章主旨。

　　显然，在这个环节中，只有活动，没有学习，学生的回答是原有技能在新的语境中的复现，学生的语文能力并没有发生实质性的变化和进步。如要学习发生，教师就应让学生思考、想象一下，女主人这样说会产生怎样的后果。学生通过反思，再联系上下文的语境，是完全能够领悟并及时调整自己的语言的。能使学生学习前后的语文能力发生明显的变化，这才是学习。

第二节　教学内容、教学目标与认知过程

语文教学是一个多元的复杂矛盾体，要解开这个矛盾体的谜团，就应抓准诸多矛盾中的主要矛盾。在语文教学中，即要搞清语文的教学内容、认知过程与教学目标三者之间的逻辑关系。要搞清这些逻辑关系，需要借助认知心理学的两个经典理论：一个是加涅的学习结果分类理论，另一个是布卢姆的教育目标分类学理论。

由于我国的语文课程涉及工具性和人文性、文道统一等问题，上述两个理论不能直接解决我国语文课程的实际问题。我们需要根据我国语文课程的特点和要求，将心理学理论中国化、本土化，构建具有汉语语言特色的教学目标分类框架，弄清语文教学内容、教学目标与认知过程三者之间的逻辑联系，并由此解决我国语文教学中的许多疑难问题。本节以布卢姆的教育目标分类学理论为抓手，从理论和实践两个层面揭示其中的基本原理和实践价值。

一、语文课程教学目标分类框架

20世纪50年代，著名教育心理学家布卢姆提出了第一个国际上公认的教育目标分类框架。这个分类框架将教育目标分为认知、情感和心因动作三个领域，其中最受瞩目的是认知领域的教育目标分类学。该分类学自1986年引进我国后，在教育界产生了广泛而深刻的影响。由于这个分类学主要是从教育测量的角度提出的，对教学实践帮助不是很大，因此热闹了一阵后就逐渐冷却了。后来布卢姆的学生安德森等心理学家对其进行了修订，教育目标分类理论修订版才为各科的教学提供了坚实的理论基础。

修订后的教育目标分类理论涉及两个维度：(1)知识维度，又称教学内容，包含了4种不同类型的知识；(2)认知过程维度，即心理活动过程，从低到高分为6级水平。知识维度和认知过程维度两个维度共同形成了教育目标。(见表3-2)

表 3-2 修订后的布卢姆两维教育目标分类表

知识维度	认知过程维度					
	记忆	理解	运用	分析	评价	创造
事实性知识						
概念性知识						
程序性知识						
元认知知识						

这个教育目标分类表适用于所有学科，其中许多概念和术语的表述比较抽象，甚至晦涩，如果没有相应的心理学知识基础，理解起来相当困难。我国一些学者结合具体课程特点，研发出了具有中国特色的各类课程教学目标分类框架。皮连生教授是杰出代表，他经过 30 多年的艰苦探索，从广义的知识观出发，研发了语文两维教学目标分类框架，为我国的语文教学科学化作出了积极的贡献。在此基础上，笔者从狭义的知识观，即操作层面，结合本书的定位，研发了具体的、可操作的语文两维教学目标分类表。

语文教学目标包含两个成分：一个是教学内容（知识维度），另一个是掌握水平（认知过程维度）。其中教学内容是可变的，不同语境需要选用不同的语文知识，用名词表述；认知过程维度是不变的，仍然分为 6 级水平，用动词表述，分别为记忆、理解、运用、分析、评价、创造。教学目标就是教学内容与认知过程的结合，用动宾结构的短语表述。（见表 3-3）

表 3-3 语文两维教学目标分类表

教学内容（知识维度）	掌握水平（认知过程维度）					
	记忆	理解	运用	分析	评价	创造
1. 拼音、文字、标点符号	认读生字、读准字音		打字、写字、运用标点			

续表

教学内容 （知识维度）	掌握水平（认知过程维度）					
	记忆	理解	运用	分析	评价	创造
2. 古诗文、词汇、课文内容	背诵古诗文	理解诗意、词意，复述课文	选择词语、用典、朗读课文			
3. 词法、句法		识别句型	遣词造句	发现规则		
4. 篇章结构		辨别段落	布局谋篇	分段、概括段意	概括内容和中心思想	
5. 表达与修辞		识别类型	表达具体生动	发现规则		创意表达
6. 阅读策略				预测、批注		
7. 写作策略				审题、选材、列提纲等	立意、构思、修改等	创意写作

上述分类表中"教学内容"的7个项目都是语文知识。根据知识分类的思想，不同的语文知识，其性质和功能是不同的，同一语文知识在认知过程维度中的水平分级也有很大差异，简述如下。

第一项中，拼音、文字、标点符号是符号性知识，拼音、文字在认知过程维度中一般达到记忆的水平即可；标点符号辅助文字记录语言的符号，需要达到运用的水平。

第二项中，古诗文、词汇、课文内容是事实性知识，一般在认知过程维度中达到记忆、理解的水平即可；由于写作文时常要用一些古诗文中的名句，因此古诗文也需达到运用的水平。课文内容一般不属于语文的知识内容，但培养学生语文的情感态度需要以课文中人物榜样等知识为基础，在这个意义上，有些课文内容也可作为语文知识，不过是事实性知识，教师在教学中要有所选择。朗读课文是动作技能，蕴含着一定的智慧技能，因此属于运用的水平。

第三、四两项"词法、句法"和"篇章结构"是语文表达中"文通句顺"的概念性知识，是语文的核心教学内容，在认知过程维度中需达到理解、运用、分析、评价的水平。要特别强调的是，这些知识没有记忆的要求，不需要复习、背诵之类的练习和作业，它们的最终归宿是被转化为技能。这类知识在达成目标时，还有一定的特殊性，如"识别句型""辨别段落"，在认知过程维度中要达到分析的水平。

第五项的"表达与修辞"是语文的语用知识，含有一定的认知策略成分。修辞、表达的概念性知识与遣词造句、布局谋篇有所不同，后者是硬规则，概念比较明确，容易操作，而修辞、表达的概念属于软规则，概念比较模糊，在认知过程维度中需要达到4种水平。其具体内容参见本书第七章和第八章。

第六、七两项是阅读和写作的策略性知识，策略性知识是一种元认知知识，主要是调控自我学习行为的认知策略，属于语文教学方法论层面的内容，需要在认知过程维度中达到分析、评价、创造的水平。这方面的具体内容和案例参见本书第九章和第十章。

二、语文教学内容、教学目标与认知过程的逻辑关系

教学内容和教学目标这两块内容在本章第一节已作了阐述，这里要重点阐述的是认知过程这一维度。正确认识认知过程的本质与内涵，有助于避开语文教学的许多认知误区。

（1）认知过程是个体认识世界、获取知识的心理活动过程，认知过程分为6级水平：记忆、理解、运用、分析、评价和创造。认知过程的每一级水平都有先天遗传的成分，不易受后天教育的影响。因此，无论哪种课程，其认知过程所要经历的阶段都是相同的。如数学、科学、音乐、美术等课程，教学内容都不一样，都是该学科的知识，但认知过程却是一样的，都是上述6级水平。

（2）认知过程中的6级水平是按由低到高的顺序排列的。其中记忆、理解属于低阶思维、浅层学习；分析、评价、创造属于高阶思维、深度学习；运用则比较特殊，如果是模仿式的运用，则是低阶思维、浅层学习，如果是概念和规则的运用，就属于高阶思维、深度学习。

（3）再从教学目标看认知能力。语文的教学目标包含着两种最重要的认知能力：一种是保持能力，即将所学知识原封不动保持下来的能力，分类表中认知过程中的记忆、理解都是具有保持功能的机械学习；另一种是迁移能力，即运用所学知识解决新问题的能力。分类表中认知过程的分析、评价、创造都属于迁移功能的有意义学习。

认知过程中的运用这一级水平比较特殊。在语文教学中有两种水平：一种是模仿运用，即照样子写一写，照样子练一练，这种模仿运用只有近迁移功能，即在相同或相似的情境中能模仿运用，换一个新情境就不适用了，这实际上仍是具有保持功能的机械学习；另一种是创造性运用，其目的是根据概念性知识与原理规则解决实际问题，具有远迁移功能，属于有意义学习的范畴。

长期以来，我国的语文教学大多停留在记忆、理解、模仿运用的层面，阻碍了学生的思维发展。如阅读练习中的抄抄写写，照样子做一做，仿照习作例文写一写，都属于低阶思维、浅层学习。在这样的框架里，无论采用哪种学习形式，是自主学习，还是小组合作，抑或是探究学习，都改变不了低阶思维和浅表学习的本质属性。因此，要从根本上改变这种情况，促进学生思维的发展，就必须将教学推进到分析、评价、创造等高阶思维的深度学习。语文两维教学目标分类框架就为解决这个问题提供了清晰的框架。

当前语文教学还有一些更棘手的问题需要解决，如记忆力、观察力、想象力、思维等能力的培养问题。在分类表中，这些能力既不是语文教学的内容，也不是语文教学的目标，许多专家纷纷呼吁要大力加强思维训练，发展想象力、培养创造力，但这并非易事。

其实，这是一种过时的古老观念——形式训练说。德国教育家第斯多惠在研究"掌握知识与发展智力"的关系问题时，主张在小学阶段侧重于记忆力、观察、想象、思维等训练，苏联教育家赞可夫也赞同这种观点。但桑代克等心理学家经过一系列的研究发现，形式训练不成立，至今找不到任何科学的证据。

例如，《亮剑》中的李云龙是个文盲，虽然不识字，不会阅读、写作，但他的观察力、想象力、思维判断力乃至创造力都是超一流的。反之，鲁迅笔下的孔乙己虽然死记硬背读过许多书，但其认知能力却十分低下，生存都有困难。这不是个例，在现实生活中可以找到许多这样的例证。认知能力是每一个正常人天生具有的智力潜能，这些智力潜能是在后天与环境的互动中逐渐显现、发展起来的。这一方面说明读书多少与认知能力的发展没有必然的联系，另一方面也给语文教学带来重要的启示：好的教学能促进认知能力的发展，不好的教学则会阻碍甚至遏制认知能力的发展。

遗憾的是，形式教育在理论上已经死亡，在实践中却实实在在地活着。在当前的语文教学中，虽然找不到任何思维训练成功的科学证据和真实案例，但不少语文专家仍然在高调呼吁要加强思维训练，这说明改变陈旧落后的观念是何其之难。

近年来，教育界不断推出了许多新概念、新名词，如高阶思维、深度学习、项目化学习等，这些新概念看上去很新潮、很前卫，但表述都十分含糊，譬如，怎样判断、识别一堂语文课属于低阶思维还是高阶思维，是浅层学习还是深度学习？很难找到清晰明白的例证。对语文学习来说，是否高阶思维和深度学习就一定是有效的，要充分肯定；低阶思维和浅层学习就一定是无效的，要坚决反对？找到有充分说服力的教学例证更难。语文两维教学目标分类表能清楚地识别语文课堂教学是高阶思维的深度学习，还是低阶思维的浅层学习。

三、语文概念性知识的两次转化

语文两维教学目标分类表里还蕴含着语文概念性知识两次转化的思想，理解这一点非常重要。

（一）语文概念性知识转化为学生个人的知识

语文概念性知识作为外在于学生的、人类共享的知识，是中立的、不带感情色彩的，但其在转化为学生个体的知识后，在情感态度层面会发生质变，即学生将教学内容转化为自己的知识时，这些语文知识会染上各种情感色彩，原本没有温度的知识会变成有温度的知识。这里的情感态度是有正负差异的，从认知过程的6级水平看，不同认知水平会产生不同的情绪反应和情感体验。比如，若教学内容长期停留在记忆、理解层面，学生的情感体验则往往是消极的、负面的，尤其是普遍不善于死记硬背的学生，更容易产生负面情绪，严重的会产生厌学、逆反等心理反常现象。而如果教学内容达到分析、运用、创造的水平，学生的情感体验则充满了正能量，能产生积极的、愉悦的情感体验，客观的、冷冰冰的知识也就变成有温度的知识了。

（二）语文概念性知识转化为语文智慧技能

语文知识是有类别的，不是所有的语文知识都能转化为技能，只有概念性知识才能转化为语文技能。在语文教学中，只有语法、章法、表达与修辞等概念性知识才能转化为语文智慧技能。

为避免逻辑漏洞，关于知识转化为技能的问题还要进一步具体说明。少数智商比较高或有特殊天赋的学生能通过自学，在大量读写中悟出语文的概念性知识，并通过自主练习将知识转化为技能。根据统计学中小概率事件的规律，这样的学生一般少于5%，绝大多数学生很难做到"无师自通"。

语文课标2022年版提出：语文课程致力于全体学生核心素养的形成与发展，为学生学好其他课程打下基础。首次强调了"全体学生"，这就迫使语文教学必须转型，必须改变一个教师与少数优秀学生唱戏、大多数学生看戏的陈旧教学形态。我国目前实施的是九年义务教育制度，要使90%以上的学生学有所得，必须通过有计划、有组织的教学，运用"变式练习"，帮助学生将知识转化为技能。

第三节　样例分析:《总也倒不了的老屋》

统编版小学语文教材三年级上册第四单元首次出现以"猜测与推想"策略为主题的课文《总也倒不了的老屋》，许多教师不清楚这样的课文该怎样教。比如，学生在课前也许就读过这篇文章，课堂中再让学生猜测就失去了真实性。课文的旁注、课后的作业和资料，原意是为了引导学生了解猜测的依据和方法，但这种随文预测的方法有悖于真实的阅读情境。

笔者在网上观摩了十几堂《总也倒不了的老屋》课堂实录，这些课都是各地名优特教师上的优质课。从观感的角度看，教学设想和演技都很不错，但从"学生学到了什么"的角度考量，除了摇头还是摇头。

后来在网上看到浙江省特级教师蒋军晶上的展示课《总也倒不了的老屋》，眼前一亮——这是一堂值得研究的好课。下面以《总也倒不了的老屋》为例，以两维教学目标分类表为参照系，从三个方面进行深度解析:（1）该单元的文本解析;（2）《总也倒不了的老屋》课例分析;（3）笔者研发的教学设计。以下内容是从教学内容、教学目标和认知过程三个角度进行的分析。

一、文本解析

统编版教材三年级上册第四单元是首次以"猜测与推想"为主题的阅读策略教学单元。单元的人文主题是"猜测与推想，使我们的阅读之旅充满了乐趣"，并对学生提出三个要求：一边读一边预测，顺着故事情节去猜想；学习预测的一些基本方法；尝试续编故事。单元编排了三篇课文:《总也倒不了的老屋》《胡萝卜先生的长胡子》《小狗学叫》。

"猜测与推断"是本单元的主要教学目标。猜测（或预测）是动词，教学目标应该用动宾结构短语表述，即预测什么，是预测故事的内容、情节结构，抑或是故事的文体特点、写作思路？这实际上涉及两种取向的教学观。第一种是内容取向的预测与推想，第二种是形式取向的预测与推想。对此，统编版教材没有明示，但从教材的编排体系看，应该是第一种：预测故事的内容。

人民教育出版社等编写的教师教学用书在"单元说明"中指出：预测是一种自然存在的阅读心理。本单元编排的目的是引导学生将这种无意识的阅读心理，转变为一种有意识的阅读策略，并能在阅读过程中不断地主动进行预测。细读这段话，发现几个值得深思的问题：

（1）运用这一策略预测什么？根据什么进行预测？《总也倒不了的老屋》安排了7处旁批，提示了不同情况下的预测依据。课后练习提到了预测的知识概念："文章的题目、插图，文章内容的一些线索，都可以帮助我们预测。"显然，编者意图是让学生预测文章的内容，文章内容不是教学内容，能成功预测文章内容的属于小概率事件。这只要做一个小小的假设即可辨明，在没有读过这个故事的情况下，谁能看了题目就猜测出这篇文章会写哪些内容？也许考虑到这个因素，单元说明页设计了旁批，要求"一边读一边预测，顺着故事情节去猜想"。

（2）教师教学用书中多次强调：课前不要求预习，以确保课堂教学过程中的真实性和及时性。开学初，学生一拿到新教材，自然会阅读里面的课文。尤其是公开课，被借班的语文老师必然会引导学生预习这篇课文，几乎没有例外。要学生"课前不要预习"根本不可能。

（3）预测的结果。教师用书在"教学要点"中提出：预测的内容可能跟故事的实际内容一样，也可能不一样，初步感受预测的好处与乐趣。显然，这又与单元主题"猜测与推想，使我们的阅读之旅充满了乐趣"自相矛盾了。道理很简单，预测正确，即预测成功，才能使学生感受预测的好处与乐趣。预测失败只能使学生感到沮丧，哪里还有乐趣？

综上所述，内容取向的猜测与推想客观上存在不少问题，这也许就是在实际教学中很难找到成功案例的原因吧。那么，能否转变思路，从形式取向的角度寻找新的出路呢？思路一转变，上述几个问题就迎刃而解了，其要点简述如下。

①学生能无意识地预测文章的内容，但不具备预测文章情节结构的能力。语文课要教的就是指向文章行文思路的预测与推想能力。

②既然学生不具备预测文章情节结构的能力，就不需要强调"课前不要

求预习"了。相反，为了节省教学时间，提高教学效率，应鼓励学生课前预习，而且是预习越充分越好。

③要尽可能保证学生预测成功，使学生感受预测的好处和乐趣，使阅读之旅充满乐趣。而要保证学生预测成功，需要精准把握两个核心概念：预测的依据、童话的结构特点。下面对这两个概念予以概述。

一是预测的依据。本课的预测依据主要是文章的题目。文章题目有两种类型：一种是结构良好的题目，《总也倒不了的老屋》就是结构良好的题目，题目中的三个关键词就蕴含着预测的依据；另一种是结构不良的题目，如《胡萝卜先生的长胡子》《小狗学叫》这两个题目就难以预测故事的情节。

二是童话的文体结构特点。《总也倒不了的老屋》是童话故事，这一类童话的文体结构规律是：相同或相似的情节会反复出现三次，第四次才发生变化。统编版教材在第一、二学段共安排了8篇这一类的童话课文。如《动物王国开大会》《小猴子下山》《棉花姑娘》《小蝌蚪找妈妈》《蜘蛛开店》《青蛙卖泥塘》《去年的树》《总也倒不了的老屋》等，都具有这样的文体结构特点。这种反复的表达形式能让儿童在不知不觉中读完较长篇幅的童话故事且不感到累。因此，宜将这一类童话课文作为一个学习任务群，不仅要通过"举三反一"使学生掌握这一类童话的文体结构特点，而且要通过举一反三将知识转化为技能。

二、课例分析

以下为《总也倒不了的老屋》的课堂实录整理与笔者对其的分析。

这堂课一共教了7项内容：（1）童话故事的规律；（2）预测的根据；（3）仿写故事情节；（4）迁移运用；（5）老屋的老；（6）复述故事情节；（7）找关键词填写表格。

前4项内容是重点，尤其是前2项，"童话故事的规律""预测的根据"指向故事的形式，是亮点。第5、6两项内容属于理解课文内容的范畴，学生不教自会。执教者围绕这些内容设计了一张表格，这张表格在课堂上先后出示了5次，每次表格的内容都有变化，以此串联5个教学环节。下面是这堂课的课堂实录与分析。

1. 填表格，学习"老屋的老"（约18分钟）。表3-4为部分课堂实录。

表3-4　课堂实录（一）

教学基本程序	师生互动，课堂实录（片段）
1. 教师直接出示一个没有内容的空表格。然后出示有第1、2两个情节开头内容的表格。 2. 引导学生猜测接下来会写什么，在表格中填上第3个情节的开头。 3. 发现规律，说理由。 4. 从哪些地方看出老屋的老？学生读课文、画句子，出示有关老屋的老的句子。	师：今天我们围绕这个故事来填一个表格，这么多格子可不是乱填的，这些格子填的时候是有规律的。我们先来看第一列第一格，老师填好了。（在表格第一列第一格出示："好了，我到了倒下的时候了！"） 生读："好了，我到了倒下的时候了。" 师：这一列第二格，我也填好了，读——（生齐读该句） 师：最后一个格子我不出示了，聪明的孩子已经会从老师填的两个格子里发现规律了，你知道下面这个格子填什么吗？ 生：我觉得应该是"再见！好了，我到了倒下的时候了！" 师：你又没看见，你为什么这么猜？ 生1：我的理由是前面都是一样的，后面应该也是一样的。 生2：因为前面两个都是这句话，所以后面也是这句话。 师：你们两个表达的意思是一样的。（出示第三句话："再见！好了，我到了倒下的时候了！"） 师：这一列三个格子都填这句话也是有规律的，而且这句话在课文里老屋说了三遍。（生齐读这三句话） 师：这个老屋之所以反复地说这句话，是因为他真的年纪大了，很老了。那课文里还有哪些句子说明老屋很老了呢？打开书本，第一步先轻声读一遍，第二步拿出笔画出"从哪里看出老屋年纪很大了"的句子。 生：默读、找句子后交流。（老屋已经活了一百多岁了……） 师：这段话理解起来并不难，但读的时候能不能把关键词着重读出来，让人们感觉到他的年纪已经很大很大了。（自由练习读） 师：除了这段话，还有其他句子可以看出来。（出示一句话：人老了眼睛就会老视）（生齐读该句） 师：从动作看出老屋很老的句子有很多呢。（在表格上出示3个句子："老屋低头看看，吃力地眯起眼睛。""老屋低头看看，墙壁吱吱呀呀地响。""老屋低头看看，眼睛眯成一条缝。"） 生：朗读这几句话。
评析：这个环节主要教了两个内容。第一，给学生展示了这个故事3个情节的开头，引导学生发现其中的规律，如教师多次强调"这是有规律的"，应该说这是一个亮点。如果能从整个情节入手，可能效果更好，不过需要花更多的时间。第二，要学生发现"从哪里看出老屋年纪很大了"，这个内容学生可以自己理解，教学过程可以省略。	

2. 填表格，讲故事（约 13 分钟）。表 3-5 为部分课堂实录。

表 3-5　课堂实录（二）

教学基本程序	师生互动，课堂实录（片段）
1. 教师示范：找关键词填表格。出示第一行作为样例。	师：这么多格子老师又填了一些（出示表格第一行："小猫""一个晚上""我找不到一个安心睡觉的地方""低头看看，吃力地眯起眼睛"），接下来的内容你能自己填完吗？ 师：填的时候，可以写一些关键词。只要发现规律都可以。
2. 生默读课文，填表格。	生：默读课文，填写余下的表格。（教师巡视：提示书写情况与速度） 师生互动：教师出示填好第二、三行内容的表格。学生对照答案修改。
3. 学生复述，讲故事。	师：这个表格非常有用，因为它可以帮助我们讲故事，就算你不看着书本也可以复述故事。（教师示范复述） 生：练习复述，讲故事。
4. 教师总结。	指名学生上台讲一讲第三个故事。 师：这个故事是有规律的。

评析：这个环节主要教了两个内容。第一，抓关键词填写表格，包括教师示范、学生填写、反馈矫正三个程序。在这个过程中，教师讲得少，学生练得多，这是教学形态上的进步。第二，复述课文，讲故事。这是对课文内容的理解，在这堂课上可以省略，以省出时间更好地落实第一个内容。

表 3-6 为学生找关键词填写的表格。

表 3-6　课堂作业（一）

好了，我到了倒下的时候了！	小猫	一个晚上	我找不到一个安心睡觉的地方	低头看看，吃力地眯起眼睛
再见！好了，我到了倒下的时候了！	老母鸡	二十几天	我找不到一个安心孵蛋的地方	低头看看，墙壁吱吱呀呀地响
再见！好了，我到了倒下的时候了！	小蜘蛛	一会儿	我找不到一个安心织网抓虫的地方	低头看看，眼睛眯成一条缝

3. 加格子，编故事（约9分钟）。表3-7为部分课堂实录。

表3-7　课堂实录（三）

教学基本程序	师生互动，课堂实录（片段）
1. 教师在原有的表格上增加一列空格，要求学生编一个故事，填进空格。	师：这张表格变一变，再给它一行格子，自己编一个故事，把内容填写进去。比如：小动物"蚯蚓"，可仿照前后句子填写表格。 师：你觉得还会出现什么动物？ 生：小兔子，小狗，小牛……
2. 学生编故事。	师提示：有难度的是第五列，同桌两个人一起编故事。 生：与同桌编故事。 师：每个故事都有可能，只要找到规律。老师要请两组同学上台讲故事。
3. 学生讲故事。	生讲述：小猪的故事。

评析：这个环节只有一个内容：迁移运用。教师出示了一个小动物"蚯蚓"，引导学生仿照前后样例填写表格。从教的角度看，教学目标达到了运用的水平，但"照样子仿写"的方法是模仿式的运用，属于低阶思维的浅层学习。

增加了一行空格后的表格，见表3-8。

表3-8　课堂作业（二）

好了，我到了倒下的时候了！	小猫	一个晚上	我找不到一个安心睡觉的地方	低头看看，吃力地眯起眼睛
再见！好了，我到了倒下的时候了！	老母鸡	二十几天	我找不到一个安心孵蛋的地方	低头看看，墙壁吱吱呀呀地响
再见！好了，我到了倒下的时候了！	小蜘蛛	一会儿	我找不到一个安心织网抓虫的地方	低头看看，眼睛眯成一条缝

4. 根据依据，猜测结尾（约 6 分钟）。 表 3-9 为部分课堂实录。

表 3-9　课堂实录（四）

教学基本程序	师生互动，课堂实录（片段）
1. 猜测故事的结尾，教师提示了三种结局。 2. 师生互动，说说猜测的理由。 3. 引出三个猜测的理由。	师：我看到第二排时，就往下猜了。而且，我猜得八九不离十。（出示第一种结尾：谢谢！）我这是乱猜吗？猜是要有依据的。当然，猜错也没有关系，只要你不是乱猜。（板书：预测需要有根据） 师：我还猜到"老屋终于安心地倒下了"。这样猜有道理吗？（出示第二种结尾：老屋终于倒下了） 生：题目叫总也倒不了的老屋，它怎么会倒下呢？ 师：他猜的是总也倒不了。谁来说说理由？ 生：前面都有动物的帮助。 师：是啊，你找到了前面的依据，老屋总也倒不了。（出示第三种结尾：老屋老屋，我给你讲个故事吧！） 师：前面都有动物的帮助，而故事要结尾了，老屋要倒下了。如果有许多动物一直找他的话，他一定会心烦的，所以最终倒了下去。（板书：生活经验） 师：故事永远讲不完，屋子也永远倒不了。你觉得作者为什么会这样写结尾呢？如果让善良的老屋倒下，那样就很悲惨了，讲故事应该有童话一样美好的结局。（板书：读故事的经验） 师：我们猜的时候是乱猜的吗？不管你怎么猜，都要有依据。

评析：在学生猜测课文内容的过程中，教师小结："猜测是要有理由的。"这句话重复了好几次。从教的角度看，教师定位正确，这是本单元的主题"猜测与推断"。问题是，这个"理由"教师没有讲，只告诉学生从课文的旁注中找理由。从学的角度看，根据什么来猜测，学生并不明白。对照教学目标分类表，这个内容只达到记忆的水平。

学生填写完整的表格，见表 3-10。

表 3-10　课堂作业（三）

好了，我到了倒下的时候了。	小猫	一个晚上	我找不到一个安心睡觉的地方	低头看看，吃力地眯起眼睛	喵喵，谢谢！
再见！好了，我到了倒下的时候了。	老母鸡	二十几天	我找不到一个安心孵蛋的地方	低头看看，墙壁吱吱呀呀地响	叽叽，谢谢！
再见！好了，我到了倒下的时候了。	小蜘蛛	一会儿	我找不到一个安心织网抓虫的地方	低头看看，眼睛眯成一条缝	老屋老屋，我给你讲个故事吧！

5. 读故事，练预测。表 3-11 为部分课堂实录。

表 3-11　课堂实录（五）

教学基本程序	师生互动，课堂实录（片段）
由于本班学生已经读过这两本书，本节课到此结束。	师：(出示两本书的封面图片：《爱心树》《小猪变形计》)读故事，读过的同学不要暗示同桌。读这两个故事时也可以画这样的表格。 师：没看过的同学，猜猜看，接下来会怎样？ （学生预测内容） 师：课后思考最后结局，和前面有什么不一样呢？
评析：这个环节非常重要，是知识转化为技能的核心环节。	

总评：这堂课一共教了 7 项内容。一堂课的时间是有限的，因此对教学内容的选择很重要。根据这个单元的特点，本课主要抓三项教学内容即可。

（1）童话的文体结构特点。教师对教学内容把握很准，教师强调了 6 次"这个故事是有规律的"。但这个"规律"是什么，教师没有讲，学生也不明白。对照两维教学目标分类表，学生的学仅仅达到记忆的水平。

（2）猜测与推想，这是阅读策略，是本单元的重点。从板书设计看，教师提供了 3 个方面的依据：故事的细节、生活的经验、读故事的经验。这些依据都是指向故事内容的，能预测成功是小概率事件。根据本课的特点，预测的依据主要有两个：一是题目，二是童话的文体结构。这两个依据预测的不是故事内容，而是预测故事的行文思路。

（3）照样子，编故事，使教学目标达到运用的水平。但由于用"照样子仿写"的方法，因此运用还停留在低阶思维的浅层水平。至于其他内容，如"复述课文讲故事""抓关键词填写表格"都是指向课文内容，学生很好理解。

将上述内容纳入两维教学目标分类表，教学目标等一目了然。（见表 3-12）

表 3-12　三项教学内容在两维教学目标分类表中的定位

教学内容（知识维度）	掌握水平（认知过程维度）					
	记忆	理解	运用	分析	评价	创造
童话文体特点	课文是有规律的					
预测与推断的依据	猜测是有理由的					
填表格编故事			仿写			

三、教学设计

《总也倒不了的老屋》教学设计片段

◎ 教学目标

1. 能根据文章题目，猜测故事情节的写法。
2. 能通过例子发现并说出童话的文体结构特点。
3. 能反思学习过程，说出猜测与推想的依据。
4. 能根据童话的文体结构特点创编童话故事。

◎ 任务分析

目标 1：文章题目。教学内容是"文题知识"，教学目标是让学生学会分析，从而猜故事情节。教学技术则包含三个成分：一是教师的提示语，起指导作用；二是学生的自我发现和解释，即说出自己的发现结果，根据关键词猜测情节的写法；三是教师的讲解，用规范的语言揭示概念和规则。

目标 2：童话的文体结构特点。教学内容是"童话的文体结构特点"，教学目标是让学生学会分析，说出童话的结构特点。教学技术则包含三个成分，成分的内容同上。（注：本教学目标应是教师指导下学生的自主发现）

目标 3：猜测与推想。教学内容是"猜测与推想的依据"，教学目标是让学生学会分析，说出猜测与推想的依据。教学技术则包含三个成分，成分的内容同上。

目标 4：创编童话故事。教学内容是"童话文体结构的概念性知识"，教学目标是让学生通过创造性运用童话文体结构特点，创编童话故事。教学技术则包含三个成分，成分的内容同上。（注：本教学目标应由教师揭示）

对照语文两维教学目标分类表，上述教学目标都需达到运用、分析乃至创造的水平，属于高阶思维的深度学习。（见表 3–13）

表 3–13　4 个目标在两维分类表中的定位

教学内容 （知识维度）	掌握水平（认知过程维度）					
	记忆	理解	运用	分析	评价	创造
文章题目				猜故事情节		
童话的反复结构				说出特点		
猜测与推想				说明依据		
创编童话故事			创编童话			

◎ 教学程序

1. 谈话导入，揭示课题。

（1）开门见山，揭示目标：今天要学习一个本领——猜测和推想。要学会猜测，先要知道什么是猜测，猜测有什么作用。教师讲解：（1）什么是猜测？根据一定的线索预先猜测课文会写什么，推想作者会怎样写；（2）猜测有什么好处？学会猜测，就能大大提高阅读效率，提高阅读能力，节省时间。

（2）揭示课题：总也倒不了的老屋。提示：每个人的想法不一样，童话故事的具体内容是猜不出来的，但根据题目中的关键词，能猜测这个童话的情节可分几个部分。

（3）读课题，猜一猜。教师提问：从题目中的关键词（总、倒不了、老屋）来看，这个童话的情节会写几部分？（三个部分：老屋要倒了，老屋倒不了，老屋倒不了的原因）

（4）指导学生说出上述三个要点。提示：这三个要点如果是教师告诉学生，在认知过程维度中是理解水平，属于低阶思维的浅层学习；如果是学生发现并讲出来的，在认知过程维度中就是分析水平，属于高阶思维的深度学习。

2. 读例子，发现童话的文体结构特点。

（1）出示三个例子，如《小蝌蚪找妈妈》《小猴子下山》《青蛙卖泥塘》。这些课文学生都已学过，故事内容已很熟悉，重点是引导学生发现这些例子中蕴含的共同特点，即相同的情节或结构重复三次，第四次发生变化。

（2）指导发现，这些例子中有一个共同的特点，请同学们用自己的话说出这个特点。（学生人人动口说一说，同桌互动议一议）

（3）全班互动评一评，教师揭示规则：相同的情节或结构重复三次，第四次发生变化。提示：这里有两个步骤：学生自主发现、说出特点；教师解释规则。两者缺一不可。

（4）读课文，验证猜测是否正确。（见表3-14）

①读题目，猜测内容。（看学生的猜测与课文的情节是否一致）

②读课文，猜测课文的写法。（看学生的猜测与课文的写法是否一致）

表3-14 按照童话文体结构特点描述的课文内容

童话特点	老屋要倒了	倒不了的原因	总也倒不了
相同情节重复三次	我到了倒下的时候了！	小猫：我找不到一个安心睡觉的地方	好吧，我就再站一个晚上
	再见！好了，我到了倒下的时候了！	老母鸡：我找不到一个安心孵蛋的地方	好吧，我就再站二十几天
	再见！好了，我到了倒下的时候了！	小蜘蛛：我找不到一个安心织网抓虫的地方	好吧，我就再站一会儿
第四次发生变化	小蜘蛛，你吃饱了吗？	小蜘蛛：老屋老屋，我给你讲个故事吧！小蜘蛛的故事一直没讲完	老屋到现在还站在那儿，边晒太阳，边听小蜘蛛讲故事

3. 忆过程，说猜测的依据。

引导学生回忆刚才的学习过程。

（1）读题目，猜测写法。

（2）读例子，发现童话的结构特点。

①出示课文中的三次对话。如：

老屋低头看看，吃力地眯起眼睛："哦，是小猫啊。好吧，我就再站一个晚上。"

老屋低头看看，墙壁吱吱呀呀地响："哦，是老母鸡啊。好吧，我就再站二十几天。"

老屋低头看看，眼睛眯成一条缝："哦，是小蜘蛛啊。好吧，我就再站一会儿。"

②比较三次对话的异同，揭示童话的反复的结构特点：复习童话的反复的结构，即相同的情节或结构重复三次，第四次发生变化。

③指导策略：如果已经掌握了这个知识，那么，读到第一次写老屋与小猫的对话后，就可以预测后面会重复这样的结构。

（3）读课文，说出猜测与推想的依据。

小结：猜测是阅读课文的一种本领。猜测是要有依据的，这节课学到了两种猜测的方法，第一种是读题目，第二种是通过几个例子，发现童话的反复的结构特点。根据题目与童话故事的文体结构特点猜测童话故事的情节。

4.写童话，将知识转化为技能。

（1）提示：刚才学到的是童话的结构特点，这是新知识，接下来，要把这个知识变成我们的本领，学会用反复的结构编写童话故事。

（2）布置任务：每个人编写一个童话故事。只有一个要求，即相同的情节或结构重复三次，第四次发生变化。童话的具体内容自己选择、决定，主人公可以是动物，也可以是植物。

（3）编写童话：学生人人动手写一写，同桌互动议一议，师生互动评一评。

◎ 评析

这样的教学设计，教学内容与教学目标清晰明了，加上科学的教学技术，学生学习难度低，教学耗时少、效率高，能有效促进学生思维的发展。

附：典型的童话课例

统编版小学语文教材一年级下册：

1.《动物王国开大会》，写狗熊通知大家开会。第一次忘了说日期，狐狸提醒；第二次忘了说具体时间，大灰狼提醒；第三次忘了说地点，梅花鹿提醒。第四次发生变化：把通知的内容说清楚，成功地通知了大家。

2.《小猴子下山》，相同情节重复了三次：第一次，在桃树下扔了玉米，摘桃子；第二次，在西瓜地里扔了桃子，摘西瓜；第三次，在小树林里扔了西瓜，追兔子；最后，情节发生变化，小猴子空着手回家去了。

3.《棉花姑娘》，写棉花姑娘身上长满了蚜虫，请求小动物治病。课文采用相同的句式，反复三次对燕子、啄木鸟、青蛙说道："请你帮我捉害虫吧！"而燕子、啄木鸟、青蛙都用"我只会……还是……"的句式，拒绝了棉花姑娘的请求。第四次情节发生了变化，七星瓢虫吃掉了蚜虫，棉花姑娘的病好了。

4.《小壁虎借尾巴》，相同情节重复了三次，分别写小壁虎向小鱼、老牛、燕子借尾巴，结果都没借到。最后情节发生了变化，小壁虎发现自己长出了新尾巴。

统编版小学语文教材二年级上册：

5.《小蝌蚪找妈妈》，用相同的句式，相似的结构重复了三次，第一次：小蝌蚪游哇游，……问："鲤鱼阿姨，我们的妈妈在哪里？"第二次：小蝌蚪游哇游，……看见一只乌龟……追上去，叫着"妈妈，妈妈！"第三次：小蝌蚪游哇游，……看见荷叶上蹲着一只大青蛙。最后情节发生了变化：小蝌蚪变成了青蛙。

统编版小学语文教材二年级下册：

6.《蜘蛛开店》，三次写蜘蛛开店，情节相似，结构相同。最后，情节发生了变化：蜘蛛逃到网上去了。

7.《青蛙卖泥塘》，用相似的结构反复三次写青蛙卖泥塘，最后情节发生了变化：青蛙发现泥塘很好，不卖了。

统编版小学语文教材三年级上册：

8.《总也倒不了的老屋》，反复三次写老屋要倒了，每次都来一个小动物要求帮忙，老屋答应帮忙，不倒了。最后情节发生变化：小蜘蛛给老屋讲故事，故事讲不完，老屋总也倒不了。（注：本单元的《胡萝卜先生的长胡子》《小狗学叫》不是典型的例文，故事情节太长，会影响学生学习效果）

设计者：唐懋龙

第四章
电脑拼打，写字与朗读的学与教

第一学段语文教学的主要任务是基础知识和基本技能的学与教。其中重点是三项技能：（1）电脑打字、拼读音节；（2）规范写字、姿势正确；（3）正确、流利朗读。

在学生识字不多、写字技能尚未形成的情况下，可以利用信息技术手段，将电脑打字、拼音与识字、阅读与写话教学整合，实现三者协同发展，增强学生学习语文的兴趣。这不仅可以缩短汉语拼音教学的时间，还可以让学生提前读写，创造不会写字却能写文章的教学奇迹。

写字和朗读是较复杂的综合技能，二者都包括动作技能和智慧技能两种成分。把字写好，写得美观，属于动作技能，把汉字写对，结构正确，不写错字，属于智慧技能；"读准字音""字正腔圆"是动作技能，读准句读、不读破句，读出变调等是智慧技能。

朗读技能的习得是有关键期的——小学第一学段，因此，正确朗读这个技能必须在第一学段过关。

第一节 电脑打字，提前读写

我国小学语文的传统教法是先识字，后阅读。新中国成立后创建了汉语拼音，教法改为先教汉语拼音，再教识字，最后教阅读。这种教法有几个弊端：

（1）耗时多、效率低。一年级学生入学后首先要进行一个半月的汉语拼音教学。由于拼音教学脱离学生生活经验，学习要靠死记硬背，枯燥乏味。教师教得累，学生学得苦，影响学生学习语文的兴趣。

（2）学生负担过重。第一学段强调以识字教学为重点。原先要求过高，需要花费一年多的时间。为防止遗忘，还要做大量的复习巩固练习，学生负担过重。虽然现今许多学校提出减轻学生负担，要求多认少写，但实际操作并未到位，学生学习语文的兴趣日益消减。

（3）与使用拼音文字国家的儿童相比，我们国家阅读和写作教学要滞后两年左右的时间，这不利于书面语的发展。在国外，例如美国、澳大利亚、新西兰、加拿大等国家提出了用信息技术培养媒体语言的能力目标。实验稿中也曾规定：若条件允许，第二学段（3～4年级）学生可学习使用键盘输入汉字。但在实践中鲜有落实的案例。

解决上述弊端的方法是：暂缓汉语拼音教学，从听读训练入手，继而通过电脑打字，将汉语拼音作为工具，使识字、阅读、写话三种能力协同发展，既促进了语言发展，又提高识字效率，解决学生认知负荷重、学习压力大、学习兴趣低等的问题。同时，除了写字专项训练，在一年级取消所有形式的书面作业，切实消除学生的作业负担。由于电脑打字简便易学，省时省力，学生感觉新颖有趣，更有成就感。

一、电脑打字，提前读写实证研究

"电脑打字，提前读写"是我国小学语文教学的一项创新，也是对传统拼音教学的重大改革，即借助信息技术手段，将拼打识字、自主阅读、写话融为一体，在学生识字不多、写字技能尚未形成的情况下，借助电脑打字，可以解决低年级拼音、识字教学难题，使中国学生与西方以拼音文字为母语的学生一样，能提前进行阅读和写作训练。电脑打字具有及时反馈的优势，能有效提升语文教学的效率，可以极大地增强学生学习语文的兴趣，这都是传统教学做不到的。

2010年8月，杭州师范大学学科研究所立项成立了以倪文锦教授为组长的"电脑打字，识读写互动"课题组，笔者与郑飞艺、周之房两位博士为课题组指导员，在小学低年级进行实验。浙江省宁波市国家高新区实验学校小学部、宁波市象山县实验小学、鹤浦镇中心小学、西周镇中心小学、金华市宾虹小学、广州市八一希望学校6所学校参加了实验。所谓"电脑打字，识读写互动"，就是在小学拼音学习阶段，安排计算机键盘输入训练，一改以往拼音学习枯燥乏味、费时低效的局面。这一方面可以让学生熟练掌握拼音，迅速提高独立识字能力；另一方面也切实减轻学生过重的书面作业负担，促进识字、阅读、写话的良性互动，实现识、读、写一体化教学，全面提高学生的语文学习能力。经过两年，教学实验取得了显著成效。宁波市国家高新区实验学校聂青青老师系统总结了电脑打字的教改经验，为后续研究积累了丰富的资料。

2012年8月，笔者与孙忠心在浙江省宁波市象山县丹城第五小学开展"电脑拼打，提前读写"教改项目研究，至今历时10余年。最初有4个实验班，生源、师资在当地都属于一般水平，到小学毕业时，4个实验班的语文成绩纵身一跃，名列全县第一。这一轮实验与上一轮的区别在于，此次由教师们开发课程资源，编写辅助性校本教材和一套可操作的教学设计。该校十年如一日，取得了显著成效，现在"电脑打字，识读写互动"已经成为该校的特色教学项目。

2015年8月，笔者与上海协和双语学校薛蓓莉老师合作，开展"电脑拼打，提前读写"验证性项目研究，取得了同样的显著成效，现该项目已成为该校办学特色项目之一。这一轮教学实践又有自己的特点。该校是国际化的民办私立学校，除了语文教学，大多数课程都是由外教承担，语文教学时间一周只有300分钟，明显少于公立学校，而且没有额外补课的时间。如何在有限的时间内提高语文教学质量是这一类学校最迫切的需求。该校一个语文教师要教两个班的语文，加上学校组织各种五彩缤纷的活动，教师的教学任务繁重，没有充裕的备课时间，更别说电脑打字这种教师从未接触过的创新设计了。为此，笔者在培训教师的基础上，研发了一整套结构化、系统化、可操作的课堂教学设计，教师只要拿着这些教学设计就能进教室上课，这不仅帮助教师顺利达成预定的教学目标，还大大减轻了教师的备课负担。

本项目主要采用了以下教学策略：听读识字、音节拼读；识写分开，认字与写字异步，提高写字教学质量；识字、阅读、写话互动，汉语拼音与计算机键盘操作学习整合。在不增加课时、不增加课业负担的前提下（除了写字专项技能训练，不布置任何形式的书写作业），两年后，低年级儿童能够自主阅读一般读物，学生学习语文的兴趣提高了。同时，能借助电脑打出几百字的习作，创造了不会写字却能写文章的教学奇迹。加上二年级的智慧技能专项训练，小学二年级学生的语文综合水平可达到传统三年级学生的水平。

10余年的教学研究和实践、充分表明，"电脑拼打，提前读写"是一项成熟的、具有普遍推广价值的教学项目。值得一提的是，该项目除了一年级开学初一个半月需要自编的辅助性校本教材，没有其他任何特殊要求。值得注意的是，这套理论能促进教师专业的快速发展。如在参加本项目研究中，有两位青年教师经过两年的教学就迅速入门，并且成了本项目的领军型教师。

二、电脑打字的教学内容和教学策略

（1）汉语拼音。汉语拼音的功能是帮助识字，现在许多学校的语文教学扩大了它的功能，用知识传授的方法孤立地进行教学，提高了学习难度，增加了学习负担，教师教得累，学生学得苦，效果不理想。

"电脑打字，提前读写"教学实验借助信息技术手段，根据动作技能的学习原理，将电脑打字、拼音与识字、阅读与写话教学整合，协同发展，不仅缩短了汉语拼音教学的时间（由传统的4周缩短为2周），而且有利于大量识字，提前读写。

（2）识字与写字。长期以来，语文教学由于一致坚持以识字为重点的字本位教学观，将识字、写字混在一起，教学效果很不理想。20世纪八九十年代我国涌现出了 30 多种识字教学方法，在单纯识字方面取得了很大成绩，但识字与阅读分离、阅读与写作滞后的难题没有解决。

"电脑打字，提前读写"教学实验采用识字、写字分离的策略（与语文课程标准的精神基本一致），借助电脑拼打手段，使识字、阅读、写话融为一体，既增加了识字量，又提高了运用文字的能力。写字属于动作技能，需要用动作技能的学习原理进行专门训练。

（3）正确朗读。朗读是较复杂的综合技能，其中正确朗读主要是动作技能。在第一学段，课文内容与学生生活经验基本吻合，学生能够自学，读懂没有难度，属于要学但不需要教的内容。从语文能力的角度看，低年级阅读教学的重点就是朗读训练，识字学词是朗读过程中必然要习得的知识内容。传统语文教学关注的是课文的思想内容，教学方式是教师讲解和分析，学生聆听和讨论，而朗读训练往往被架空了。这就是到高年级大多数学生朗读技能过不了关的重要根源。

"电脑打字，提前读写"教学实验遵循朗读训练的规律，利用电脑拼打的优势，确立正确朗读为重点目标，采用听读、拼打、识字、朗读和复述等方法，提高朗读训练与识字学词的实效性。其中一年级上学期以听读、识字为重点，下学期以句读、断句为重点，增加学生的阅读量，提高朗读和识字用字实效性。

（4）电脑写话。写话是低年级的教学目标之一。由于识字、写字的障碍，写话一般要到二年级才能启动。

"电脑打字，提前读写"教学实验借助电脑拼打，能使大部分一年级学生在 35 分钟内打出 200 字至 500 字的习作，创造了不会写字却能写作的学习奇迹。深圳市南山实验学校、宁波市国家高新区实验学校、宁波市象山县第五小学、上海协和双语学校等地的教学实验均用事实证实了这一奇迹。

（5）态度与情感。这是学习语文的动力，也是语文课程的两大目标之一。传统语文教学过分注重知识的传授，教学内容与学生的生活经验不匹配，加上大量低效甚至无效的课内外作业，不仅会加重学生的学习负担，而且会使学生感到语文学习枯燥乏味，进而产生厌学情绪，学习语文的动机日益衰减。

"电脑打字，提前读写"将培养学生学习语文的兴趣和习惯放在重要位置，采用电脑拼打和游戏活动等方法，顺应儿童喜爱活动和游戏的天性，取消除写字外的其他形式的书面作业，有效地激发了学生语文学习的兴趣，使学生产生热爱母语的情感。这是传统语文教学很难达到的情感态度目标。

（6）家校合作。这是顺利实施教学改革的外部条件。当前学校教育很大程度上受制于家长的舆论影响。而"电脑打字，提前读写"教学实验的内容及其教学理念与家长的原有观念有很大的认知差异，因此，需要通过各种宣传、教育，转变家长的教育观念，激发家长支持、配合本项目教学的积极性。

三、电脑打字的教学目标与核心概念

（一）教学目标

1. 识字与写字

（1）能正确认读约400个汉字，拼读超过300个汉字的字音，形成良好的音素意识。

（2）能用铅笔认真写好汉字笔画、超过100个生字，且笔顺、执笔姿势和写字姿势正确。

2. 汉语拼音

（1）知道汉语拼音是表示汉字发音的。能说出构成音节的三要素：声母、韵母和声调。

（2）认读23个声母、24个韵母；能识别小写字母和大写字母，用正确的指法在电脑中输入23个声母和24个韵母。

（3）能认读16个整体认读音节，能用全拼输入法在电脑中输入16个整体认读音节。

（4）能拼读声母和单韵母、声母和复韵母、声母和前后鼻韵母以及有三个拼音成分的音节。能用全拼输入法在电脑中输入声母和各类韵母组成的音节词语。

3. 朗读

（1）能正确朗读课文，读准字音，不加字、不漏字、不顿读、不唱读。

（2）能读好句子的停顿，听别人朗读能正确识别读音正误。

（3）能控制朗读时的语音节奏，声音响亮，口齿清楚。

4. 阅读与写话

（1）能认读学过的词语，大致说出词语在课文里的意思。

（2）能认读课文里学过的句子，并能用电脑打字呈现在屏幕上。

（3）能识别句号、逗号、问号等标点符号，在电脑写话中正确运用。

（4）能借助电脑打字表达自己想说的话，或复述课文主要内容。

（二）特殊项目

1. 音节字拼读

传统语文识字教学强调的是识字的数量，如小学阶段识字 3000 个左右，其中一年级识字 700 个左右。但实际上许多小学生识字量已远远超出这个数字。我国汉字虽然数量很多，但字的音节总数约 400 个（不带调音节）。这种教学实验要求能拼读 300 多个音节字，可以为后续的音节拼读提前打好伏笔。

2. 口令和游戏活动

识字和拼音学习，从知识本质上讲是一种机械学习，低年级小学生往往感到枯燥乏味。"电脑打字，提前读写"教学实验根据儿童年龄心理特点和识字与拼音教学的知识本质特点，采用口令和游戏活动等精加工策略，将机械的符号识记变成学生喜欢的趣味活动，既提高学习效率，又增强学习兴趣。

3. 电脑拼打

这是"电脑打字，提前读写"教学实验的重要抓手，即将汉语拼音作为工具，将拼音、识字、阅读、写话融为一体，可以让学生在尚不会写字的情况下，运用电脑打字途径进行早期写话训练。由于电脑拼打具有及时反馈功能，能有效提升语文教学的效率，极大地增强学生学习语文的兴趣，这都是传统教学难以企及的。

（三）课程资源

"电脑打字，提前读写"教学实验需要有相应的课程资源。遵循可行性原则，实验应由"基本教材+辅助教材+教学设计"三个层次组成系列化的课程资源。其中"基本教材"是主教材，是教育行政部门规定的语文教科书；"辅助教材"是自主研发的听读、识字和拼音打字等校本教材;"教学设计"是精心研发的一整套系统的、可操作的教学设计。

(四)教学策略

一年级第一学期的整个学习过程分为三个阶段:

第一阶段:听读、识字,识读互动。顺应学生从幼儿园到小学的过渡期特点,通过口令教学建立课堂教学规则,通过音节字的拼读练习,帮助学生建立语音意识,并结合学生的生活经验进行听读识字教学,帮助学生认读400～450个汉字,为第二阶段的拼音和打字教学奠定基础。

第二阶段:汉语拼音与电脑打字整合。这个阶段大致分为四个步骤。

第一步,搭建拼音学习框架。拼音学习不是从字母开始,而是先把汉语拼音的基本框架呈现给学生。学习有两个目标:(1)懂得汉语拼音音节是表示汉字发音的这一功能;(2)了解构成音节的三个要素:声母、韵母和声调。

第二步,声母学习与计算机键盘操作学习。将23个声母的教学和计算机键盘的认识及操作结合起来,用2个课时达到3个目标:认读声母,认识计算机键盘,学习简单的文档操作技能。

第三步,学习24个韵母、复韵母拼读和计算机输入法。包括单韵母拼打,复韵母拼打,鼻韵母拼打,间韵母拼打。

第四步,复习巩固。以韵母以及音节拼读为主,在听读识字教学中一般留出10分钟时间让学生把刚学过的字准确地输入电脑。(1)拼读这个汉字的音节;(2)找到与声母和韵母相应的键盘;(3)输入音节,从屏幕上出现的一系列同音字中选出正确的汉字。这是识字、拼音巩固和输入法练习三合一的活动。

第五步,分类学习音节拼读,用音节表分类指导教学,更容易寻找规律。如声母与单韵母拼读,声母与复韵母拼读,声母与鼻韵母拼读,声母与间韵母拼读,同时附有自编拼读教材:《声母和单韵母拼读音节表》《声母和复韵母拼读音节表》《声母和前鼻韵母拼读音节表》《声母和后鼻韵母拼读音节表》。

第三阶段:识字、阅读、写话互动,巩固汉语拼音。这个阶段在继续识字、阅读互动的基础上,从写话起步,同时进行拼音的巩固学习。识字包括识字和用字两个层面,其中识字以直接认读为主,适当与拼音巩固、计算机输入互动；用字主要指阅读与写话，即学生用电脑打字进行的自由写话学习。这个阶段的写话是写作的起步阶段，重在激发学生兴趣，不刻意辅导写作技巧。阅读主要是正确朗读的训练，如读准字音、词语连读、句子停顿等，在此基础上让学生复述课文内容，表达自己的愿望。

写字属于动作技能，需要专门的写字指导。从第三周开始，每周单独安排写字课，每天学习10～15分钟时间。

到了一年级第二学期，由于学生电脑拼打的动作技能已经熟练，能够进行盲打，电脑写话成为常规活动，可以在校园网上进行交流，阅读教学的重点转向句读教学和正确朗读的动作技能训练。

限于篇幅，下面仅提供23个声母的拼读与计算机输入教学设计片段。

课例1　汉语拼音

◎ 教学目标

1. 能说出汉字音节由声母、韵母和声调三个部分组成（少数音节只有韵母，本课不涉及）。

2. 能尝试给简单的音节标上声调。

3. 能识别声母、韵母和声调，尝试将声母、韵母和声调归类。

◎ 教学时间

1个课时。

◎ 教学程序

一、创设（童话）情境，激趣导入

创设情境，激发兴趣。（如：拼音家族里有一个国王和他的儿女。他建了两个城堡，一个是声母城堡，里面住着23名声母王子；另一个是韵母城堡，里面住着24名韵母公主。24名公主每人都有4顶帽子，她们经常换帽子。23名王子出来玩的时候，都要让妹妹跟在自己的后面，自己不敢一个人出来。小朋友们，你想和这些可爱的"王子""公主"交朋友吗？）

二、整体感知声母、韵母和声调

1. 与声母见面。（屏幕显示声母表）

讲解：拼音王国里的声母总共 23 个。（数一数，说一说，已认识了几个，是哪几个？）

2. 与韵母见面。（屏幕显示韵母表）

讲解：拼音王国里韵母一共有 24 个。（数一数，说一说，有认识的吗？）

3. 与声调见面。（电脑屏幕中间上方显示四种声调）

讲解：24 个韵母都有四顶不同的帽子。引导学生说说，知道这四个声调吗？

三、认识音节的三要素

1. 复习学过的音节字，跟老师拼读音节，在汉字上注上拼音，启发学生说说发现了什么？

屏幕出示第一组例子： bā　　bá　　bǎ　　bà
　　　　　　　　　　　八　　拔　　把　　爸

引导发现：

（1）一个汉字上面的拼音叫音节，一个音节就是表示一个汉字的读音。每一个音节都有一个声母和一个韵母，韵母头上都戴着一顶声调帽子。

（2）同一个韵母，头上戴的声调帽子不一样，下面的字也就不一样了。

屏幕出示第二组例子： bǎ　　kǎ　　dǎ　　mǎ
　　　　　　　　　　　把　　卡　　打　　马

引导发现：

（1）同一个韵母戴同一顶声调帽子，但前面的声母不同，下面的汉字也不一样。

（2）不同的声母和韵母在一起，再加上不同的声调帽子，就形成了一个个汉字的读音。

2. 激发兴趣：拼音是用来表示每个字的发音的。每个字的发音都可以用拼音来表示，老师全部都会，如果你不信，可以考考我。引导学生做两个游戏。

（1）启发学生随机说几个词，（例如小鹿、白云）老师在词语上面写上汉语拼音音节。

（2）指导学生从声母表中选一个声母，再从韵母表中选一个韵母，最后给韵母选一顶声调帽子。教师根据学生选的声母和韵母拼读，写出生字。如果学生选的声母和韵母拼不出字，就告诉学生有些声母和韵母合不来，就拼不出生字。

3. 小结：汉语拼音一点都不难，每一个音节（如：bā），都是由一个声母、一个韵母，再加上韵母头上的一顶声调帽子组成的。声母总是站在最前面的（老师在 b 下面画上三角形），跟在后面的都是韵母（老师在 a 下面画横线），韵母头上有一顶声调帽子（老师将声调用红粉笔标记出来）。这个音节读出来，就能写出字，如"八"。

四、拼音游戏（略）

五、尝试练习（引导学生尝试画拼音王国城堡图）

课例 2　声母

◎ 教学目标

1. 能正确认读 23 个声母，认识 23 个声母的大写形式。

2. 能识别 26 个字母的大小写，并在键盘上找到对应的字母键。

3. 能掌握电脑开机、关机、打开文字文档、大小写字母转换键、回车键、字体大小和颜色的变化、字体加粗、字体倾斜、加下划线、撤销键、恢复键、文档保存以及打字的姿势和指法等技能。

4. 能用正确的指法在文字文档中输入 26 个大小写字母。

◎ 教学时间

5 个课时。（学习电脑操作 1 个课时，其中电脑操作实践 15 分钟左右）

◎ 教学程序

第一课时：认读 23 个声母，分组识别 23 个声母的音符；

第二课时：读准 23 个声母的发音，分组认读，读准语音；

第三课时：玩声母游戏，巩固 23 个声母的符号识记和读音；

第四课时：认识 26 个大小写字母，对应认识电脑键盘上 26 个大写字母键；

第五课时：学习电脑操作技术，用全拼法输入 23 个声母，且指法正确。

第二节　识写分开，强化写字

一、识写分开，识字、写字的功能定位

崔峦先生曾多次对语文教学发出警示：基础不牢，地动山摇！这句话非常正确。问题是，这个"基础"究竟指什么？这个问题不解决，再正确的话最后也只能沦为空话甚至废话。从"基础"的角度考量，我国语文教学涉及语言学理论的三种本位观：字本位、词本位、句本位。问题是，哪一种本位观更科学、更合理呢？实践是检验真理的唯一标准，无论哪种本位观，都必须经受语文教学实践的历史性检验。

先看字本位观（词本位、句本位的内容参见本书第五章）。字本主观，即把"字"看作汉字的基本结构单位，并以此为基础，探索汉字的结构规律、学习规律和运用规律。我国语文教学历来重视识字教学，无论是教学大纲还是课程标准，都把识字作为第一学段语文教学的重点，并在后续学段不断强调。在分学段的教学内容和目标中，识字和写字都有精确的数量指标，而词语、句子的表述比较模糊，大多是感悟、体验、领会之类的感性要求。然而，长期的语文教学实践并没有因此而走出困境。学生课业负担重，厌学情绪浓，教师累、学生苦、家长吼的现象不仅没有丝毫改观，反而越演越烈。因此，有必要对以识字为重点的字本位教学观的科学性、合理性进行审视。

首先，从语言学理论看，文字是记录语言的书面符号。就语文学习来说，语言学习是第一位的，识字学习是第二位的，把第二位的识字作为教学重点是典型的本末倒置。许多专家认为，不会识字就不能阅读。这句话没错，但还漏了一句话：会识字未必就能阅读。举两个例子：20世纪某地开展"韵语识字"课题研究，为了检验课题成果，学校聘请一些专家和领导对课题成果进行评价。其中一个项目就是检测学生的识字量，让二年级小学生认读《人民日报》的一篇社论。结果学生顺利地完成了认读测试，赢得了专家学者包

括行政领导的高度评价和赞赏。可专家们忽视了一个事实：二年级学生能读懂这篇社论吗？比如爱因斯坦发表的有关相对论的论文的中文稿，只要认识几千个字，认读就没有问题，但是，有几个人能读懂这篇科学论文呢？认知心理学的研究表明，要读懂一篇文章，至少需要三个方面的知识与技能：（1）认识一定数量的汉字；（2）积累丰富的词汇、生活经验和知识背景；（3）掌握词法、句法、章法等概念性知识和自动化的语用技能。显然，识字是阅读的必要条件，而不是充要条件。认识几千个字，只能算是半文盲。

其次，从认知心理学的角度看，识字与写字是两种不同性质的学习。识字的基本要求只有两个：认识字形、读准字音。在布卢姆教育目标分类学理论中，识字只需达到最低层次的记忆水平即可；在加涅的学习结果分类理论中，这是最底层的"辨别"；在奥苏贝尔的学习分类中，这属于无意义的机械学习；在当前语文界热议的话题中，这就是低阶思维和浅层学习。如进一步从认知过程的角度看，识字有两种认知途径：一种是受意识控制的有意识学习，另一种是不受意识控制的无意识习得。前者需要占用短时记忆工作区的资源，需要付出意志的努力，承担一定的心理负荷。如将其作为显性目标，就要配备大量防止遗忘的记忆性作业，学习负担会增加，其后果不仅会耽误语言的学习，而且会阻碍甚至遏制思维的发展。后者正好相反，不占用短时记忆工作区，不需要付出意志的努力，不需配备记忆性的作业，可将更多的资源用于语言学习，促进思维的发展。这些道理其实并不深奥，在不受意识控制的情况下，人们日常识字采用的是一种无意识的整体模糊识记法，就像人们初次认识一样，"一回生，二回熟，三回四回好朋友"。既没有学习负担，也没有心理压力，识字量反而更好更多。一旦将识字作为受意识控制的学习，性质就变了。

我国传统识字教学的经验是分进合击，识字与写字先各走各的路，到一定程度后再殊途同归。如先领学生读《三字经》《百家姓》《千字文》，文本内容是"人之初，性本善"，在学文过程中随机识字——认识字形，读准字音；写字则是另一个系统，文本内容是"上大人孔乙己化三千七十士"，其学习内容是基本笔画、基本部件、基本结构，为后续的复杂字体练习做基本功准备。

显然，认字与写字分开是根据认字、写字各自特点所做的合理选择。

近年来，语文教学界已意识到识字教学的一些弊端，提出"认、写分开""识读写互动"等正确的主张。如人民教育出版社等编写的《教师教学用书》中提出：要认的字，只要求认识——在课文中认识，换个地方还认识。强调的是整体认记，不要求达到每个部件、笔画的精确记忆。而对于写字，该书则认为写字的重点是字的间架结构，教师要注意抓住重点，教给学生规律性的东西。这些观点应该说是正确的，但在教学实践中未能真正落实。其原因就是其具体建议中留了一条具有误导性的尾巴：可以进行必要的字形分析，但要避免对每个字都进行分析，尤其是要避免对一些不认识的部件进行分析。显然，"整体认记"与"字形分析"产生了矛盾。许多教师仍沿着传统的套路，进行烦琐的"字形分析"。这只要查阅许多出版社出版的各种教学设计，就可知此言不虚。

所幸的是，已有一些先驱者突破重围，摒弃识写不分的陈旧观念，开拓创新的教改新路。如石皇冠老师的"文言文句读教学"实践和研究，不教识字，直接从朗读教学入手，让小学生通过句读训练学习阅读技能，这些小学生文言文的阅读技能显著超过初中生甚至高中生。全国著名特级教师谷锦屏创造的"听读识字法"，在儿童不识字或识字不多的情况下，从听读入手，让学生在学语言的过程中与生字见面。其基本程序是：先听读，即教师范读，学生聆听、跟读；再识字，学生在读熟的基础上，打开课文，认读生字。在这个过程中，听读是学习和发展语言，识字是在听读的基础上认读汉字。其原理是运用视觉与听觉两个通道的协同效应，先通过听觉通道输入规范的普通话语音语调，再结合视觉通道认读字词，将字词符号转化为有声语言，其重点是学习语言、发展语言。语文专家倪文锦和笔者利用信息技术开展的"电脑打字，识读写互动"教改实践，也是先从听读识字入手，继而通过电脑拼打，使识字、阅读、写话同步进行，取得了传统教学难以企及的教学效果。这些实践有几个共同特点：（1）以学习语言为重点，识字处于"无为而治"的潜意识学习状态；（2）取消书写作业，减轻课业负担。除了专门的写字训练外，不布置任何形式的书写作业；（3）学生的学习负荷明显减轻，学习语文的兴趣显著提升，达到了传统语文教学难以企及的高度。

结论就是，语文教学必须摈弃以识字为重点的"字本位"教学观。不除去这个紧箍咒，就像戴着脚镣跳舞，语文教学永远走不出高耗低效的历史泥潭。也许有人会问，是否意味着识字不重要了？当然不是，识字很重要，但要分清识字和写字的不同功能，让它们回到各自的领域。识字只有两个功能：读准字音、识别字形。至于字的笔画笔顺、偏旁部首、结构规则乃至汉字文化、字理规律等都应放在"写字"这个领域落实。

二、写字的知识本质与教学策略

写字是一种比较特殊的技能，包括动作技能和智慧技能。把字写好，写得美观，属于动作技能；把汉字写对，结构正确，不写错字，属于智慧技能。写字教学的核心是指导学生发现、掌握隐藏在汉字中的程序性知识，即构字规则，以及支配学生写字行为中的肌肉运动规则。

语文课标 2022 年版提出的写字要求是："掌握汉字的基本笔画和常用的偏旁部首，能按基本的笔顺规则用硬笔写字，注意间架结构。初步感受汉字的形体美。"这段话里既有动作技能的要求，又有智慧技能的要求。

培养学生写字的动作技能，要用"示范、观察、实践"等动作技能的教学原理来指导教学；培养写字的智慧技能，则要用"知识转化为技能"的变式练习来指导教学。总的来说，写字教学大致包含了以下四项要素：（1）知道写字的运笔规则和汉字本身的构字规则；（2）教师写字示范；（3）学生写字练习；（4）获得反馈信息，及时矫正。在探索写字教学规律的实践中，我国优秀教师提炼了一个"五子登科"的教学模式，与当代心理学的技能学习原理有异曲同工之妙。所谓"五子登科"，就是选例子、指路子、做样子、给场子、挂牌子。

选例子，就是选择最有训练价值的典型例字，通过字体结构分析，让学生在脑海中形成汉字概念性知识和构字规则。这一步的关键是选好要观摩的例字，选字不当会有负面影响。现行语文教科书课文后面生字表的字，用随文识字的方式组编，大多数是杂乱无章的。例如：统编版教材二年级上册《田家四季歌》课后写字表的 10 个字:"季、肥、忙、戴、苦、吹、农、归、辛、事",字与字之间缺少构字规律和逻辑联系,学生很难从中找到字体结构的规律,要写好字也就成了奢想和空谈。而《树之歌》课后的生字:"杨、桐、松、棉、化、壮、枫、柏、杉、桂",如去掉"化、壮",就是很好的一组典型的范字,从中可发现共同特点:这些字都是木字旁、左窄右宽,大都与树木有关。学习这样的例字,实际上就是学习一组汉字中隐藏的构字规则,写对一个,带动一串,举一反三,迁移运用,可惜教材中这样的例字太少了。要解决这个问题,只能另起炉灶,研发有助于发现构字规则的写字教材。

指路子,是教师对选出的典型例字进行分析,给学生具体的言语指导,让学生尽快掌握其中的写字窍门。如教写字笔画"一横"时告诉学生:"一横"里面藏着 4 个小动作——点、横、顿、回。然后具体解释:"点"是起笔,要稍稍用力;"横"是从左往右,速度稍快;"顿"是收笔时要用力,顿一顿;回就是最后的收笔,笔尖要轻轻地往回一勾。这种规则学生很难自主发现,需要教师具体讲解。

做样子,就是老师做示范动作给学生看,让学生观察老师的写字动态过程。这里的观察有两层含义:其一是观察老师写字的动作,领悟由肌肉支配的运笔规则;其二是观察书写过程,发现其中的构字规则。显然,在这个过程中,写字动作、运笔规则属于动作技能。肌肉的动作技能主要用接受学习的方式进行,很少有发现的成分,因此需要教师做样子,让学生在短时间内掌握规则。值得注意的是,这里的做样子不仅仅指写字的过程,也包括写字的姿势和执笔的方法。

给场子,就是给学生提供写字练习的实践机会,就像给练武的人提供场地练习一样。练习是形成动作技能最重要的因素。心理学上的练习有两方面的含义:集中练习和分散练习。集中练习是指对所要学习的写字动作不断重复,让肌肉群在不断重复中逐渐正确、熟练地运动。由于小学生手部小肌肉群尚未发育好,一段时间内的集中性高密度书写会使学生感到疲倦、枯燥,尤其是低年级学生,以分散练习为好。在实际教学中,集中练习与分散练习要互相结合,如每次写一个字,先认真写三遍,然后隔几天再重复练习。

挂牌子，是对学生的写字练习提供反馈信息，对书写好的学生及时予以激励性评价，及时指出写字有问题的地方，予以订正。其实质就是在概括写字规则的基础上，让学生对照规则，发现自己所写的字中存在的问题和错误，再将获得的反馈信息对照规则，矫正错误后形成技能。

长期以来，语文课堂中有一种值得反思的现象：在阅读课中专门安排一个写字的环节，指导学生写字，即将写字作为阅读教学中的一项内容。许多语文专家也借此大声疾呼：要让写字教学走进课堂。其实，阅读与写字是完全不搭界的两码事。阅读教学的内容是课文的思想感情和作者表达思想感情的语用技能，写字教学的内容是字体的笔画、顺序、间架结构、偏旁部首等，两者没有必然的逻辑联系，却被拉郎配地捆绑在一起，结果只能是两败俱伤：阅读教学时间不够，写字教学蜻蜓点水。因此，根据"识写分开"的原则，认字在阅读教学中进行，写字则应该单列，专门设置写字课。写字要学的不是一个个具体的汉字，而是一组组汉字的构字规则。

三、写字教学的基本要素和教学策略

语文课标 2022 年版把写字教学提到很高的位置，如"临摹、欣赏名家书法，体会书法的审美价值""在真实的语言文字运用情境中独立识字与写字"等。要达到这些要求是很不容易的，教师需要把握好写字教学的基本要素，探索科学有效的教学策略。

（一）研发相对独立的写字教材

长期以来，写字教学缺乏应有的独立性，往往与阅读教学捆绑在一起。语文教科书中课文后面虽然有要求书写的字表，但受随文识字的限制，字与字之间没有必然的字体结构联系，学生只能孤立地一个一个机械抄写，耗时多、效率低。实际上，写字与阅读没有必然的逻辑联系，写字教学不仅要有专门的写字课，而且要有独立的写字教材。

石皇冠老师运用认知心理学理论和现代教学设计技术，经过多年研究和实践，创造性地编写了知识化、结构化、序列化的写字教材。具体内容参见石皇冠编写的《十黄格写字序列化教程》，这里仅就其中的要点进行简介。

根据学习分类思想，石皇冠老师将 2500 个要学的汉字按不同的字体结构分类，每一个类别为一个模块，共 83 个模块。每个模块又分成若干字组，共 620 组汉字。同一组汉字，其书写规则相近，只要会写其中一个，就会写对应的一组。换句话说，只要教学生写会 620 个字，就能实现 2500 个字的写字目标，不必把 2500 个字拿来一个一个反复抄写。这样的汉字分类，既便于学生发现同一类字的构字规则，又能学会写字技能的迁移，节省写字时间，提升教学效率。比如，教学生写"兵、折、析、断、斩、斯、撕、新"这 8 个字，只要知道了"斤"表示"斧"，就能帮助理解这 8 个字的字义，而且能轻松辨别和记住这些字的字形，由此将枯燥的机械学习变成有趣的意义学习。

（二）写字教学中为学生搭架子的问题

学生初学写字，需要有一个"拐棍"，搭一个"架子"。统编版语文教材采用的是田字格。田字格适用于左右对称、上下对称的字。可是，汉字的字形结构，左右对称、上下对称的很少，大多数是左右不对称、上下不对称的。因此，用田字格练习写字，很难从汉字中提炼出清晰的书写规则，用田字格写好字，除了少数有特殊天赋的学生，大部分学生会感到困难。这也许是大多数学生写不好字的一个原因。

后来有的学校写字教学采用了黄金格。黄金格是著名书法家启功先生创造的。黄金格能清晰地归纳出汉字的结构知识，展示汉字的间架结构，并从汉字中提炼书写规则。让学生在黄金格中练习写字，效果明显优于田字格。

石皇冠老师在黄金格教学研究的基础上，又研发和设计了"十黄格"，在十黄格内用硬笔楷书给学生做字帖，更容易凸显汉字的结构规律，写字教学效果更好。具体内容请参见石皇冠老师编写的《十黄格写字序列化教程》，这里不再展开。

（三）写字教学中的学生书写工具

语文课标 2011 年版和语文课标 2022 年版对学生的写字要求和书写工具有明确的提示："掌握汉字的基本笔画和常用的偏旁部首，能按笔顺规则用硬笔写字，注意间架结构。初步感受汉字的形体美。"在分年级的要求中，第一学段的要求是："能按基本的笔顺规则用硬笔写字，……写字姿势正确，书写规范、端正、整洁。"第二学段的要求是："能用硬笔熟练地书写正楷字，做到规范、端正、整洁。用毛笔临摹正楷字帖，感受汉字的书写特点和形体美。"张志公先生也曾说道，需要设计一种比传统的毛笔制作、使用都简便，又比铅笔更适合书写汉字的特点的书写工具，根据汉字的书写特点和新的书写工具的特点，设计出一整套写字训练的程序。

北京师范大学心理学教授朱智贤说过，最初开始学写字的时候，宜用粉笔。使用粉笔有三项很明显的优点：（1）写得明显；（2）便于示范；（3）便于校正。大概从低年级开始宜用粉笔，以后逐渐使用铅笔。儿童正式开始书写时，多依赖手指的活动，而手指活动实为一种细小筋肉的动作，这种动作在五六岁时不甚发达，自7岁起才渐渐发展起来。

事实的确如此。五六岁儿童的手指小肌肉群发育状况还不大适应铅笔写字，控制能力差，手指易酸困。而用粉笔写大字，便于学生观察领悟，也适应儿童手指肌肉发育状态。操作粉笔以运腕为主，不易疲劳，易于控制。不仅有利于儿童保健而且可避免近视，保护颈椎。学生用粉笔写大字，还有利于教师当堂快速搜集学生练习情况。

由此，石皇冠老师开发了一整套用粉笔撰写的字帖，精心编写了《十黄格写字序列化教程》，目前国内许多地方开始运用这套写字教材，成效显著。

第三节　正确朗读，句读训练

朗读是十分重要的言语技能。语文课标 2011 年版和语文课标 2022 年版在四个学段的教学目标和内容中，对朗读的要求为"能用普通话正确、流利、有感情地朗读课文"。那么，怎样才算是"正确、流利、有感情"呢？课标中并未提出具体的改进方法。因此，探明朗读教学的知识本质及操作策略就显得尤为重要了。

一、朗读技能的知识本质

在语文诸多知识技能中，正确的朗读技能是有特殊关键期的。无论是现代语音学理论还是语言习得的生活常识，都表明 10 岁前是朗读技能习得的关键期。这个关键期正好处于小学的第一学段，因此，正确朗读这个动作技能必须在第一学段过关，低年级任教老师必须把正确、流利、有感情地朗读列为重要的核心教学目标，务必让每一个学生都能做到正确、流利、有感情地朗读。

根据学习结果分类理论，"正确、流利、有感情地朗读"实际上涉及两种不同类型的学习。在传统教学中，正确朗读往往被教师解释为读准字音，不唱读、不顿读、不读破句，以及读出轻声、儿化音、变调等要求，这其实混淆了正确朗读的内在层次性。读准字音是典型的动作技能，实际上学生学习的是发音器官及肌肉的运用，要求学生在教师示范的基础上读得字正腔圆。不读破句，读出变调等能力不单纯是肌肉运动，这里要学生学习的实际上是一套关于不读破句、读出变调的规则，即能切分词语之间的停顿，知道在什么情况下要读变调等，这些都属于智慧技能。因此，正确朗读是以读准字音的动作技能为基础的智慧技能。辨清这一点很重要，因为动作技能的教学策略主要是模仿，包括教师示范、学生模仿、反馈矫正三个环节，缺一不可。智慧技能的教学策略不是模仿，而是学习"如何朗读"的规则，并能举一反三地迁移到新的朗读中去。流利地朗读不是独立的技能，是在正确朗读的基础上经过不断练习达到的一种状态。

有感情地朗读则是在理解、感悟文本的情感内容基础上，通过轻重缓急的语音语调变化，将文本内含的感情表达出来。正确朗读蕴含了动作技能，主要靠训练，其基本教学程序是示范、训练和反馈。有感情地朗读属于智慧技能，其学习规律是"情动而辞发"，即只有学生真正读懂了课文，被课文的情感内容打动，才会使朗读时语音语调的变化与课文的情感基调保持一致。因此，要想朗读有感情，用训练的方法是吃力不讨好的。语文教学中常见的"像老师一样读""谁能比他读得更好""把山读得再高一些""把丹顶鹤的嘴巴读得再长一些"之类的教学往往是弄巧成拙，结果常常会产生各种怪腔怪调的读法，这在课堂教学中是屡见不鲜的事实。

语音学理论也将朗读分为三个层次：表层朗读、节律朗读和情韵朗读。表层朗读要求读准每个汉字的声、韵、调，朗读时一字一顿、拖腔拖调，朗读无层次，缺少节奏感和表意功能，不能很好地表达文本内容——这是最底层的识字读书要求。表层朗读是节律朗读和情韵朗读的基础，要求学生读准字音。节律朗读要求读出文本的停延、节奏、基调和句调群组合规律。但节律朗读虽有表意功能，却无感情信息，不能表达文本内容的"言外之情"，是一种"形似朗读"。情韵朗读是在节律朗读基础上增加了感情信息，不仅能把文本的语言读活，读得抑扬顿挫，富有音乐美，还能读得声情并茂，表达出特殊的情感和韵味，能更好地传递文本不能言传只能意会的情感信息。显然，这就是朗读得有感情。

人们在分析课文时常问："这篇文章字里行间流露出了作者什么样的思想感情？"这里的"字里"主要指包括声、韵、调在内的音节，用显性的汉字符号标记，而"行间"是指音节以上层次的汉语节律，包括重音、节奏、停延，以及声调、句调和基调等。"行间"同样具有表情达意的功能，但无法用书面符号记录下来。如果仅看显性的文字表层，许多表情达意的信息就容易丢失。而朗读就是通过"字里的音节"和"行里的节律"的双重编码加工，再现字里行间的情感信息，恢复作者和作品原有的全部信息，从而使学生更深刻地理解和认识文章的思想情感内容。显然，只有读者在阅读时的内容情感编码与作者的写作情感编码一致时，读者才能真正做到表作者之情、达作者之意，读者、听者和作者的思想感情才能产生共鸣。情韵朗读与节律朗读在音长、音高、音强特征方面都有明显差异。这在专业的语感测试中也得到了证实，汉语中的音节语速达 1000 m/s，是表示特殊感情的临界参数，达到这个语速，言者和听者都可能会因此而动容，无论情感是悲哀还是愤慨，这便是人们常讲的"感动得说不出话来"的时候，所以情韵朗读又称为"神似朗读"。

综上所述，小学阶段朗读教学的重点是教会学生正确朗读，包括读准字音和节律两个层面。而有感情地朗读是带有感情信息的朗读，它建立在对文本的内容理解与情感共鸣的基础上，是阅读理解到达一定程度后的自然结果。

二、朗读技能的指导策略与方法

目前小学生在朗读时普遍存在两个问题：其一是一字一顿式的朗读，语音单调，似小和尚念经，缺少生气；其二是拖腔拖调式的朗读。词语之间、句子之间缺乏明晰的停顿，重音和语调没有起伏变化，缺乏语言的感情色彩。这种现象在各个学段都是普遍存在的事实。长期的朗读教学经验以及语音学研究成果表明，有效的朗读训练大致有以下几种形态。

（一）正音朗读指导

教学内容主要是字、词、词组、短语和句子的朗读。人教版教材倡导识写分开，在识字这个环节的要求是"认读"，但许多教师往往停留在"认识"和"读出"的层面，这是不够的。教师应要求学生读准每一个字的音，要求是：字字响亮，字正腔圆。词的朗读是建立言语连锁，有些字的读音在词语里会发生变化，即轻声、变调等，如"啊"的音变读法：山啊（na）、树啊（wa）、玉米啊（ya）、看啊（na），这都需要——指导。词组和短语的朗读要求是在言语连锁形成的基础上，注意词语与词语之间的细微停顿，这可以借助画线切分的方法。如美丽的／夏夜，精彩的／球赛，一棵／小柳树，欢快地／舞蹈，高兴得／跳了起来。句子的朗读除了注意词语的切分、停顿外，还要读出相应的节奏、语调等。如《坐井观天》里的一句话："天不过井口那么大。"

可先指导读准"不"的变调"不过""不会""不信",这里三个"不"都读作第二声。然后读准词语的切分:"天/不过/井口/那么大。"最后结合句号的教学,知道这句话的语调是降调,并正确读出来。这里涉及的主要是发音器官及肌肉运用,属于典型的动作技能,教学策略只有一种:教师示范,学生模仿,反馈矫正。三者缺一不可。

(二)听读训练

所谓听读,就是让学生听规范的普通话朗读,然后模仿性地跟读,这是由正确朗读技能的知识本质及其规律所决定的。朗读、词语发音等技能中虽也有规则,但学生能在不知道规则的情况下通过教师示范、学生模仿和教师提供反馈和纠正的方式有效习得。要特别指出的是,即使学生知道规则,如果缺乏教师的朗读示范和自身的跟读模仿,朗读动作技能也不可能顺利形成。

听读训练是运用视觉与听觉两个通道协同进行的训练方式。其原理是通过听觉通道输入规范的普通话语音语调,结合视觉通道将字词符号转化为有声语言,使听与读两个通道协同共振,朗读效率成倍递增。听读训练一般放在小学一年级上学期比较合适,前提是教师的普通话标准,朗读规范。

听读训练的具体做法是,教师在学生未接触课文之前,先让学生听教师范读,然后要求学生模仿着读出来,教师根据学生读的情况进行反馈,然后再读一至两遍,每读一遍都要求学生模仿跟读一遍。这是通过听觉通道,用标准的普通话语音语调调整学生原有的语音语调的过程。经过一段时间的听读训练,学生的语音面貌就会发生质的变化,这与入学前儿童语言习得的内在规律是一样的。随着年级的升高,听读训练可作为阅读教学中的一个环节来展开,所提的要求也应相应地灵活调整,如听读后让学生说说课文讲了一件什么事,然后对一些难读的句子、复杂的长句子进行针对性的指导。这种教学法的前提是教师的普通话标准,具有较好的朗读技能。如果不具备这些条件,也可用听录音的方式。

(三)节律朗读指导

节律朗读训练是根据汉语节律的朗读规律,通过"字里的音节"和"行间的节律"双重编码加工所进行的朗读训练,也称节律朗读教学法。这种教学法既能加深学生对文本的理解，又能帮助学生进行朗读技能迁移。节律朗读需要一个"拐棍"：一套专门的符号——"话谱"，类似于唱歌用的乐谱。根据小学生朗读的特点，"话谱"主要有重音符号、音步符号、延音符号以及四种句调符号。节律朗读的教学过程主要分三个阶段：一是认识节律符号，尝试节律朗读；二是运用节律符号，规范节律朗读；三是丢弃节律符号，将外在的符号内化为朗读的规则。节律朗读法最大优势是具有自主迁移运用的功能，这与叶圣陶先生"教是为了不教"的思想高度吻合。这种方法适用于教师自身朗读水平不高的情况，前提是教师要接受过节律朗读法的专业训练。

三、朗读教学设计举例

朗读教学的重点是教会学生正确朗读，正确朗读的核心是句读训练，包括读准字音，读出句子的句内停顿和句外停顿等要求。这需要有计划地训练，下面3个课例是词语和句读的朗读训练设计片段。

课例1 《春夏秋冬》设计片段

◎ 教学内容

本课8个词语都是偏正结构词语。其中"春风、夏雨、秋霜、冬雪"分别指"春天的风、夏天的雨、秋天的霜、冬天的雪"，这4个词的中心词是"风、雨、霜、雪"。还有4个是主谓结构的短语，如"春风吹、夏雨落、秋霜降、冬雪飘"，短语中两个词语之间要有停顿。对一年级小学生不能讲偏正结构、主谓短语之类的知识概念，但可用朗读的方法读出词语的停顿，使学生对偏正结构词语和主谓结构短语的语例有一个感性认识。

◎ 教学目标

偏正结构的词语能连词读，主谓结构的短语能读出停顿。

◎ 教学设计（片段）

一、阅读课本，感知内容（略）

二、指导朗读

1.指导词语连读。出示词语：春风、夏雨、秋霜、冬雪。

（1）讲解要点。这4个词语朗读时要连读。

（2）指导朗读：教师范读，学生跟读，关注学生是否做到连词读。反馈矫正。

2.读出词语之间的停顿。课件出示：春风吹、夏雨落、秋霜降、冬雪飘。

（1）指导发现。教师提问：这4个短语，如果都加上一个句号，你发现了什么？（短语变成了句子）

（2）简要讲解。这4个短语都包含2个词语，如"春风吹"的2个词是"春风"和"吹"，表示什么怎么样。加上句号，就是一个完整句子。课文里没有句号，那么它就是一个表示什么怎么样的短语。朗读时，"春风"要连读，"春风"与"吹"之间要有小小的停顿。如："春风／吹"。

（3）指导朗读。标记停顿符号，要求学生跟读：

春风／吹　夏雨／落　秋霜／降　冬雪／飘

（4）练习实践。

同桌互动，读一读，评一评是否做到了两点：词语连读，词语之间有停顿。

3.用上述方法和程序指导第二部分的朗读。

（1）词语连读。

①出示词语：青草、红花、游鱼、飞鸟。

②跟老师读：教师范读，学生跟读，关注学生是否做到连词读。

（2）读出词语之间的停顿。

① 课件出示：池草青、山花红、鱼出水、鸟入林。

② 说说这4个短语应在哪里停顿，尝试画出停顿符号。

③出示含停顿符号的短语。

池草／青　山花／红　鱼／出水　鸟／入林

④练习朗读、词语连读，词语之间要有停顿。

课例2 《小蝌蚪找妈妈》设计片段

◎ 教学内容

动宾短语之间要有短促的停顿。一年级教学中对偏正结构词语的朗读已为本课朗读奠定了基础，对二年级学生不讲动宾结构短语的概念，而是让他们用朗读的方法读出词语的停顿，使学生对动宾结构词语有一个感性认知。

◎ 教学目标

能正确朗读课文，读好动宾短语之间的停顿。

◎ 教学设计片段

1. 出示语例。

（1）鲤鱼说："你们的妈妈四条腿，宽嘴巴。"

（2）乌龟说："你们的妈妈头顶上有两只大眼睛，披着绿衣裳。"

（3）小蝌蚪看见荷叶上蹲着一只大青蛙，披着碧绿的衣裳，露着雪白的肚皮，鼓着一对大眼睛。

2. 说一说：这三句话都是写青蛙的样子，有什么区别？为什么前两句话都没有用"蹲、露、鼓"这些动词？（先同桌议一议，再全班交流）

句（1）是鲤鱼说明自己与青蛙的主要区别，没有用动词。

句（2）是写乌龟与青蛙的主要区别，"有、披"说明了事实。

句（3）是小蝌蚪亲眼看到的青蛙的样子，所以用了"蹲、披、露、鼓"这些动词，生动形象地写出了青蛙的形象。

3. 出示动宾结构的短语，指导朗读。

披着 / 碧绿的衣裳　　鼓着 / 大大的眼睛

露着 / 雪白的肚皮　　甩着 / 长长的尾巴

（1）这些短语包括两个部分："干"与"什么"。读的时候在"干"与"什么"之间要有短停顿。

（2）指导朗读，读好词语之间的停顿。

（3）用加点的动词说一句话。（先同桌互动，再全班交流）

课例3 《开满鲜花的小路》设计片段

◎ 教学内容

学生已积累了读好停顿、节奏的经验，本课主要是读出重音，读好长句子的停顿、重音。在分角色朗读中读出课文中人物的感情变化，这需要结合课文的阅读理解，"情动而辞发"地应声求气，自然地读出相应的语气语调。

◎ 教学目标

能读好长句子的停顿、重音；读出人物的感情变化，读好角色的语气。

◎ 教学设计片段

结合对课文的理解，指导学生朗读。

1. 出示难读的句子。

（1）出示第5自然段：松鼠太太／拿过来一看，里面／空空的，什么也没有。原来，包裹／破了，里面的东西／不见了。<u>看来</u>／都漏在来时的路上啦！<u>鼹鼠先生</u>／很懊丧。

①讲解朗读要点：这段话有4句话，朗读时除了读好句子的停顿，还要读好每句话的语气语调。这4个句子，每一句的语气语调都是不一样的。第1、2句写了一个事实，即包裹里的东西不见了，朗读的语气自然、平实；第3、4句是写鼹鼠先生的想法和心情，如第3句用了感叹号，第4句用了懊丧这个词，朗读时语音语调要发生变化，要读出鼹鼠先生失望、懊丧的心情。

②指导朗读。师生互动，读读议议，读好句子的停顿，读出不同的语气语调。

（2）联系第1至4自然段，说说鼹鼠先生为什么感到懊丧。

①指导：因为里面的东西都漏掉了，所以鼹鼠先生感到懊丧。"漏""懊丧"这两个词要读重音。

②联系第1～4自然段的句子，理解鼹鼠先生的心情变化。

句子1："邮递员黄狗在门口喊：'鼹鼠先生，您的包裹单！'"读一读，说一说，这时鼹鼠先生的心情怎样？（很高兴）

指导朗读：要读出"喊"的感觉。

句子2："鼹鼠先生赶紧骑着摩托车，到邮局去领包裹。"说说此时鼹鼠先生是怎样的心情。（有点激动，迫不及待地想拿到包裹）

指导朗读："赶紧"这个词带有强调的意思，要读重音，朗读时语速稍快，读出鼹鼠先生去邮局领包裹的急切和兴奋的心情。后面打开包裹时的语句，朗读时语速要稍慢一些，这里含有思考的意思，要读出略带困惑的感觉。

句子3："鼹鼠先生拿着包裹，来到松鼠太太的家。他问松鼠太太：'长颈鹿大叔寄来一个包裹，您能帮我看看是什么东西吗？'"这句话表达了鼹鼠先生对松鼠太太的信任，联系下文鼹鼠先生到松鼠太太家里做客，可看出他们是好朋友。朗读时要读出熟人之间的亲切感和信任感，语言平实、自然。

（3）指导朗读第1～5自然段。（教师范读，学生跟读，同桌互读互议）

2.指导朗读第6～11自然段。

（1）出示课文插图，看图说话：这是一条怎样的小路？

①出示句子：啊！通往/松鼠太太家的路，成了/一条开满鲜花的小路。

②指导朗读：老师范读，学生跟读，读出惊喜、赞美的语气。

（2）课文是怎样具体写这条开满鲜花的小路的呢？找出有关语句。

①出示典型语例。

句子1：刺猬太太/走出门。看到/门前开着/一大片/绚丽多彩的鲜花，她惊奇地说："这是谁/在我家门前种的花？多美啊！"

句子2：狐狸太太/走出门。看到/门前开着/一大片/五颜六色的鲜花，她奇怪地问："这是谁/在我家门前种的花？真美啊！"

②指导朗读：这两个句子都是先写谁看到什么，再写谁说的话，说话的内容是问句和感叹句。朗读时要读好长句子的停顿，读出人物惊讶的感觉、赞美的语气。

③出示其中的长句子。

门前/开着/一大片/绚丽多彩的鲜花。

门前/开着/一大片/五颜六色的鲜花。

④指导朗读：这两个句子都是写"什么地方有一些什么"的句子，朗读时在"门前""开着""一大片""鲜花"之间要有短促的停顿。其中"绚丽多彩""五颜六色"把这些鲜花的特点写得很具体、很生动，朗读时要读重音。

（老师范读，学生听辨、跟读，读好停顿、重音，读出相应的语气）

3.分角色朗读课文。（略）

第五章
遣词造句智慧技能的学与教

遣词造句智慧技能是小学低中年级阅读教学的核心目标，是小学生必须掌握的语文技能，是语文教师义不容辞的教学任务。

遣词造句智慧技能是以词法、句法、标点符号用法等语法知识和语用规则为基础的。词法、句法等语法知识是教学内容，是客观存在的、外在于学生的概念性知识，这些内容都是陈述性知识，其特点是容易学，容易忘。遣词造句智慧技能是教学目标，是预期的学生的学习结果，学生掌握后，便能识别和说出各种单句、复句、句群的结构特点，能扩句和缩句、修改病句，能正确运用语法规则等，这些技能学生一旦学会，就很难遗忘。

遣词造句智慧技能是由词法、句法、标点符号用法等语法知识和语用规则转化过来的，两者具有量变与质变的逻辑关系，其主要途径是变式练习。变式练习包括"举三反一"和举一反三两个步骤。在操作层面主要有两种课型：一种是阅读教学，主要任务是积累典型语例；另一种是专项技能教学，主要任务是形成遣词造句智慧技能。

第一节　遣词造句教学的必要性与历史困境

遣词造句是小学低中年级阅读教学的核心目标，是小学生必须掌握的语文技能，是语文教师义不容辞的教学任务。遣词造句智慧技能是由词法、句法、标点符号用法等语法知识转化过来的。遣词造句智慧技能是教学目标，是学生必须掌握的最基本的智慧技能。

但长期以来，无论是理论层面还是实践领域，遣词造句都成了语文教学中的一块短板，严重影响和制约了语文教学的健康发展，严重阻碍乃至遏制了学生语文素养和思维能力的发展。本节拟从语用实践、理论基础和历史困境三个方面系统寻迹，科学论证。

一、从语用实践的真实情景看遣词造句的必要性

写文章首先要花很多时间做好写作前的准备，包括审题立意、收集素材、整理资料、构思提纲等内容，这些准备工作的程序差异是不大的。然而，动笔时差异就出现了，有的人一拿起笔顿时文思喷涌，下笔如有神，许多好词佳句神不知鬼不觉地从脑海里喷涌而出；有的人拿起笔时，挤牙膏似的想一句写一句，花了好长时间才挤出干巴巴的几行字；还有的人抓耳挠腮，不知从何落笔，半天开不了头，成不了文。学校里的作文教学，尽管有教师的精心指导，学生的写作状态也大致是这三种情况。

同样是写一篇作文，为什么差异会这么大呢？这与是否具备遣词造句智慧技能有很大关系。第一种文思喷涌的人已能熟练使用遣词造句智慧技能，写作时，优美词句很自然地喷涌而出；第二种写作挤牙膏似的人，说明他有遣词造句智慧技能，但不熟练，运用时需要付出意志的努力，从而增加了心理负荷；第三种抓耳挠腮者，说明其缺乏必要的遣词造句智慧技能。

21世纪初印发的三版语文课程标准在总体目标中都提出这样的要求：能具体明确、文从字顺地表达自己的见闻、体验和想法。"文从"需要有布局谋

篇的智慧技能，"字顺"需要有遣词造句的智慧技能，而遣词造句又是布局谋篇的基础，没有遣词造句智慧技能，布局谋篇也就成了空中楼阁，几十年的语文教学和社会语用实践均无数次地验证了这个事实。因此，补上遣词造句智慧技能这块短板刻不容缓。

二、从语言学理论看遣词造句的核心地位

从语言学的底层逻辑看，语言学的研究有三种本位观：字本位、词本位、句本位。这三种本位观在不同时期对语文教学都产生过深刻的影响，也产生了不少教学误区。为此，需要先对这三种本位观作溯源性的比较和论证。

在汉语研究史上，中国清末时期语言学家马建忠率先提出了词本位观，把"词"作为语言的基本单位，先教词，再教如何用词造句，然后教用句子组成的课文。对外汉语教学使用的就是词本位教学法，如，教学"我去商店。"这个句子，得先教"我""去""商店"三个词，再教这三个词组成的句子。这种用词造句的语法规则，基本套用英、法等拼音文字语言的方法。这种方法适用于英、法语言的教学，用来教汉语，虽然也能教，但不是最好的方法。

后来我国语言学家徐通锵提出了字本位观。字本位观认为汉语与印欧语不同，汉字是音、形、义三位一体的，应当摆脱西方语言学的束缚，以汉语特点为立足点进行研究。然而，湖南大学语言学及应用语言学学科带头人彭泽润指出字本位的不足：（1）字是文字单位，词是语言单位，两者位于不同的体系之中；（2）字本位的字是多义的，有时表示音节，有时表示语素，有时表示词，字的多义性违背了科学术语单义性的原则；（3）汉语的字（语素）与英语的 word（词语）没有可比性。我国语言学家陆俭明则从另一个角度指出：字本位没有解决词和词组的切分问题，语文教学的主要问题是句法分析。

我国语言文字学家黎锦熙先生在《新著国语文法》中提出了句本位观：句本位的文法，退而"分析"，便是词类的细目；进而"综合"，便成段落篇章的大观。离开句子谈词类无意义，即"依句辨品，离句无品"。依句辨品，就是根据句子辨别意义，再根据意义辨别词类。显然，选择句本位观有充分的逻辑依据：（1）句子在汉语中的地位十分重要，它具备的语法因素最齐全，

在语法实体中处于核心地位;(2)句子是言语交际的基本单位,把语法的重点放在句子层面,符合汉语实际情况;(3)句本位观对推广普通话,普及语法知识,提高语文教学质量有重要作用,在现代计算机的语料库建立与应用方面也有重要的指导作用。

这三种本位观对语文教学有很大影响。

先看字本位,我国语文教学历来重视识字教学,无论是历年教学大纲还是课程标准,都把识字作为第一学段语文教学的重点,并在后续学段不断强调。(字本位教学观的内容参见第四章第二节,这里不再展开)

再看词本位,我国历年教学大纲都强调词汇的教学,包括词语认读、理解和运用。语文课标更强调积累词语、理解词语以及运用词语。但长期的实践证明,无论是字本位还是词本位,都是从某个局部入手解决语文教学中的某些局部问题,未能从全局出发解决语文教学高耗低效的问题。

最后看句本位,黎锦熙先生提出句本位的四个逻辑依据很有说服力:句子在词语与段落篇章之间具有承上启下的关键作用,它具备的语法因素最齐全,在语法中处于核心地位。把语法的重点放在句子层面,符合汉语实际情况。因此,句本位应该是我国语文教学的最佳选择。

其实,从语文学习的实践看,识字学词的难度都不大,学生可以自学。不认识的字,可以查字典,不理解的词,可以查词典,但遇到陌生的句子就没办法了,因为学生手中有字典、词典,但没有句典。汉字是有限的,词语是有限的,而句子是无限的。句子教学的实质不是让学生掌握或理解一个个具体的句子,而是让学生学习和掌握词法、句法等语法知识和语用规则,进而遵循规则写出规范的句子。就像数学教算法规则一样,其最终目的不是让学生掌握或理解一个个具体的例题,而是让学生通过学习和掌握加、减、乘、除等算法规则,解决不同的数学运算问题。

再看遣词造句智慧技能在阅读与写作中的地位及其内在的逻辑关系。我国曾一度具有超前的正确认识,如1978年颁布的语文教学大纲提出:作文教学时,要指导学生灵活运用在阅读中学到的知识和技能。1987年颁布的语文教学大纲提出:在作文教学中,要让学生灵活运用在阅读中学到的知识和技能。这与美国教育心理学家迈耶的作文教学心理学理论十分吻合，甚至有所超越。因为迈耶的建议是：在表达阶段，不要对言语表达提过高的要求。而我国的这两部语文教学大纲明确指出：阅读中教技能，作文中用技能。虽然没有明确提出遣词造句的概念，但"技能"这个词已经包含了这个概念。

三、从教学大纲和课程标准看遣词造句的历史困境

既然遣词造句这么重要，为什么在语文教学中却长期遭受冷落呢？这需要从语文课程的纲领性文件中寻找答案。纵观新中国成立以来颁布的语文教学大纲和课程标准，从教学内容和教学建议两个方面探寻，就可发现其中的原因。（见表5-1）

表5-1 新中国成立以来颁布的语文教学大纲和课程标准（非原文）

大纲与课标	教学内容——教什么	教学建议——怎么教
1956年教学大纲	汉语教学：依照语言科学本身的系统应该是语音、词汇、语法、文字、标点符号五项。关于句法，……由主语和谓语两部分构成的简单句，陈述句、疑问句、祈使句、感叹句，肯定与否定，主动与被动，最常见的复句等	凭借足够的语言材料，从语言材料中概括出一些基本的语言规律，让学生认识这些语言规律，并且用这些规律指导自己的语言实践
1963年教学大纲	练习：包括用词、造句、使用标点符号。常用单句的运用，纠正常见的病句。五年级编入实词和虚词（重点为介词）的练习、复句的练习、修改病句的练习	不要系统地教语法知识，要让学生从实际运用中会必要的用词造句的规则
1978年教学大纲	基础训练：1.词汇教学：正确读写，懂得词意，正确运用；2.句子教学：一、二年级写完整句，三、四年级以词句训练为重点，包括连句成段、连段成篇、标点符号运用	在基础训练中安排语法、修辞和逻辑训练。通过多读多练，把知识转化为技能
1987年教学大纲	基础训练：掌握常用词汇，理解句子的意思，理解课文中比较难懂的句子。对于含义深刻的句子，还要体会出句子所表达的思想情感	在基础训练中安排语法、修辞和逻辑的练习。通过各项语文基本功的训练，把知识转化为技能

续表

大纲与课标	教学内容——教什么	教学建议——怎么教
1992年教学大纲	阅读：掌握常用的词汇，理解句子的意思（尤其是难懂的句子，含义较深的句子）	无
2001年课程标准	总目标：能具体明确、文从字顺地表述自己的意思 阅读：理解词句的意思，体会关键词句在表达情意方面的作用 附录3：语法修辞知识要点	可以引导学生随文学习必要的语法和修辞知识，但不必进行系统、集中的语法修辞知识教学
2011年课程标准	总目标：同上 阅读：理解词句的意思，体会课文中关键词句表达情意的作用。积累课文中的优美词语、精彩句段 附录3：语法修辞知识要点	要避免脱离实际运用，围绕相关知识的概念、定义进行系统、完整的讲授与操练。让学生……在实际运用中逐步体味把握
2022年课程标准	总目标：同上 阅读：理解、推想词句意思、积累优美词语、精美句段、辨别词语的感情色彩，体会表达效果 附录3：关于语法修辞知识的说明	同上

（一）从"教什么"的角度审视遣词造句教学

1956年教学大纲专设一个"汉语教学"板块，明确规定汉语教学的任务和内容："能够认识汉语的最基本的语法规律，并且能够用来帮助理解，用来正确地表达思想。""汉语教学的内容，依照语言学科本身的系统应该是语音、语汇、语法、文字、标字符号五项。"

1963年教学大纲取消了"语法"，但仍保留了用词、造句、使用标点符号等内容，并增设一个"练习"板块，以保证包括常用单句和复习、实词和虚词、修改病句的练习。

1978年教学大纲意识到语法教学的重要性，提出"在基础训练中，要安排一点有关语法、修辞的练习，要有意识地进行逻辑训练"的要求，并设置了相对独立的"基础训练"板块，加强字词句篇与标点符号等基本功训练。

1987年教学大纲延续了1978年的精神，仍单设一个"基础训练"板块，要求掌握常用词汇。但在句子教学方面，开始转向一个个具体的句子，如：理解句子的意思，包括比较难懂、含义深刻的句子，还要体会出句子所表达的思想感情。

1992年教学大纲删去了"基础训练"。缩句、分段、段中分层、概括段意、归纳课文内容等语文基本技能开始淡出语文教学的视野。由于生源变化等多种因素导致教学质量下降，学生的练习变成抄抄写写之类的机械作业。

2001年课改后，强调实践，把词句教学放在"阅读"这个板块中，期望通过阅读实践活动使学生掌握语言的规律。教学内容主要是理解、积累一个个具体的句子：理解词句的意思，积累课文中的优美词语、精彩句段。

（二）从教学建议看"怎么教"的历史尴尬

从表5-1中可发现两个值得高度重视的问题：一个是知识与技能的关系问题，另一个是将知识转化为技能的教学技术问题。在教学实践中，教师应扛起遣词造句智慧技能的大旗，与课程标准互为补充，提升学生的技能水平。

20世纪有三部教学大纲提出了"知识转化为技能"的正确观点。如1956年大纲提出：要凭借足够的语言材料，从语言材料中概括出一些基本的语言规律，让学生认识这些语言规律，并且用这些规律指导自己的语言实践。1978年大纲提出：通过多读多练，把知识转化为技能。1987年提出：通过各项语文基本功的训练，把知识转化为技能。

遗憾的是，这些大纲提出了正确的主张，但怎样把知识转化为技能，缺乏科学的操作方法。多读多练，学到的是陈述性知识，而遣词造句是语文智慧技能，是程序性知识。

2001年课改后，语文课标强调实践，淡化知识与技能，试图让学生从大量读写的综合实践中悟出语言运用的规律。如2001年提出：让学生更多地直接接触语言材料，在大量的语文实践中掌握运用语文的规律；2011年提出：让学生多读多写，日积月累，在大量的语文实践中体会、把握运用语文的规律；2022年提出：在真实的语言运用情境中，通过积极的语言实践，积累语言经验，体会语言文字的特点和运用规律，培养语言文字运用能力。

科学心理学研究表明：遣词造句智慧技能形成的两个重要因素：一是词

法、句法等语法知识，二是将知识转化为技能的变式练习。教师在实际教学中应重视语法知识的教授，通过知识的传授与训练，培养学生的遣词造句智慧技能。

（三）关于语法教学认知误区

遣词造句智慧技能的培养困局与许多课程专家的认知误区不无干系。课程专家反对语法教学主要有两个理由。

（1）20世纪语文课曾系统教过语法，但效果不好，教了无用，不如不教。

如1956年的语法教学试验编制了大量关于语法知识的练习。由于这些教学和练习都是用传授式的方法进行教学，学生学到的都是陈述性知识，学生感到难学，学了没用，增加学习负担，效果很不好。语法知识也从此成为语文教学的一大禁区。对此，吕叔湘先生坚定地认为：语法不是不要学，而是要多学，可绝对不是现在这个学法。

（2）语文是母语学习，不需要专门教授语法知识。

语文课程专家在回答语法教学问题时有这样一段话："我们有些老师常常埋怨学生连'主、谓、宾、定、状、补'都不懂，语文知识水平太低，没法学好语文。语文教育圈外人士却又问我们，司马迁、韩愈、柳宗元、苏轼、曹雪芹这样的语言大师，也不懂'主、谓、宾、定、状、补'，他们是怎么学习语文并成为语文大家的？我们普通人没学语法，又是怎么学会说话并且能让别人听懂的？"这段话看上去挺唬人的，其实，这种陈词滥调早在20世纪80年代就已被张志公先生批判过：时至今日，仍旧有不少人请出曹雪芹来，说曹雪芹没有学过语法、修辞，却能写出不仅内容上而且语言上也那么好的小说，从而否定语法教学的必要性。这实在没有说服力。因为照这样推理下去，根据李时珍写出了《本草纲目》，而医学院药学系毕业生未必能写出一部中国药典这个事实，可以得出结论说，应当取消今天医学院的药物学系，应当取消药物学，大家能接受这样的逻辑推理吗？

进一步深究，能更清晰地发现其荒谬之处：古时候绝大多数人是文盲，能上私塾读书的不超过同龄人的10%，就在这少数人中，曹雪芹之类的精英也是凤毛麟角。如果如今的学生都具有成为精英的天赋，那语文课可以取消，语文教师可集体下岗。用少数语文学习成功人士的个别经验来代表全体学生学习语文的规律，是很明显的认知误区。

（四）遣词造句智慧技能教学的解困路径

实验稿指出：语文是实践性很强的课程，应着重培养学生的语文实践能力，而培养这种能力的主要途径也应是语文实践，不宜刻意追求语文知识的系统和完整。语文课标 2011 年版中删去了"不宜刻意追求语文知识的系统和完整"这句话，但还是在"教学建议"中留了一条尾巴："在阅读教学中，为了帮助理解课文，可以引导学生随文学习必要的语文知识，但不能脱离语文运用的实际去进行'系统'的讲授和操练，更不应要求学生死记硬背概念、定义。"语文课标 2022 年版则在附录 3 中提出："语文课程涉及的语音、文字、词汇、语法、修辞以及文体、文学等知识内容，应根据语言文字运用的实际需要，从所遇到的具体实例出发进行指导和点拨，要避免脱离实际运用，围绕相关知识的概念、定义进行系统、完整的讲授与操练。"仍然坚持了淡化知识的立场。

遣词造句智慧技能是小学语文教学的核心目标，是学生必须掌握的语用智慧技能，却在语文教学中长期受到冷落。解困路径就是确立语法教学的合法地位，构建系统和完整的词法、句法等语法知识体系。长期的实践证明，词法和句法教学越早越好。等学生升入初中才开始系统地上语法课，学生学到的只是语法知识（陈述性知识），因为阅读习惯已在小学阶段定型了，短期内很难将语法知识转化为智慧技能（程序性知识）。

近 30 年来，来自江苏、浙江、上海、北京、广东、云南等地的许多实验学校的多次教学实验和实证研究充分表明，作为基本的专项智慧技能，遣词造句应该在小学二年级开始教学，这可以为三年级及之后的学生的写作表达奠定扎实的基本功。实证研究表明，二年级开始教学，不仅难度低，而且学习效果显著，学生的学习兴趣与课堂关注力都明显优于传统的语文课堂。

第二节　遣词造句的教学内容和技能清单

遣词造句智慧技能的教学内容是客观存在的、外在于学生的词法、句法等语法知识，遣词造句智慧技能是由词法、句法、标点符号用法等语法知识转化过来的。遣词造句智慧技能是教学目标，是预期的学生的学习结果。对90%的学生来说，要学习和掌握遣词造句智慧技能，必须先学习和掌握词法、句法、标点符号用法等语法知识。

长期以来，遣词造句的教学内容一直不够清晰，尤其是词汇、句子的内容和量化问题，更是一笔糊涂账。例如，对小学阶段的学生究竟应该掌握哪些词汇，掌握多少词汇量，教学大纲与课程标准都没有明确的规定，只是笼统地提出要掌握常用词汇，因此各种版本教材里的词汇，无论是内容还是数量，差距甚大。再如，小学阶段的学生到底应该掌握哪些句式，掌握多少句式？语文教材里虽然有句子教学的内容，但要求学生理解和积累的是一个个具体的句子，而不是一类类句法。要知道，句子不是遣词造句智慧技能的教学内容，句子数量是无限的，教不完的；而句法是概念性知识，是遣词造句的教学内容，数量是有限的，教一项少一项。显然，这些问题不解决，一线教师在教学实践中就会遇到极大的困难。教多了，量大，学生学习负担陡增；教少了，量小，学生语文能力难以提高；教错了，那就更严重了——误人子弟！

根据加涅的学习结果分类理论，遣词造句的教学内容是词法、句法、标点符号用法等语法知识和语用规则，其具体内容包括三个方面。

（1）词法知识，包括词语、短语等各种词类知识和相应的词法规则。

（2）句法知识，包括单句、复句、句群等各类句式和相应的句法规则。

（3）标点符号的用法，主要是常用标点符号的使用规则。

这三项内容在语用实践中是紧密相连的，其中句法知识是核心，因此，应该构建一个以"句本位"为基点建构的词法句法知识体系。鉴于词法教学历来较受重视，且标点用法离不开句法，因此本节重点阐述句法知识。

句子是语言的基本运用单位。句子分单句、复句和句群等句式。单句由词和短语构成；复句由两个或两个以上的单句组成，复句里的单句叫作分句；句群是两个以上的句子组成的一群句子，这些句子可以是单句，也可以是复句。每个句子都有一定的结构方式，这些结构方式形成了句子结构的基本类型，称为句式。句式是一个有层级关系的系统。

一、单句

单句是语法要素俱全、能表示一个完整意思的句子，其语法成分主要有主语、谓语、宾语、定语、状语、补语6种。

（1）主谓宾句。由主语、谓语、宾语三种主要成分组成，表达一个相对完整的意思，即"谁做什么"。句子中的"谁"，可以指动物、植物或其他无生命的事物，这些词语一般都是名词。谓语跟在主语后面，一般是动词，表示"谁"做的动作。有些动词表示行为动作，可以从明显的动作中发现，如"找""包""长出"等；也有一些动词表示心理活动，看不出什么动作，如"热爱""喜欢""讨厌"等。宾语跟在谓语后面，表示句子中主语所做动作的对象，如"找妈妈""包粽子""长出嫩芽"。谓语和宾语搭配要合理，若把打篮球、踢足球，说成是踢篮球、打足球，就要闹笑话了。

（2）主谓句。由主语、谓语两个主要成分组成，即"谁怎么样"。学习前提是学生已经掌握了主谓宾句的语法概念和结构图式，积累了较丰富的"谁怎么样"等类型的句子，在脑海中已初步形成了这些句子的图式，同时知道名词、动词的词性特点。

二、复句

复句是由两个或两个以上意思相关、结构互不包含的分句组成的复杂句子。复句里的分句是指丧失了独立性，成为复句的一个组成部分的单句。完整句、省略句、无主句等各种形式的单句，都可以成为复句的组成部分。语文课程标准中提出了8种复句：并列复句、承接复句、因果复句、转折复句、递进复句、选择复句、假设复句、条件复句。小学阶段主要学习前5种。

（一）并列复句

几个分句分别写有关的几件事、几种情况，或者写同一个事物的几个方面。分句之间的关系没有主次之分，分句的位置可以调换且句子意思不变。并列复句的分句可以直接组合，也可用关联词。常用关联词有两类：一是单用"也""还"，二是成对使用"不是……而是""是……不是""一面……一面""一边……一边"等。

并列复句主要有两种类型。

（1）分别写相关的几件事或几种情况，如：

我的故乡在江南，我爱故乡的杨梅。

前一个分句写"故乡在江南"，主语是"故乡"；后一个分句写"我爱杨梅"，主语是"我"，这两句话的内容是相关的，都是围绕"故乡"来写的。

（2）写同一个事物的几个方面，如：

小兴安岭是一座巨大的宝库，也是一座美丽的大花园。

这两个分句写的是同一个事物，两个分句的主语相同，后一个分句的主语"小兴安岭"可以省略。

（二）承接复句

承接复句与并列复句有明显不同的特征，即两个或两个以上的分句，一个接着一个地叙述连续发生的动作，或者接连发生的几件事情。分句之间有先后顺序，前后句子不能调换位置。承接复句有时还要用到关联词。不过小学语文教材中出现的承接复句大都是不用关联词的。试举两例：

小青蛙后腿一蹬，向前一跳，蹦到了荷叶上。

第一个分句写"小青蛙后腿一蹬"，第二个分句写"小青蛙向前一跳"，第三个分句写"小青蛙蹦到了荷叶上"。"蹬""跳""蹦"这三个动作有先后顺序，前后位置不可以调换。

小猴子看见满树的桃子，就扔了玉米，去摘桃子。

3个分句主语都是猴子，"看见""扔""摘"这三个动作有先后顺序，不能调换位置。

（三）因果复句

因果复句的两个分句是原因和结果的关系，一个分句表示原因，另一个分句表示结果。因果复句有两种顺序：一种是前因后果，原因在前面，结果在后面；另一种是前果后因，结果在前面，原因在后面。因果复句运用关联词一般有两种情况：一种是单用一个关联词，另一种是成对使用两个关联词。

（1）单用一个关联词"因为"或"所以"。如：

一会儿，斜塔周围的人止不住惊讶地呼喊起来，因为大家看见的跟伽利略说的一样，两个铁球同时落地。

（2）成对使用两个关联词"因为……所以……"。如：

因为海底有高耸的山崖，有低陷的峡谷，所以海水有深有浅，从海面看，色彩也就不同了。

（四）转折复句

转折复句是两个或两个以上有转折关系的分句组成的句子。它的主要特点是：前面分句讲了一个意思，后面分句没有顺着前面分句的意思讲下去，而是转了一个弯，转到相对或相反的意思上去。转折复句要用一些表示转折的关联词，将句子更好地连接起来。转折复句使用的关联词有两种类型。

（1）在几个分句中成对使用"虽然……但是……"等关联词，如：

虽然寒风呼呼地刮着，但是小熊一点儿也不感到冷。

虽然弟弟只有五岁，但是他已经会背很多古诗了。

（2）在后一个分句单用关联词"却""可是""然而"等。如：

那里有许许多多的知识，粗心的小朋友却得不到它。

窗外，小鸟在唱着歌，可是妈妈听不到。

（五）递进复句

递进复句由两个或两个以上分句组成，前后两个分句具有递进关系，后面分句的意思比前面分句的意思更进一层，分句之间顺序不能随意变动。递进关系复句之间要用关联词将句子更好地连接起来。这些关联词主要有以下几种类型。

（1）成对使用两个关联词，如：

班里开辟植物角，不仅使同学们了解各种植物的特点，还为教室增添大自然的气息。

兵马俑不但规模宏大，而且类型众多。

（2）只用一个关联词，如：

人们把街道打扫得十分干净，甚至连一片落叶都没有。

黄山景色秀丽神奇，尤其是那些岩石有趣极了。

三、句群

句群是两个或两个以上句子（单句或复句）组成的一群句子，几个句子在结构上衔接连贯，表达一个中心意思。句群里的每一个句子都是相对独立的，但组成句群后整体是连贯、流畅的。

句群的句子可以靠语序直接组合，如："风，更猛了。雪，更大了。天也越来越黑了。"也可以用关联词组合，用关联词组合时，一般是在后面的句子里加上单个关联词，成对使用关联词语的一般只限于并列关系、承接关系、选择关系等句群。

小学阶段主要学习并列、承接、因果、转折4种典型的句群。

（一）并列句群

并列句群是两个以上具有并列关系的句子组成的一群句子，几个句子之间的结构关系是并列的，没有主次之分，调换句子位置，句群的意思不变。并列句群的内容大致有两种情况。

（1）分别写相关的几件事或几种情况，如：

他钻出水面吸了口气，立刻又钻了下去。孩子们站在冰上，焦急地盯着冰窟窿。

（2）写同一件事物的几个方面，如：

我做过几件好事，帮助人们工作。我也做过许多坏事，给人们带来许多灾害。

并列句群的句子有两种组合方式：一种是直接组合，不用关联词；另一种是用关联词组合。关联词的运用有两类：一类是单用一个关联词，如"也""还有""同样""同时""与此同时""另外""除此之外"等；另一类是成对使用两个关联词语，如"一方面……另一方面……""上面……下面……""首先……其次……""第一……第二……"等。

（二）承接句群

承接句群是两个或两个以上具有承接关系的句子组成的一群句子，几个句子按一定顺序排列，前后位置不能调换。小学语文课文中承接句群大致有 3 种组合方式。

（1）借助关联词语组合，如：

我有个办法。把大象赶到一艘大船上，看船身下沉多少，就沿着水面，在船舷上画一条线。再把大象赶上岸，往船上装石头，装到船下沉到画线的地方为止。然后称一称船上的石头。石头有多重，大象就有多重。

（2）用表示时间或地点的词语来组合，如：

有一天，我起得很早去钓鱼，发现草地并不是金色的，而是绿色的。中午回家的时候，我看见草地是金色的。傍晚的时候，草地又变绿了。

（3）用顶真修辞手法组合，如：

地面上的水被太阳晒着的时候，吸收了热，变成了水蒸气。水蒸气遇到冷，凝成了无数小水滴，飘浮在空中，变成了云。云层里的小水滴越聚越多，就变成雨或雪落下来。

（三）因果句群

因果句群由两部分组成，一部分表示原因，另一部分表示结果。

因果句群主要有 3 种形式。一种是前因后果，即表示原因的部分在前，表示结果的部分在后，在后面表示结果的部分常常单用"所以""因此""因而"等一个关联词连接，如：

从前，有个下围棋的人，名叫秋，他的棋艺很精，谁也赢不了他，在全国出了名。所以，人们在他的名字上加了一个字，叫他弈秋。

另一种是前果后因，即表示结果的部分在前，表示原因的部分在后，并在后面的句子用上"因为""由于"等关联词。如：

我的体育成绩提高了。因为我对体育感兴趣，天天坚持锻炼身体。

因果句群运用关联词，只能单用一个，一般不能用"因为……所以……"

等成对的关联词。

还有一种情况是不用关联词，直接组合。如：

清早，我到公园去玩，一进门就闻到一阵清香。我赶紧往荷花池边跑去。

判断这种因果结构的方法，主要是看能否加表示因果关系的关联词。

（四）转折句群

转折句群是两个或两个以上的句子组成的一群句子，这些句子分两个部分，前一部分讲的是一个意思，后面部分不是顺着前面的意思说下去，而是作了一个转折，表达与前面内容相反或相对的意思。

转折句群不能在前后句子中成对使用"虽然……但是"之类的关联词（只有转折复句才能用成对的关联词），也不能只在前一句单用关联词"虽然"，只能在后面的句子中单用一个关联词，如：

李时珍的父亲不愿让儿子再当医生。但是李时珍却处处留心向父亲学习，还暗自记下了不少药方。

四、特殊句

小学语文课文中有许多特殊的句子，如存现句、连动句、兼语句、被字句与把字句、双重否定句等，这些句子各有各的特点，因此把它们归作一类，称为特殊句。

（一）存现句

存现句是汉语中具有独特表达功能的句子，也是在学术界有语法争议的一种句式。小学语文教材里出现了大量这种句子，但在教学中却鲜有人关注，学生在写作中常常出现这类句式的病句，但也很少有人能察觉。到了第三、四学段，当教师发现学生写出的各种病句时，要改正已为时过晚，即使想改正，也找不到有效的方法，因此必须尽早教。

存现句是写某个地方存在一些事物的句子。存现句由四部分组成：第一部分是表示地点的词语，主要是名词＋方位词，如"天＋上""门＋前"；第二部分是表示存在或出现的词语，如"住着""开着""飘来了""长出了"；第三、四两个部分合起来表示存在或出现的事物，常用"数量词＋名词"来表示,如"一座桥""一只喜鹊""一些蚜虫"等。有些句子看上去没有数量词,但句子中藏着表示数量的字词,如"开满了鲜花"中的"满"就表示数量很多的意思。上述概念和规则可用句子图式形象化地表示出来。(见表5-2)

表5-2 存现句的构成

句子图式	名词(地点+方位词)	存在	数量词	事物名词
例1	村外	有	一座	桥
例2	墙上	挂着	几幅	画
例3	天空中	飘浮着	朵朵	白云

(二)连动句

写同一个人连续做了两个及两个以上的动作的句子就叫连动句。每个句子只有一个主语和两个及两个以上的动词,即"谁做了什么"。

连动句有三条规则:同一个人连续做了两个及两个以上的动作;这几个动作是连续发生的,有先后顺序,不能调换位置;动作之间没有标点符号,也没有关联词,朗读时没有语音停顿。如:"羿伸手拔箭。"这是正例,是连动句,符合三条规则:"伸手""拔箭"是两个连续动作,动作之间没有关联词,没有标点符号,没有语音停顿。再如:"同学们唱歌跳舞。"这是反例,不是连动句,两个动作没有先后顺序,可以调换位置。

(三)兼语句

兼语句的主要特点是两个主谓结构套在一起,即一个句子里面包含着两个主谓结构的句子,其中有一个词语既是前一个句子的宾语,又是后一个句子的主语。如"狐狸骗乌鸦张开嘴巴"中的"乌鸦"就是兼语。

一个兼语句可以拆分为两个句子,如:"我求妈妈给小熊洗澡"可以拆分为"我求妈妈"和"妈妈给小熊洗澡"。反之,拆分后的两个句子也可以合并成一个句子。其中"妈妈"就是两个句子合并成一个句子后的兼语:在第一个句子中"妈妈"是宾语,在第二个句子中"妈妈"是主语。

(四)双重否定句

双重否定句是一种用两个否定词重叠在一起表示肯定语意的特殊句式。

双重否定句是相对于单纯否定句而言的，它用否定加否定的形式，表达了肯定的语意，作用是加强语气。在双重否定句中，常见的否定词有："不得不""不是不""难道……不……""怎么会……不……"等词语。

双重否定句有三种形式。

（1）两个否定副词连用，如："不是我不愿意。""我不能不慎重。"

（2）一个否定副词加上一个否定意义的动词，如："他没有理由不去学校。"

（3）一个否定副词（或否定意义的动词）加上反问语气，如："怎能让我不想她？"

（五）把字句和被字句

把字句和被字句是不同的句式，但表示同一个意思。把字句是用介词"把"构成的表示主动意义的句子，它的基本结构是"甲把乙怎么样"，如："火烧云把小孩子的脸照得红红的。"强调的是"火烧云"怎么样。被字句则相反，是用介词"被"构成的表示被动意义的句子，其基本结构是"乙被甲怎么样"，如："小孩子的脸被火烧云照得红红的。"强调的是"小孩子的脸"怎么样了。两者的意思差不多，但语气有区别。

根据上述遣词造句的教学内容，结合小学语文教学的实际情况，笔者研发了20个遣词造句智慧技能的教学设计，它们的教学效果都经过了实践的检验。

第三节　遣词造句的教学策略和课型组合

不同类别的语文技能需要用不同的教学方法，方法不对，功夫白费。许多教师常常为语文教学中的"教不会""学不会"等现象所困惑。究其根源，一是不知道有专项技能这种新课型，二是对专项技能的功能、特点和价值认识不到位。本节为此答疑解惑。

一、遣词造句的两种课型及其逻辑关系

语文智慧技能种类繁多，为便于操作，可简化为基本技能和高级技能两种类型。基本技能所包含的知识概念比较清晰，其内在规则比较简单，可以用几节课甚至一节课的时间让学生在短时间内学会，并通过一定的变式练习使技能达到自动化程度。基本技能的学习难度低，教学效率高，90%以上的学生都能学习成功，而高级技能所包含的知识概念比较模糊，其内在规则也比较复杂，而且蕴含着一定的认知策略，因此不容易在短时间内学会。高级技能虽然对学生的学习更具有启发功能，但学习难度大。

遣词造句是基本技能，学生能够用一两节课在短时间内学会。遣词造句技能的教学在语文课中需要有两种互相关联的课型：一种是传统的阅读课，其主要功能是让学生结合课文内容的思想感情学习和积累典型语例；另一种是专门设置相对独立的专项技能课，这是一种新型的课堂教学形态，其主要功能是通过"举三反一"和举一反三两个主要环节，让学生从三个以上的典型语例中发现隐含的语法知识和语用规则，然后通过变式练习将语法知识和语用规则转化为遣词造句的智慧技能。有时也可以采用微课的形式，在阅读教学中设置一个相对独立的板块，按专项技能教学的要求实施。

经济学中有一个二八定律——80%的收益来自20%的核心客户。以此观照遣词造句智慧技能的教学，这"20%的核心客户"就是专项技能课，20%左右的课时能提供80%以上的教学质量和效率。阅读课则相反，80%的课时只

能提供20%的收益,大量的阅读教学能积累丰富的语例,但很难形成遣词造句的智慧技能。语文教学要走出高耗低效历史困境,就需要认识阅读课与专项技能课中蕴含的量变与质变的辩证关系。阅读课是量变,主要功能是让学生积累和感悟课文中的典型语例;专项技能课是质变,主要功能是引导学生发现典型语例中的词法、句法知识和语用规则,并通过变式练习将知识转化为技能。这两种课型具有互补关系,缺一不可。

二、遣词造句专项技能的教学策略与核心技术

遣词造句专项技能教学的核心环节是"举三反一"和举一反三(皮连生教授称之为"例规法"和"规例法"),"举三反一"和举一反三中的"三"是不同的。"举三反一"的"三"是指在阅读教学中积累的三个以上同一种类型的典型句子,这些句子可以是课文中出现过的,也可以是选自课外的、与学生生活经验相近且没有理解难度的句子;举一反三的"三"则是学生未学过的、陌生的句子,要求学生用习得的词法、句法等概念性知识去识别、创写句子。如果这时出示的是学生已学过的句子,那学习性质就变了,变成记忆和复现,就带有机械学习的成分了。

同理,"举三反一"和举一反三中的"一"也具有不同的内涵。教学心理学的研究发现,仅仅呈现例子让学生阅读、背诵,并不能保证学生习得相应的句子中的词法、句法知识和语用规则,还需要指导学生对这些句例进行分析加工,这种分析与加工,心理学家称之为"自我解释",奥苏贝尔称之为"发现学习"。这是学生技能形成的核心要素之一,但大多数学生不会主动进行这样的活动,这就需要教师采取一定的措施来引导学生。"举三反一"的"一"就是指导学生自主发现一组句子中蕴含的词法、句法等规律性知识,并用自己的话语说出来。如果缺少这一环节,直接由教师告知,就成为奥苏贝尔所说的"接受学习",教学效果减半。举一反三中的"一",则是在学生自主发现和自我解释的基础上,教师用概括的语句清晰地表征概念、揭示规律,帮助学生完成概念性知识的编码工作。显然,这是最考验教师语文教学功底的地方。

为此，要进一步把握专项技能课两大环节的学习性质和教学时间比例等要素。"举三反一"这个环节虽然在教学效率和认知负荷上要优于传统阅读教学，但其学习结果与传统阅读教学并无质的差别，学生获得的都是陈述性知识；而举一反三则是知识转化为技能的核心环节，通过变式练习使学生能用规则去解决新语境中的各种问题，学生获得的是程序性知识，即语文技能。

　　这两个环节在教学时间上也有明显的差异。"举三反一"这个环节的教学时间一般只占三分之一，教师的主要任务不是讲解分析，而是引导学生发现和解释蕴含在典型句例中的词法、句法、标点符号用法等规律性知识，由于小学生独立发现有一定的困难，所以需要教师进行必要指导，简称"有指导的发现"；而举一反三是知识转化为技能的核心环节，要占课堂三分之二左右的时间，教师要引导学生运用规则去解决各种新语境中的疑难问题，对学生的练习给予及时的反馈。显然，这类课堂成功的关键不是教师的教，而是学生的学。教师的任务主要是提供典型句例，揭示概念和规则，针对学生的练习进行反馈；学生的学主要是自我解释，通过变式练习将知识转化为技能。

　　最后要着重指出的是，专项技能课对教师的语文功底和教学技能要求非常高。在平时的阅读教学中，教学内容多而杂，受短时工作记忆容量的限制，学生遗忘速度快，专项技能课绝不能有知识性错误，因为一旦讲错，学生要改正非常困难。

三、遣词造句专项技能教学设计与分析

　　遣词造句的教学内容，大致有两种类型的知识：第一种是概念清晰无争议的知识，如由主语、谓语组成的完整句，结构助词"的、地、得"的句法规则等；第二种是概念比较模糊的知识，如存现句。存现句的概念在语法界是有争议的，教学时可用句子图式的策略，既可避开无谓的争论，又能顺利达成教学目标。下面试举一例。

存现句教学设计

（二年级下册第一单元）

◎ 教学内容

参见本章第二节存现句的知识内容。

◎ 教学目标

1. 能说出存现句句子图式的四个主要成分：地点＋动词＋数量词＋事物。

2. 能识别存现句的正误，修改病句，看图写几句相应的存现句。

◎ 任务分析

目标1是存现句的结构图式和句子的主要成分。学习前提是学生已经积累了较丰富的"某个地方存在一些事物""某个地方出现一些事物"的句子，初步形成这些句子内隐的结构图式，同时知道名词、动词的词性特点。学习的外部条件是教师要提供三个以上的典型句子，激活学生已有知识经验，从"某个地方有一些事物"等日常话语中导出表示地点、存在或出现、数量词、名词等的符号表征，帮助学生建立清晰的知识概念。

目标2是存现句结构图式的运用，即根据存现句的句法规则和相应的结构图式，识别句子的主要成分。学习前提是学生已掌握存现句的句法规则，并已在脑海中形成了句子的结构图式。学习的外部条件是教师要提供精心组织的变式练习题、操作程序和相应的反馈信息。

◎ 教学准备

1. 教学用的典型句子。

2. 学生用的课堂练习题。（只限于课堂内在教师指导下运用，不能作为课外作业）

◎ 教学时间

2个课时。

◎ 教学程序

第一课时

一、创设情境，激发兴趣

1. 导入：展示身边的存现句。

（1）桌子上有一支铅笔。

（2）墙上挂着一幅画。

（3）老师手里拿着一本书。

2. 启发思考，说一说：这些句子有什么共同特点？（学生自由表达）

3. 指导发现。这些句子看起来很简单，但用起来常常会出现错误，例如，下面3个句子，有些句子是病句，谁能发现？

（1）在树下有一只小狗。

（2）小路上开满了鲜花。

（3）在教室的墙上挂着画。

提示：第2句是正确的，其他两句是病句。若学生辨别有困难，教师可以暂时不解答，待学了课文再来回答。

4. 揭示教学目标：能辨别句子是否为存现句，并能正确写出这种类型的句子。

二、出示语例，揭示句子特征

1. 引导学生发现带"有"字的句子图式和结构规律。

（1）出示典型语例。

天上有一座桥。

瑞金城外有一个村子。

铅笔盒里有两块橡皮。

（2）思考：这3句话有什么共同特点？（某个地方有一些事物）

（3）出示表格5-3，展示句子的结构图式。

表5-3 结构图式（一）

地点	有	数量词	名词
天上	有	一座	桥
瑞金城外	有	一个	村子
铅笔盒里	有	两块	橡皮

（4）引导学生发现、解释句子的结构特点。

教师小结：这3个句子都由4部分组成，都是表示"某个地方有一些什么事物"的意思。

第一列都是表示地点的词语，（板书：地点）这些表示地点的词语有一个特点：名词+方位词，如"天+上""瑞金城+外""铅笔盒+里"。

第二列都是"有"字，表示某处"存在"什么的意思。

第三列中的词语都是数量词，如"一座""一个""两块"。

第四列中都是表示有什么东西的词语，如"桥""村子""橡皮"。

2.引导学生发现表示"某个地方存在一些事物"的句子图式和结构规律。

（1）出示典型语例。

树上住着一只喜鹊。

门前开着一大片花。

藤上挂了几个小葫芦。

（2）引导学生发现并回答：这3句话也是写"某个地方存在一些事物"，不过其中的"有"换成了一些动词，如住着、开着、挂了。将这些词换成"有"，意思不变。

（3）出示表格5-4，展示句子的结构图式。

表 5-4　结构图式（二）

地点	存在	数量词	名词
树上	住着	一只	喜鹊
门前	开着	一大片	花
藤上	挂了	几个	小葫芦

（4）引导学生发现、解释句子的结构特点。

教师小结：第一列是表示地点的词语，这些词语有一个特点，都是名词+方位词，如"树上""门前""藤上"分别是"树+上""门+前""藤+上"。

第二列的词语都是表示存在的意思，如"住着、开着、挂了"。要注意的是，这些词语中"住""开""挂"都是动词，后边大都带有"着""了"这些词语，表示存在的意思。（板书：存在）

第三列中的词语都是数量词,如"一只""一大片""几个"。表示某个地方存在的东西是有一定数量的。

第四列中都是表示事物的词语,如"喜鹊""花""小葫芦"。

3.引导学生发现表示"某个地方出现一些事物"的句子图式和结构规律。

(1)出示典型语例。

湖面上飘着一片薄薄的雾。

叶子上爬着一些蚜虫。

我们班里来了三位新同学。

(2)指导发现并回答:这3句话与前几个句子的意思一样,也是写"某个地方有一些事物",不过其中的"有"换成了一些有明显动作的动词,如飘着、爬着、来了。这些词表示"出现"的意思。

(3)出示表格5-5,展示句子的结构图式。

表5-5 结构图式(三)

地点	出现	数量词	名词
湖面上	飘着	一片	薄薄的雾
叶子上	爬着	一些	蚜虫
我们班里	来了	三位	新同学

4.将上面三类句子整合在一张表格里,引导学生发现、解释存现句的结构特点。

(1)出示表格5-6。

表5-6 结构图式(四)

地点	存在/出现	数量词	名词
天上	有	一座	桥
树上	住着	一只	喜鹊
湖面上	飘着	一片	薄薄的雾

(2)归纳存现句的句子图式和结构规律。

这些句子都是写"某个地方有(存在/出现)一些事物"的句子,我们给它们起一个好听的名字，叫"存现句"。"存"就是存在，如"住着""有""挂着"等词语都是表示"存在"的意思；"现"就是出现的意思，如："天上飘来一片云。"原来天上没有云，"飘来"就表示云出现了。

这些句子一般分为四部分。第一部分是表示地点的词语，主要是名词+方位词。如"天+上""瑞金城+外""门+前"。第二部分是表示存在或出现的词语。如"住着""开着""飘来了""长出了"。第三、四两个部分合起来表示存在或出现的事物。这些词语常常用"数量词+名词"来表示。如"一座桥""一个村子""一只喜鹊""一大片花""一些蚜虫"。有些句子看上去没有数量词，但句子中的词语蕴藏着一定的数量。如：小路上开满了鲜花。"开满"的"满"就表示很多很多的意思。

5. 指导练习

（1）用符号画出句子中表示地点、存在、事物的词语。

讲解：为了更加清晰地认清句子中几个部分的内容，我们可以用不同的符号来进行划分：表示地点的词语用"＿＿＿"，表示存在或出现的词语用"＿＿＿"，表示事物的词语用"～～～"。

教师示范：树上飞来了两只小鸟。——→树　上　飞来了　两只小鸟。

三、变式练习，知识转化为技能

1. 出示练习题，学生人手一份。（如图5-1）

练习一：下面都是存现句，请用"＿＿＿"画出表示地点的词语，用"＿＿＿"画出表示存在或出现的词语，用"～～～"画出表示事物的词语。
（1）渡口旁有一棵枫树。　　（2）城堡里住着一个魔王。
（3）墙上出现了一个影子。　（4）狐狸的嘴里叼着一块肉。
练习二：是存现句的在（　）画"√"，不是的画"×"。
（1）天坛公园里有一棵柏树。（　　）
（2）地上铺满了凤凰花。（　　）
（3）有一只狗在我家。（　　）
（4）老师站在讲台上。（　　）
（5）狐狸走在老虎的前面。（　　）
（6）小河的对岸是一片森林。（　　）
（7）门口跑来了一只黄狗。（　　）
（8）鼹鼠先生的手上拿着一只包裹。（　　）

图5-1　练习题（一）

2. 人人动手做一做。

3. 同桌互动对一对。

4. 全班交流改一改。（出示参考答案，反馈矫正）

四、教师总结

第二课时

一、复习导入

1. 引导学生发现、解释句子的结构特点。

（1）再次出示表格5-6。

（2）归纳存现句的句子图式和结构规律。

这些句子都是写"某个地方有（存在/出现）一些事物"的句子，叫"存现句"。"存现句"一般分为四部分。

第一部分是表示地点的词语，主要是名词+方位词，这里的方位词可以是上、下、前、后、左、右、里、外等。由于这些词语本身就表示"在某地方存在/出现某物"，所以在第一个部分中不需要再加一个"在"字。如："在树上住着一只喜鹊。""在树下有一只小狗。"都是病句，"在"字要删去。

第二部分是表示存在或出现的词语。一般是动词加上表示方位的词语，如"住着"等。

第三部分是数量词，表示存在的事物都是确定的，有一定数量的。如果没有数量词，句子的意思就含糊不清了。如"墙上挂着画"，是"挂满了画"还是"几幅画"？因此，这种句子中的数量词不能少。

第四部分是表示存在或出现的事物。这些事物常常与第三部分合在一起，用"数量词+名词"来表示。如"一个电脑、一幅画、几位老师、一只老虎"等。

二、出示反例，识别正误

1. 判断以下几个句子是否正确，说出原因，然后修改。

（1）在前面来了一辆公共汽车。

病句。句子开头表示地点的词语不能加"在"字。修改为："前面来了一辆公共汽车。"

（2）桌子放着一块蛋糕。

病句。句子开头表示地点的词语要加上方位词，即桌子＋方位词。修改为：桌子上放着一块蛋糕。

（3）公园里开了花。

病句。公园里开了多少花？不清楚。修改为：公园里开了许多花。

2.快速判断下面3个句子哪些句子是正确的，哪些是错误的，并说出理由。

（1）桌子上放着一本书。

（2）在桌子上放着一本书。

（3）桌子上放着故事书。

［参考答案：第（1）句正确，第（2）句应删去"在"字，第（3）句缺少数量词］

三、变式练习，知识转化为技能

1.出示练习题，学生人手一份。（如图5-2）

> 练习一：下面句子，表达正确，在（ ）里画"√"，错误则画"×"。
> 1.在窗外飞来一只小鸟。（   ）
> 2.爷爷的下巴上长了一脸胡子。（   ）
> 3.草原上跑来了一群马。（   ）
> 4.枝条上挂着葡萄。（   ）
> 5.马棚里住着一匹老马和一匹小马。（   ）
> 6.海面漂来了一只小瓶子。（   ）

图5-2 练习题（二）

2.学生练笔。人人动手做一做，同桌互动对一对。教师巡视。

3.全班交流，出示参考答案，指导反馈矫正。

第六章
布局谋篇智慧技能的学与教

布局谋篇智慧技能是小学中高年级的教学目标，是小学生必须掌握的读写基本功。布局谋篇智慧技能是以篇章段落等章法知识为基础的。

篇章段落等章法知识是教学内容，是外在于学生的概念性知识，包括两方面的具体内容：(1) 文章表层结构的概念性知识；(2) 分析文章结构、概括文章内容的策略性知识。布局谋篇智慧技能是教学目标，包括能识别和运用各种自然段、意义段、文章结构，能解决开头与结尾、过渡与照应等段落层次问题，能概括段意、归纳课文主要内容与中心思想。

布局谋篇智慧技能是由篇章段落等章法知识转化过来的，其中需要用到样例教学法。教师需要引导学生从样例中发现章法知识，再通过一定量的样例达到"举三反一"的累积效果，将章法知识转化为布局谋篇智慧技能。

第一节 布局谋篇智慧技能的教学问题和解决策略

在学校的作文教学中，语文教师批改学生作文常常会遇到这样的情况：从字面上看，作文选材新颖，事例感人，遣词造句也不错，生动、形象，带有一定的文采。但从整篇文章的结构看，文章结构杂乱，层次不清，详略不当，段与段之间缺少联系、过渡和变化，看不出文章的主旨。究其根源，就是学生缺少布局谋篇的智慧技能。

这种情况别说是小学生，就是许多中学生乃至大学生也普遍存在。清华大学 2018 年专门开设的"写作与沟通"必修课，剑指本科生、研究生在布局谋篇等方面存在的写作缺陷，实际上是在揭中小学作文教学的底，还学生写作能力不佳的债。

因此，布局谋篇智慧技能不仅是小学中高年级语文教学的核心目标，而且是小学生必须掌握的读写基本功，是小学语文教师义不容辞的教学任务。

一、布局谋篇智慧技能的复杂性和特殊性

要培养学生的布局谋篇智慧技能，首先要搞清楚布局谋篇的确切所指，即布局谋篇是什么。"布局"是写作前根据一定思想对文章内容和形式的总体构想，就像下棋一样，提前埋好暗线；"谋篇"是作者根据布局确定的写作思路和脉络，即对文章结构层次的谋划与安排。

语文课标 2022 年版在总目标中提出："能根据需要，用书面语言具体明确、文从字顺地表达自己的见闻、体验和想法。"这里的"文从"就是对布局谋篇的要求：写文章要做到内容完整、思路清晰、段落分明、详略得当。要做到"文从"，就需要有布局谋篇的智慧技能。

任何一篇文章都是由主题、材料和结构三个要素组成。如果说主题是文章的灵魂，材料是文章的血肉，那么结构就是文章的骨骼。没有这个骨骼，无论立意有多高、材料有多丰满，结果只能是一盘散沙。要安排文章的结构，

就需要有专门的技能，这个技能就是谋篇布局智慧技能，有了这个技能，就能解决写作中的言之有序问题，即将一大堆原本离散的、互不关联的材料组成一篇内容完整、结构严谨、文脉通达的文章。由此可见，布局谋篇是在审题、立意、选材之后，对材料、结构进行整体谋划的过程。

科学心理学的研究表明，布局谋篇是一种复杂的智慧技能，它以篇章段落等章法知识为基础，是由篇章段落等章法知识转化而来的。布局谋篇是阅读教学的重点目标，是学生必须掌握的智慧技能。

问题是，在语文的整个知识体系中，章法知识是一块短板。纵观几十年来出版的各种语文知识书，都存在章法知识残缺的问题。国内的语文知识刊物设立了许多栏目，唯独没有章法知识专栏，各类师范院校的中小学语文教材教法中也不见章法知识的踪影。

可见，确立章法知识的合法地位刻不容缓，要建立一套比较系统、完整、科学有序的章法知识体系，为布局谋篇教学提供数量有限、质量稳定的教学内容。

布局谋篇是一种特殊的智慧技能。其特殊之处在于，布局谋篇的有些技能属于基本技能，知识概念比较清晰，规则比较简单，学生能在短时间内掌握，如识别自然段的结构等。有些技能则属于高级技能，其规则比较复杂，大多含有策略性知识，学生不容易在短时间内学会，如分段、概括课文主要内容与中心思想等。上述技能有时会处于基本技能与高级技能之间的中间地带，无论是学习还是运用都具有不确定性。

为便于理解和操作，布局谋篇智慧技能在实际操作中可分解为以下具体技能。

（1）能识别和说出各种类型的自然段、意义段、文章等的结构特点的基本技能。

（2）能正确识别和运用并列、承接、总分、因果、转折、递进等段落结构的基本技能。

（3）能给课文分段，概括段落大意等高级技能。

（4）能归纳课文主要内容与中心思想等高级技能。

（5）能正确识别和修改复杂自然段等高级技能。

二、布局谋篇智慧技能的教学难题及其根源探微

既然布局谋篇智慧技能如此重要,为什么其在语文教学中会问题成堆呢?这可以从教什么和怎么教两个方面来寻找答案。

以"分段,概括段落大意,概括课文主要内容与中心思想"为例,新中国成立以来颁布的教学大纲和课程标准对其都有一定的文字表述。从其表述的字里行间可以寻觅布局谋篇的历史轨迹。(见表6-1)

表 6-1　新中国成立以来颁布的教学大纲和课程标准对"分段,概括段落大意,概括课文主要内容与中心思想"的文字表述(非原文)

教学大纲/ 课程标准	关于"分段,概括段落大意,归纳课文主要内容与中心思想"的表述	关键词
1956年 教学大纲	写段落大意	写段落大意
1963年 教学大纲	分段,写段落大意	分段、写段落大意
1978年 教学大纲	能给课文划分段落,概括中心思想	划分、概括
1987年 教学大纲	能给课文划分段落,归纳段落大意,概括课文的主要内容和中心思想	划分、归纳、概括
1992年 教学大纲	能给课文分段,归纳段落大意,概括课文的主要内容和中心思想	分段、归纳、概括
2000年 教学大纲	能把握文章的主要内容,揣摩文章的叙述顺序,体会作者的思想感情	把握、揣摩、体会
2001年 课程标准	能初步把握文章的主要内容,体会文章表达的思想感情。在阅读中揣摩文章的表达顺序,体会作者的思想感情	把握、揣摩、体会
2011年 课程标准	能初步把握文章的主要内容,体会文章表达的思想感情。在阅读中了解文章的表达顺序,体会作者的思想感情	把握、体会、了解

续表

教学大纲/ 课程标准	关于"分段，概括段落大意，归纳课文主要内容与 中心思想"的表述	关键词
2022年 课程标准	能初步把握文章的主要内容，体会文章表达的思想感情。在阅读中了解文章的表达顺序，体会作者的思想感情。学业质量：第二学段，能概括文本内容；第三学段，能概括说明性文字的主要内容或简单的非连续性文本的关键信息	把握、体会、了解、概括

从表 6-1 可看出，1956 年教学大纲开始提出编写段落大意的教学要求，1963 年教学大纲则要求小学生开始给课文分段，写段落大意，1978 年又提出概括课文中心思想的新要求。此后一直到 1992 年的教学大纲，都坚持了分段、归纳段落大意、概括课文主要内容与中心思想的高标准、高要求，其中分段和概括段落大意是重点，上承自然段的段意概括，下接课文主要内容与中心思想的归纳。

2000 年的过渡大纲到 2001 年以后的课程标准，都取消了分段、概括段意、概括课文内容和中心思想的要求，关键词由"分段、归纳、概括"等外显的可操作的行为动词改为"把握、揣摩、体会、了解"等内隐的不可操作的心理动词，认知过程也从"分析、评价"等高阶思维降低到"理解"层面的低阶思维水平。

上述变化实际上就是语文教学在布局谋篇层面教什么的问题上产生了动摇，究其根源，则是在怎么教这个关键问题上出现了问题。国际上自 20 世纪 70 年代发起的认知革命未能及时进入我国语文教学界的视野，我国语文教学长期依赖传统的个性化经验，缺乏科学理论的指导，在操作层面找不到科学有效的方法。虽然语文专家们根据社会发展需要不断提出各种新的理念，其中不乏经得起历史检验的真知灼见，但有的终因实际效果不佳而遭到否定，甚至批判。其后果就是中小学生布局谋篇智慧技能普遍不过关，学生写作文时出现了许多问题，如主次不分、详略不当、有头无尾、段落不清、层次不明、不会过渡、前后不关联等，这都是必须直面的事实。

例如，《富饶的西沙群岛》一文中，若将第 3 自然段拆分成两个自然段，则失去了一定的教学价值，如表 6-2 所示。

表 6-2 《富饶的西沙群岛》第 3 自然段的正例和反例

正例：一个复杂的自然段	反例：两个意思相同的简单自然段
海底的岩石上生长着各种各样的珊瑚，有的像绽开的花朵，有的像分枝的鹿角。/ 海参到处都是，在海底懒洋洋地蠕动。/ 大龙虾全身披甲，划过来，划过去，样子挺威武。/ 鱼成群结队地在珊瑚丛中穿来穿去，好看极了。/ 有的全身布满彩色的条纹；有的头上长着一簇红缨；有的周身像插着好些扇子，游动的时候飘飘摇摇；有的眼睛圆溜溜的，身上长满了刺，鼓起气来像皮球一样圆。/ 各种各样的鱼多得数不清。正像人们说的那样，西沙群岛的海里一半是水，一半是鱼。	海底的岩石上生长着各种各样的珊瑚，有的像绽开的花朵，有的像分枝的鹿角。/ 海参到处都是，在海底懒洋洋地蠕动。/ 大龙虾全身披甲，划过来，划过去，样子挺威武。 　　鱼成群结队地在珊瑚丛中穿来穿去，好看极了。有的全身布满彩色的条纹；有的头上长着一簇红缨；有的周身像插着好些扇子，游动的时候飘飘摇摇；有的眼睛圆溜溜的，身上长满了刺，鼓起气来像皮球一样圆。/ 各种各样的鱼多得数不清。正像人们说的那样，西沙群岛的海里一半是水，一半是鱼。
自然段段意：这段话描写了海底有珊瑚、海参、大龙虾、鱼四种物产。	自然段段意：第 3 自然段描写了海底有珊瑚、海参、大龙虾三种物产（漏掉了海底最丰富的物产——鱼）；第 4 自然段描写了海底的鱼好看极了，多得数不清。

这两个语例从表面上似乎很难看出问题，但用自然段的规则来评判，就容易发现两者的差别和优劣。自然段是文章最基本的结构单位。在形式上首行一般要空两个字格，在内容上则表达一个完整的意思。段内的句子与句子、句子与句群、句群与句群需按一定的逻辑顺序安排，具有内在的逻辑和层次。

正例是一个复杂的自然段，这个自然段有三层关系：第一层是并列关系，写海底有珊瑚、海参、大龙虾、鱼四种物产，其中描写"珊瑚、海参、大龙虾"用了 3 个句子，描写"鱼"则用了 1 个句群，因此这是一个并列结构的自然段；第二层是写鱼的句群，这个句群也是并列结构，从两个方面描写海底的鱼"好看极了""多得数不清";第三层是写鱼"多"的两句话。显然,这是由几个句子和1个句群组成的复杂自然段,是三年级学生学习概括段意、段中分层,促进思维发展极佳的典型语例。

反例则将这个自然段分为两个自然段,失去了正例中的概括段意、段中分层等语言训练和思维发展的教学价值。概括自然段的段意也出现了问题,第3自然段写海底有哪些物产,第4自然段也是写海底有哪些物产,根据这两个自然段的逻辑关系和自然段的结构规则,两个自然段应该合为一个自然段。

再如《大禹治水》一文。

大禹治水

很久很久以前,洪水经常泛滥。大水淹没了田地,冲毁了房屋,毒蛇猛兽到处伤害百姓和牲畜,人们的生活痛苦极了。

洪水给百姓带来了无数的灾难,必须治好它。当时,一个名叫鲧的人领着大家治水。他只知道筑坝挡水,九年过去了,洪水仍然没有消退。他的儿子禹继续治水。

禹离开了家乡,一去就是十三年。这十三年里,他到处奔走,曾经三次路过自己家门口。可是他认为治水要紧,一次也没有走进家门看一看。

禹吸取了鲧治水失败的教训,采取疏导的办法治水。他和千千万万的人一起,疏通了很多河道,让洪水通过河道,最后流到大海里去。洪水终于退了,毒蛇猛兽被驱赶走了,人们把家搬了回来。大家在被水淹过的土地上耕种,农业生产渐渐恢复了,百姓重新过上了安居乐业的生活。

这篇课文共4个自然段,第1自然段是故事的起因,写洪水泛滥使百姓生活在苦难之中。第2、3两个自然段是插叙,其中第2自然段写鲧治水九年没有成功,他的儿子禹继续治水,用对比的方法衬托了禹治水的智慧和才能,第3自然段写禹治水三过家门而不入,赞扬了禹一心为公、无私奉献的伟大精神,所以人们尊称禹为"大禹"——伟大的禹。第4自然段描写了禹用疏导的办法治理河水的经过与结果。

如果把第 2、3 两个自然段暂时删去（原文第 4 自然段中的"吸取了鲧治水失败的教训"等语词也要暂时删去），可以在文章意思完整的情况下，较容易发现文章结构的问题。按事情发展顺序记叙的文章，一般都有起因、经过、结果三个部分，在行文中就应写三个自然段。原文最后一个自然段中的经过和结果应分为两个自然段。题目也相应要改为《禹治水》。（见表 6-3）

表 6-3 《大禹治水》篇章结构的病例和正例

病例：原文第 1、4 自然段	正例：按事情发展顺序改为 3 个自然段
禹治水 很久很久以前，洪水经常泛滥。大水淹没了田地，冲毁了房屋，毒蛇猛兽到处伤害百姓和牲畜，人们的生活痛苦极了。 禹采用疏导的办法治水。他和千千万万的人一起，疏通了很多河道，让洪水通过河道，最后流到大海里去。洪水终于退了，毒蛇猛兽被驱赶走了，人们把家搬了回来。大家在被水淹过的土地上耕种，农业生产渐渐恢复了，百姓重新过上了安居乐业的生活。	禹治水 很久很久以前，洪水经常泛滥。大水淹没了田地，冲毁了房屋，毒蛇猛兽到处伤害百姓和牲畜，人们的生活痛苦极了。 禹采用疏导的办法治水。他和千千万万的人一起，疏通了很多河道，让洪水通过河道，最后流到大海里去。 洪水终于退了，毒蛇猛兽被驱赶走了，人们把家搬了回来。大家在被水淹过的土地上耕种，农业生产渐渐恢复了，百姓重新过上了安居乐业的生活。

三、解决难题的教学策略和技术路线

布局谋篇是一种复杂的智慧技能，其中一部分基本技能与遣词造句智慧技能一样，可采用专项技能教学法进行教学，但另一部分的高级技能，则需要采用另一种方法——样例教学法。

心理学研究表明，人的短时记忆容量是有限的。语文基本技能所涉及的典型语例一般都是句子、句群和自然段，字数有限，内容也比较简单，学生可以在短时记忆的容量内完成加工。但分段、概括课文主要内容与中心思想这些高级技能涉及的都是整篇课文，一篇课文的字数往往有几百个甚至上千个，课文的内容也比较复杂，如果用"举三反一"的方法，就意味着一堂课要使用三篇以上的课文，这就大大超出了短时记忆的容量，学生的认知负荷也成倍增加。样例教学则能突破这个瓶颈。

20世纪80年代初，人工智能科学家经研究发现，计算机具有学习样例的超级算力，能以惊人的速度快速分析有解答步骤的样例，归纳出样例中蕴含的知识和规则并应用到新的情境中。这种惊人的算力引起认知心理学家的关注与思考：学生是否也能像计算机一样通过样例来学习？于是，众多研究者深入课堂，结合具体学科开展研究，发现了样例学习的许多科学规律，为各学科的样例教学提供了科学依据。鉴于语文课的特殊性，语文课上进行的样例教学需要把握以下特点。

（一）样例的特点与功能

样例，就是蕴含着一定原理、规则和概念性知识的例子。诸多研究证明，样例学习是一种省时高效的学习方式。与其他方式比，不仅耗时少，而且效率高，特别是具有远迁移功能，有助于减轻学生的认知负荷。

样例一般有三个部分：（1）要解决的问题；（2）解决问题的方法和步骤；（3）解决问题的结果。

数学、物理等课程一般都有明确的解决问题的方法和步骤。如数学中的解方程，样例中解方程的原理和步骤都是显而易见的，学生只要掌握这些原理和步骤，就能举一反三地解答各种方程问题。语文课程不同，语文样例内隐含的概念和规则比较模糊，是看不见的。如概括课文主要内容，其中有问题（概括课文主要内容），有结果（写出能概括课文主要内容的句子），但缺乏一个具体演示怎样概括课文内容的方法和步骤。在传统语文教学中，学生能看见的是课文的内容，而概括课文主要内容的方法和步骤是看不见的，语文课上学生要学的恰是这些看不见的东西，样例学习的功能就是让学生获得概括课文主要内容的方法和步骤。

（二）语文样例的双内容特性

样例有两种类型：一种是单内容样例，即一个样例中只有一种教学内容，如数学、物理等课程，学生只需学习样例中的概念知识和运算原理即可，至于样例的内容则不予关注；另一种是双内容样例，即一个样例中有两种教学内容。语文课程的样例中有两种教学内容：一是样例本身的思想情感内容，二是样例中蕴含的语文知识和规则。心理学家称之为双内容样例。

例如，作文选材有一条潜规则：选材要有代表性。《再见了，亲人》一课中，作者分别选取了朝鲜大娘、大嫂、小金花这三个代表人物及其典型事例来表现朝鲜人民对志愿军战士的深情厚谊。将这篇课文作为样例，学生学习这个样例，首先要读懂课文内容，了解朝鲜大娘、大嫂、小金花与志愿军之间的感人事例，体会其中的思想感情；然后要发现文中蕴含的"选材有代表性"这个语文知识和规则。这两个内容学生都需要学习，但重点是学习后者。

在布局谋篇智慧技能的学习中，这种双内容现象更明显，如"归纳课文主要内容，概括中心思想"，从题目中就可看出双内容的特征："课文内容""中心思想"是样例的思想感情内容，"归纳、概括"则是语文知识和规则的内容。两者缺一不可。

（三）样例学习的核心机制

心理学家发现，虽然样例学习有明显的优势，但仅仅给学生提供样例并不能保证他们能充分利用样例来学习。样例教学要取得实际效果，还要启动样例的学习机制——学生对样例的自我解释，即学生要对样例进行分析、加工、概括，要说出他们所思考的内容，所发现的概念性知识和操作方法。比如"给课文分段"，按什么顺序分，分段时先做什么，再做什么，最后做什么，这些知识和程序都要学生从样例中去发现并说出来。奥苏贝尔称之为"发现学习"。

传统教学中也有一些这样的自我解释，不过绝大多数是一个教师与少数优秀学生之间的对话，大部分学生都是旁听者。样例教学面向的是全体学生，要求90%以上的学生都要能作出自我解释。

要注意的是，如果有的学生对样例的解释不正确，或不知道怎样解释，这时就要启动另一种机制：教师提供正确的教学解释，揭示正确的答案。为避免有些学生会依赖教师的解释，教师进行教学解释时要注意几点：（1）教学解释必须聚焦语文的概念性知识和语用规则；（2）教学解释应当简明扼要，避免繁杂；（3）教师要在学生自我解释基础上提供必要的教学解释，即该出手时才出手。

（四）样例学习的"举三反一"

语文学习的规律是"举三反一"，这里的"三"是指三个以上的例子，"一"是这些例子中蕴含的知识和规则。现代心理学的研究发现，学习多个有变化的例子，其效果要优于学习单个例子。仅仅靠一两个样例并不能使学生真正掌握语文的规律性知识，需要有多个同一类的，而且有变化的样例才能真正奏效。下面以给课文分段为例予以佐证。

给课文分段是小学生必须掌握的高级技能，根据皮连生教授等人的研究，笔者总结了分段教学的四个要点。

（1）文章有四种顺序结构：时间顺序、地点（空间）顺序、事情发展顺序、事物的几个方面顺序。

（2）学生对按时间顺序的分段困难最大，教分段应以此入手。

（3）选择多个样例，达到"举三反一"的累积效果。

（4）中等生受益较大。

第二节　布局谋篇的教学内容与技能清单

布局谋篇智慧技能是教学目标，是预期的学生的学习结果。篇章段落等章法知识是教学内容，是客观存在的、外在于学生的概念性知识。布局谋篇智慧技能是由章法知识转化过来的。

根据统计学小概率事件原理，约有 5% 的少数高智商或有特殊天赋的学生能通过多读多写，无师自通地掌握布局谋篇智慧技能，但对 90% 以上的学生来说几乎不可能实现。对照语文课标 2022 年版中"语文课程致力于全体学生核心素养的形成与发展"的新要求，绝大多数学生需要通过专门训练才能掌握布局谋篇智慧技能，要掌握这种技能必须从学习章法知识入手。

章法知识指文章的篇章结构、层次关系、逻辑顺序、行文思路等概念性知识。张志公先生曾简明扼要地指出：文章的构成有三个方面：思想内容、遣词造句和结构组织。这三个方面不能互相代替且密切相关，文章就是这三个方面的统一体。其中思想内容很大程度上依赖于学生的生活经验，语文教学作用有限；遣词造句是基本技能，是语文教学的奠基石；结构组织就是章法知识，是语文读写教学中最重要的教学内容。

文章的结构组织是多种多样的，没有固定的模式。文章体裁不同，结构形式也就相异。如诗歌的结构为起承转合；记叙文的结构有按事情发展顺序、空间顺序等类别；说明文要说明事物的形状、构造、特点和功能等内容，常采用按事物的几个方面顺序的结构；议论文则常按提出问题、分析问题、解决问题的顺序来组织文章。鉴于文章结构组织的多样性和复杂性，引导学生学习经典课文的章法知识要谨慎，入门须正，方法宜简。

小学生要学习的章法知识主要有两类，依据语文两维教学目标分类法，其分类结果见下表 6-4。

表 6-4 布局谋篇的两维教学目标分类表

教学内容（章法知识）		认知过程（思维水平）						
		记忆	理解	运用	分析	评价	创造	创造
自然段	自然段的结构			识别自然段的结构	写自然段	概括自然段的段意		
	概括段意的要求、步骤与方法							
意义段	意义段的结构			识别意义段的结构	合并自然段	概括段落大意		
	概括段意的要求、步骤与方法							
篇章	文章思想内容				详写与略写，开头与结尾，过渡与照应	分段，列小标题，概括课文内容	概括中心思想	
	文章体裁结构							
	分段的步骤与方法							
	概括中心的要求、步骤与方法							

一类是文章表层结构的概念性知识。

（1）自然段、意义段、篇章等的知识概念和结构特点。

（2）典型语例中蕴含的章法知识和语用规则。

另一类是分析文章结构、概括文章内容的策略性知识。

（1）给课文分段，概括段意，归纳课文主要内容与中心思想的要求、方法与步骤。

（2）文章结构与层次的组织，如开头与结尾、过渡与照应、详写与略写等知识与规则。

表 6-4 中的"教学内容"都是静态的陈述性知识，用名词或名词短语表征；中间的"教学目标"都是动态的程序性知识，用动宾结构短语表征。下面主要就章法知识的部分内容进行阐述。

一、自然段、意义段、篇章的知识概念和结构特点

自然段是文章最基本的结构单位，由句子或句群组合而成，表达一个完整的意思。自然段有明显的外部标志：换行空格，即每个自然段开头空两个字格，一个自然段结束要换一行。不同的自然段，结构方式不同，层次关系不同，在整篇文章中的位置和作用也就不同。

意义段是比自然段大一级的文章单位，由一个或几个意思相关的自然段组成，又称"逻辑段"，相关的自然段之间具有内在的逻辑联系。意义段没有外部标志，有的是几个自然段构成一个意义段，也有的是与自然段重合，即一个自然段就是一个意义段。

篇章指结构完整的文章。包括篇章结构、主要内容、写作目的、语言特色等内容。其中篇章结构大致有以下几种类型：并列式、总分式、对照式、因果式、递进式。

由此可见，自然段、意义段和篇章三者的结构特点大致相同，掌握自然段的结构与规则，对掌握意义段和篇章具有很强的远迁移功能。因此，小学生应先掌握以下各类自然段的概念与结构特点。

（一）简单自然段

一个句子组成一个自然段，一般在文章开头和结尾较多。如：

大自然有许多美妙的声音。

这座海滨小城真是又美丽又整洁。

小兴安岭四季景色诱人，是一座美丽的大花园，也是一座巨大的宝库。

（二）与句群重合的自然段

一个自然段就是一个句群。如并列句群与并列段落、承接句群与承接段落，其内在的句子组合关系相同。小学生要掌握的这类自然段，依照其逻辑关系划分，主要有并列、总分、承接、因果、转折、递进、概括与举例等6种。（"句群"的相关内容参见本书第五章第二节）

（三）大于句群的自然段

这类自然段由一个或几个句子与一个或几个句群组成。这种自然段有的

比较复杂，特举例如下：

西沙群岛也是鸟的天下。岛上有一片茂密的树林，树林里栖息着各种海鸟。遍地都是鸟蛋。树下堆积着一层厚厚的鸟粪，这是非常宝贵的肥料。

这是由一个总起句和一个并列句群组成的自然段。

孙中山小时候在私塾读书。那时候上课，先生念，学生跟着念，咿咿呀呀，像唱歌一样。学生读熟了，先生就让他们一个一个地背诵。至于书里的意思，先生从来不讲。

这是由一个概括句和一个承接句群组成的先概括后举例的自然段。

送家里人出门后，庆龄一个人回到房间里，耐心地等候着。她一会儿拿起一本书看，一会儿又坐到琴凳上弹钢琴，平时很熟的曲子，今天却总是弹不准。可是，直到全家人吃过午饭回来，小珍也没有来。妈妈心疼地说："我的女儿一个人在家，该多没意思啊！"庆龄仰起脸回答道："一个人在家，是很没劲。可是，我并不后悔，因为我没有失信。"

这是由两个转折句群组成的并列关系自然段。

（四）小于句群的自然段

这类自然段一般用于对话。有的课文将人物对话分段写，一个对话句群分成几个自然段，这时自然段小于句群；有的课文不将人物对话分段，这时自然段与句群重合。这两种对话格式都是可以的，但要注意一点，一篇文章里人物对话的书写格式前后要保持一致。

"你敢碰我吗，陶罐子！"铁罐傲慢地问。

"不敢，铁罐兄弟。"陶罐谦虚地回答。

"我就知道你不敢，懦弱的东西！"铁罐说，带着更加轻蔑的神气。

"我确实不敢碰你，但并不是懦弱。"陶罐争辩说，"我们生来就是盛东西的，并不是来互相碰撞的。说到盛东西，我不见得就比你差。再说……"

"住嘴！"铁罐恼怒了，"你怎么敢和我相提并论！你等着吧，要不了几天，你就会破成碎片，我却永远在这里，什么也不怕。"

"何必这样说呢？"陶罐说，"我们还是和睦相处吧，有什么可争吵的呢！"

"和你在一起，我感到羞耻，你算什么东西！"铁罐说，"走着瞧吧，总有一天，我要把你碰成碎片！"

这是三年级下册《陶罐与铁罐》中的一组对话，这是一个对话句群，由7个自然段组成，其中的每一个自然段都是小于句群的自然段。如果合并成一个自然段，就成为句群与自然段重合的自然段了。如：

"你敢碰我吗，陶罐子！"铁罐傲慢地问。"不敢，铁罐兄弟。"陶罐谦虚地回答。"我就知道你不敢，懦弱的东西！"铁罐说，带着更加轻蔑的神气。"我确实不敢碰你，但并不是懦弱。"陶罐争辩说，"我们生来就是盛东西的，并不是来互相碰撞的。说到盛东西，我不见得就比你差。再说……""住嘴！"铁罐恼怒了，"你怎么敢和我相提并论！你等着吧，要不了几天，你就会破成碎片，我却永远在这里，什么也不怕。""何必这样说呢？"陶罐说，"我们还是和睦相处吧，有什么可争吵的呢！""和你在一起，我感到羞耻，你算什么东西！"铁罐说，"走着瞧吧，总有一天，我要把你碰成碎片！"

（五）过渡段

在文章中起承上启下的作用，即承接上文，引出下文。这里有两层含义：其一是在结构上，过渡段对前面部分有概括的作用，对后面部分有总起、转折、递进等作用；其二是在内容上，前面的内容可以引出后面的内容，所以过渡段一般属于后面内容的开头部分。但有时过渡段主要概括前面段落的内容，如五年级上册《将相和》中的过渡段："蔺相如在渑池会上又立了功。赵王封蔺相如为上卿，职位比廉颇还高。"就属于前面段落的组成部分。

二、分段与概括段落大意

分段与概括段落大意是特殊的策略性技能，是对自身内部学习和思维过程进行调控的技能。策略性技能的形成需要有策略性知识的支撑。一般智慧技能的规则和方法是刚性的硬规则，能保证成功地解决问题，没有例外，而策略性知识的概念和规则属于柔性的软规则，对解决问题有启发作用，但不能保证成功。例如，给文章分段是为了找到作者的写作思路，并从中发现隐含的启发式规则，用来调节自己阅读和写作的学习过程。但有时候一篇课文可以有几种分段方法，这时就要结合语境选择最合适的分法。

由于每篇文章内容和形式都是不同的，学生需要通过学习来掌握策略性技能，而策略性技能同样需要有策略性知识的支撑。因此，探明分段与概括段落大意的策略性知识十分重要。

（一）分段的策略性知识

分段就是按一定的方法，把文章中的自然段分成意义段的过程。这里的"按一定的方法"就是分段的策略性知识，它包括"分段的步骤"和"分段的方法"两类。分段的步骤用到的是程序性知识，分段的方法用到的是策略性知识。

（1）分段步骤是典型的程序性知识，规定了分段的操作程序：

①认真阅读全文，搞清楚每个自然段写了什么内容。

②找出段与段、段与全文的关系。

③确定应该用哪一种方法分段。

④给课文分段，在段尾用"//"标记。

⑤检查每个意义段的内容是否完整。既不要把内容不相同的自然段合并在一起，也不要把内容相同的自然段分开。

（2）分段方法是策略性知识，需要在读懂课文内容、分析文章结构的基础上，选择合适的分段方法。分段的具体方法大致有6种。

①按时间顺序分段，主要有4条启发式规则：读懂课文，知道课文写了什么思想内容；厘清思路，作者是按什么思路组织材料的，即按什么顺序写的；找出标志着时间的词句；合并自然段，将同一个时间段或相关的自然段，合并为一个意义段。其中前两条规则适用于所有结构的文章，第3条是按时间顺序写的文章的独有规则。

要注意，不能每见到一个表示时间的词语就把文章分出一段，而是应该以较大的时间变化为标准。还有一些文章中表示时间变化的词语不明显，但从词句的意思可以看出时间的变化，如"太阳渐渐下山""暮色苍茫""月亮渐渐地移到了当空"这些词句分别指明了"黄昏""傍晚""深夜"的时间。

写人、记事、写景的文章常常可按时间顺序分段。

②按地点（空间）顺序分段，就是以地点转换的顺序来分段，主要有4条启发式规则：读懂课文，知道课文写了什么思想内容；厘清思路，作者是按什么思路组织材料的，即按什么顺序写的；找出表示地点的词句；把同一地点的内容归并成一段。其中前两条规则适用于所有结构的文章，后两条是按地点（空间）顺序写的文章的独有规则。

记事、写景、游记等文章常常可按地点（空间）顺序来分段。

③按事情发展顺序分段，主要有4条启发式规则：读懂文章，说出文章写了什么内容；厘清思路，作者是按什么思路组织材料的；分析结构顺序，找出与事情起因、经过、结果相关的句段和关键词；合并自然段，将意思相同或相关的自然段，合并为一个意义段。其中第1、第2、第4条规则适用于所有结构的文章，第3条是按事情发展顺序写的文章的独有规则。

写人、记事的文章常常按事情发展顺序来分段。

④按事物的几个方面分段，主要有3条启发式规则：读懂文章，说出文章写了什么内容；厘清思路，作者是按事物的几个方面来写的；找出反映事物几个方面的关键词。其中第1条规则与其他结构的文章相同，后两条是按事物几个方面写的文章的独有规则。如三年级下册的《海底世界》《火烧云》，四年级上册的《爬山虎的脚》《蟋蟀的住宅》等课文可用这种方法分段。

⑤按文章概括和具体的结构分段。具有概括和句子关系结构的文章大致有两类：一类是总分结构的文章，即先总起后分述，实际上也就是按事物的几个方面写的；另一类是概括与举例结构，即文章中有一个概括段，然后举一个事例来具体描述，描述事例的几个自然段是承接关系。这两类文章分段的方法，是把总起段或总结段各分为一段，然后把其余的自然段合并为一段。

写景、状物、写人的文章常常可按概括和具体的结构分段。

⑥抓住文章的主要事例分段。首先要读懂课文，弄清楚文章写了一件事还是几件事，找出主要事例在文章中的起始和结束位置，把这部分确定为一段，再看看除去主要事例的前后部分还可怎么分。如四年级上册的《西门豹治邺》《为中华之崛起而读书》《梅兰芳蓄须》等课文均可用这种方法分段。

借景抒情和用几件事表现人物的文章多采用这种方法。

（二）概括段落大意的策略性知识

段落大意就是段落的主要意思，概括段落大意就是用自己的语言简明扼要地把一段话的主要意思表达清楚。这是一种难度较大的策略性技能，没有统一的标准答案，但要有启发式的参考标准。概括段落大意的策略性知识有三项，即概括段落大意的要求、步骤和方法。

（1）概括段落大意的要求。

概括段落大意、归纳课文主要内容与概括自然段段意的认知过程基本相同，主要有3条启发式规则：意思明确，即用一句话清楚阐述要表达的主要意思，让别人一看就明白这一段主要写了什么；内容集中，即应该概括的是段落的主要内容，不要把一段话所有的内容全都归纳出来；语言简要，是指语句要简洁，不要啰唆，做到言简意赅。

（2）概括段落大意的步骤。

①读懂每个自然段的意思。

②分析句与句、段与段之间的关系，分清主次。

③选择最合适的概括方法。

④用明确、完整、简要的语句表达出来。

（3）概括段落大意的方法主要有3种。

①摘句概括法。这是概括段意最简便的方法，就是从文章中找出足以表达段意的句子，把它摘录下来适当修改后作为段意。有中心句或过渡句的段落或具有总分关系、概括与举例关系的段落往往可以用摘句概括法。承上启下的过渡句有时可以概括前后两段话的段意。

②连词归纳法。就是找出能表达本段内容的词语，然后将其摘录出来，连结在一起作为段意。用这种方法必须认真思考所摘录的词语能否表达段意，把词语连在一起时要注意语句通顺。承接关系的段落适用这种归纳法。

③取主舍次法。就是分清段落内容中的主次内容，概括时选取主要内容，舍弃次要内容。因果关系、转折关系的段落，其内容是有主次之分的，因此比较适合这种方法。

三、概括课文主要内容与中心思想

记叙文是写具体的人和事情的，作者总是通过对具体的人和事的记叙来表达一定的思想感情，从而达到自己的写作目的，这种包含在文章中并通过具体内容表现出来的思想感情，即歌颂什么、反对什么、说明什么、抒发怎样的感情等，就是文章的中心思想。概括中心思想的策略性知识，即概括中心思想的要求、步骤和方法，有3项。

（1）概括中心思想主要有3点要求。

①确切。即能准确、恰当地找出文章所特有的思想感情。从字里行间寻找每一篇课文的特点，尽可能与其他课文区别开来，以准确地概括出这篇课文特有的思想意义和作者蕴含的感情。

②完整。即用恰当的句子把作者在文章中所表达的主要思想感情完整地表达出来，没有遗漏。

③简洁。即在确切、完整的前提下，用最简明扼要的句子来表达课文的中心思想。

（2）概括中心思想的方法主要有4种。

①审题概括法。这是概括中心思想方法中最简单的一种。有些记叙文的题目可以对正确概括中心思想有所启发。当然用这种方法还是要先认真阅读文章的主要内容，然后再仔细思考题目与文章中心思想的内在联系。如果题目已经点明了中心思想，那就可以考虑用扩句的方法，在题目上加上适当的词语，扩展成意思完整的句子，这个意思完整的句子就是文章的中心思想。

②摘句归纳法。文章的中心句经常出现在文章的开头和结尾，也有的在文章的中间，有的文章中心句会前后反复出现好几次。找到中心句后，还必须仔细分析，确认是否还要对中心句进行加工、修改，才能准确、完整地概括文章的中心思想。

③重点段概括法。有些文章中的某一段落或几个段落集中表现了文章的中心思想，这些段落就叫重点段。找出文章的重点段，并对这些段落进行深入细致的分析，往往就能体会出文章的中心思想，再借用恰当的语言，文章

的中心思想就概括出来了。

④主要内容概括法。这是概括文章中心思想的基本方法，也是学生操作起来感到比较困难的一种方法。许多文章的中心思想往往不是一目了然的，如记事类文章的中心思想一般是在叙述事件的过程中反映出来的，写人类文章的中心思想是通过主要人物在事情发展过程中的言行反映出来的。这就要求学生首先要认真读懂文章，在阅读的基础上，正确理解和掌握文章的主要内容，然后进一步推敲，领会作者写这些主要内容的意图。作者的写作意图领会了，就可以用自己的语言概括出文章的中心思想了。

除了上述教学内容，小学语文教材中还有常见的文章结构形式、结构与层次的组织安排等章法知识。这些知识怎么教尚无统一定论，需要在教学实践中不断探索和开发。

根据上述布局谋篇的教学内容，结合小学语文教学的实际情况，笔者研发了30个布局谋篇智慧技能的教学设计。

第三节　高级技能样例分析

识别自然段的特点是一种基本技能，是学生能够在短时间内学会的语文技能。分段、概括段落大意、概括课文主要内容与中心思想则是高级技能，其知识概念不是很清晰，内在规则比较复杂，有的还含有策略性知识，不能在短时间内掌握，需要采用样例教学法。下面是高级技能的样例教学设计，样例选自统编版语文教材四年级上册课文《盘古开天地》。

盘古开天地

◎ 教材内容

《盘古开天地》是一个神话故事，主要写盘古开天辟地的故事。文章共 6 个自然段，按事情起因、经过、结果的顺序可分为三大段。第一大段是第 1 自然段，简要写天和地还没有分开，宇宙混沌一片，交代了盘古开天地的起因；第二大段是第 2 至第 4 自然段，主要写盘古开天地的经过，先写盘古醒来后用斧头开天辟地，以及天地的不同变化，再写天地分开后，盘古用身体顶天立地的事；第三大段由第 5、6 两个自然段构成，具体写盘古倒下后发生的一系列变化，这是故事的结果。

◎ 教学内容

按事情发展顺序给课文分段主要有 4 条启发式规则：读懂文章，说出文章写了什么内容；厘清思路，作者是按什么思路组织材料的；分析结构顺序，找出反映事情起因、经过、结果相关的句段和关键词；合并自然段，将意思相同或相关的自然段合并为一个意义段。其中第 1、第 2、第 4 条规则适用于所有结构的文章，第 3 条适用于按事情发展顺序写的文章。写人、记事的文章常常按事情发展顺序来分段。

概括段落大意和概括课文主要内容与中心思想的认知过程基本相同，主要有 3 条启发式规则：意思明确，用一句话清楚阐述要表达的主要意思；内容完整，不要有遗漏；语言简要，语句通顺。

◎ 教学目标

1. 能按事情起因、经过、结果的顺序给课文分段。
2. 能概括每个意义段的段落大意。
3. 能概括课文的主要内容与中心思想。

◎ 任务分析

目标1是给课文分段。分段是受意识控制的策略性技能，是布局谋篇智慧技能中的高级技能，其蕴含的规则比较复杂。这些规则具有启发功能，但不能保证成功，学生掌握这种技能大约需要四五篇课文的相对集中训练，其间还要安排两次相关的习作练习，因此需要采用样例教学法，以学习任务群的形式呈现，通过循序渐进的多层次学习积累才能达到预期的学习结果。本课主要任务是指导学生发现分段的4条启发式规则，学习给课文分段。

目标2、目标3是概括段落大意和概括课文主要内容与中心思想。学生在二、三年级应基本掌握承接关系的复句、句群和概括自然段段意等知识和技能，这对本学习任务具有积极的正迁移作用。

一篇课文的教学内容是综合性的，涉及字词句篇、听说读写等各个方面，分段、概括段意、概括课文内容与中心思想的教学是整篇课文教学中的一个板块。本课的样例教学设计为了突出分段的基本规律和方法，省略了其他内容。在实际教学中，要将三个板块共同融进整篇课文的教学设计中去，使其成为阅读教学的有机组成部分。

◎ 教学准备

1. 教学课件，教学用的典型语例。
2. 课堂练习题。(只限于课堂内完成，不能作为课外作业)

◎ 教学时间

1个课时。

◎ 教学过程

一、审题导入

1. 揭示题目，读准停顿：盘古/开天地。

2. 审题，回答两个问题。

（1）从题目看，这篇课文是哪一类文章？（神话故事）

（2）这篇课文主要是写人、记事，还是状物？（写人，通过记事来写人）

二、读懂课文，理解课文的思想内容

1. 读了课文，你觉得盘古是一个怎样的人？你喜欢盘古吗，为什么？

2. 厘清思路，分析作者是按什么思路组织材料的。说说盘古开天地的起因、经过与结果。

3. 同桌互动，师生互动，议一议，了解学生对课文内容的理解程度。

三、练习概括自然段的段意

1. 引导学生复习概括自然段段意的方法和要求。

（1）数一数，课文一共有几个自然段。（6个自然段）

（2）每一个自然段有几句话，它们是什么结构关系。（举例说明：选择一个自然段，说一说）

（3）概括自然段的基本要求是什么。（意思明确、内容完整、语句简要）

学生人人动脑做一做，同桌互动说一说，全班交流议一议。

2. 练习概括每个自然段的段意。

（1）下发学习练习单，人手一份。（如图6-1）

一、概括自然段的段意，按要求填空。

第1自然段有____个句子，它们是____关系，这段话主要写：_____。

第2自然段有____个句子，它们是____关系，这段话主要写：_____。

第3自然段有____个句子，它们是____关系，这段话主要写：_____。

第4自然段有____个句子，它们是____关系，这段话主要写：_____。

第5自然段有____个句子，它们是____关系，这段话主要写：_____。

第6自然段有____个句子，它们是____关系，这段话主要写：_____。

图6-1 练习单（一）

（2）人人动手做一做，同桌互动对一对，师生互动评一评。

（3）出示参考答案（如图6-2），发现错误改一改。

第1自然段：2个句子，并列关系。盘古在混沌之中睡了一万八千年。

第2自然段：4个句子，承接关系。盘古醒了，拿起斧子打碎了"大鸡蛋"。轻的东西上升变成了天，重的东西下降变成了地。（盘古醒来后拿起斧子开天辟地。）

第3自然段：2个句子，承接关系，盘古站在天和地之间，随天地变化而变化。（盘古用身体顶天立地。）

第4自然段：3个句子，承接关系。天和地成形了，盘古累得倒下了。

第5自然段：2个句子，总分关系。盘古倒下后，身体发生巨大变化。

第6自然段：1个句子，盘古用身体创造了美丽的宇宙。

图6-2　参考答案（一）

四、运用规则，给文章分段

1.教师引导：知道这篇文章是按事情起因、经过、结果的顺序写的，我们就可以根据这一特点给文章进行分段了。

（1）课文哪几个自然段写盘古开天地的起因，哪几个自然段写经过，哪几个自然段写结果？（学生先独立思考，再同桌互动议一议）

（2）全班讨论：第1自然段为第一大段，写很久很久以前，天地没有分开，宇宙混沌一片，这是事情的起因；第2、第3、第4自然段是第二大段，主要写盘古开天辟地的经过；第5、第6自然段是写盘古倒下后身体发生了巨大变化，是事情的结果。（其中第4自然段属于事情的经过还是结果，要引导学生辨识）

2.学生默读课文，给课文分段，教师巡视指导。

人人动手分一分，同桌互动对一对，全班交流评一评。

3.反思，回顾分段的思维过程。

教师小结分段的步骤：先读懂课文内容，弄清楚每个自然段写了什么内容，找出段与段、段与全文的关系，再给课文分段，分段后，再看看全文，检查一下每个自然段的内容是否完整。既不要把内容不相同的自然段合并在一起，也不要把内容相同的自然段分开。

五、指导概括段落大意

1. 复习概括段意的三个要求。（板书：意思明确、内容完整、语言简要）

2. 举例说明：

（1）第二大段中的3个自然段是什么结构关系。（承接关系）

（2）概括承接关系的段落大意，该用什么方法？（将3个自然段的意思连起来概括成一句话）

3. 出示第二大段段落大意，询问学生这些概括有什么问题，并根据概括段意的3个要求，说明理由。

（1）盘古用斧子开天辟地。（内容不完整。这是第2自然段段意，缺少第3、4自然段的内容）

（2）盘古用斧子开天辟地，盘古用身体顶天立地。（内容不完整。遗漏了第4自然段的内容）

（3）盘古用斧子开天辟地，盘古用身体顶天立地，盘古累得倒下了。（内容完整。但每句话的主语都是"盘古"，显得有点啰唆）

4. 比较：下面几句话哪一句概括得好，说出理由。

（1）有一天，盘古醒来了，周围黑乎乎一片什么也看不见。盘古用斧子开天辟地，盘古用身体顶天立地。天和地终于成形了，盘古也精疲力尽，累得倒下了。（语言不简洁。其一，段落大意一般用一句话概括，这里用了3句话；其二，第一句不是主要内容，可省略。其三，"盘古用身体顶天立地"中的"盘古"可以省略，后面的"终于""精疲力尽"等词语也可省略）

（2）盘古用斧子开天辟地，用身体顶天立地，累得倒下了。（少了一个内容"天和地成形了"）

（3）盘古用斧子开天辟地，用身体顶天立地，天和地成形了，累得倒下了。（"天和地成形了"的主语是"天和地"，最后一个分句的主语不能承前省略，要加上"盘古"）

参考答案：盘古用斧子开天辟地，用身体顶天立地，天地成形了，盘古累倒了。

5.学生练习概括段落大意。

（1）下发学习单，人手一份。（如图6-3）

二、概括段落大意

第一大段：_____。

第二大段：_____。

第三大段：_____。

图6-3　学习单

（2）人人动手做一做，同桌互动对一对。

（3）出示参考答案对一对，发现错误改一改。（概括段落大意的答案不是唯一的，评价标准是概括段意的三个要求）

第一大段：即第1自然段，盘古在混沌中睡了一万八千年。

第二大段：3个自然段是承接关系，合并段意：盘古用斧子劈开天地，用身体顶天立地，天地成形了，盘古累倒了。（第2自然段：盘古用斧子开天辟地。第3自然段：盘古用身体顶天立地。第4自然段：天和地成形了，盘古也累得倒下了）

第三大段：盘古的身体发生巨大变化，创造了美丽的世界。

6.教师总结。（略）

附：课文

盘古开天地

很久很久以前，天和地还没有分开，宇宙混沌一片，像个大鸡蛋。有个叫盘古的巨人，在混沌之中睡了一万八千年。

有一天，盘古醒来了，睁眼一看，周围黑乎乎一片，什么也看不见。他一使劲翻身坐了起来，只听咔嚓一声，"大鸡蛋"裂开了一条缝，一丝微光透了进来。巨人见身边有一把斧头，就拿起斧头，对着眼前的黑暗劈过去，只听见一声巨响，"大鸡蛋"碎了。轻而清的东西，缓缓上升，变成了天；重而浊的东西，慢慢下降，变成了地。

天和地分开后，盘古怕它们还会合在一起，就头顶天，脚踏地，站在天地当中，随着它们的变化而变化。天每天升高一丈，地每天加厚一丈，盘古的身体也跟着长高。

这样过了一万八千年，天升得高极了，地变得厚极了。盘古这个巍峨的巨人就像一根柱子，撑在天和地之间，不让它们重新合拢。又不知过了多少年，天和地终于成形了，盘古也精疲力竭，累得倒下了。

盘古倒下以后，他的身体发生了巨大的变化。他呼出的气息变成了四季的风和飘动的云；他发出的声音化作了隆隆的雷声；他的左眼变成了太阳，照耀大地，他的右眼变成了月亮，给夜晚带来光明；他的四肢和躯干变成了大地的四极和五方的名山；他的血液变成了奔流不息的江河；他的汗毛变成了茂盛的花草树木；他的汗水变成了滋润万物的雨露……

伟大的巨人盘古，用他的整个身体创造了美丽的世界。

第七章 表情达意智慧技能的学与教

表情达意智慧技能是小学高年级和初中阅读教学的重点目标，其主要功能是把事物写具体、写明确。

表情达意是一种复杂的综合性技能，与遣词造句和布局谋篇有明显的不同，遣词造句和布局谋篇的技能有先后次序和层级关系，表情达意智慧技能没有先后次序和层级关系。

表情达意智慧技能是由表达方式和表现手法等语用知识转化过来的，表达方式和表现手法的知识概念比较模糊，属于柔性的软规则，需要用图式教学法，结合专项技能教学和样例教学灵活施教。

第一节　表情达意的知识本质和语用技能

表情达意智慧技能是灵活运用表达方式和表现手法的综合性技能，是小学高年级学生必须学习的智慧技能，也是小学高年级和初中阅读教学的重点目标。其主要功能是把事物写具体、写明确。

一、什么是表情达意智慧技能

中小学语文教学中只有表达技巧而没有表情达意的叫法。表达技巧是在中学语文文学鉴赏中经常使用的概念，指的是作者在塑造形象、创造意境、表达思想感情时所采用的特殊的表现手法，但学界对其具体内容分歧很大，没有统一的说法。一般认为，表达技巧的含义非常广泛，既可以包括各种表现手法、表达方式的使用，也可以包括各类表现手法在艺术构思上的巧妙使用。高中现代文阅读所提的表达技巧主要涉及三个方面的内容：运用表达方式、表现手法、布局谋篇的技巧。由于布局谋篇属于"表达清楚"的范畴，因此在小学阶段，表达技巧主要指表达方式和表现手法的运用。接下来要弄清的是表达方式、表现手法、表达技巧这三个概念的确切所指。

表达方式，主要指文章的语言表达形式。学界对于表达方式的内容没有争议，主要是记叙、描写、说明、议论、抒情5种。记叙文的主要表达方式是记叙，但常常辅之以描写、议论和抒情；说明文的主要表达方式是说明；议论文的主要表达方式是议论和说明；文学作品的主要表达方式是描写。一篇文章一般以一种表达方式为主，有时也根据需要兼用其他表达方式。

表现手法，是指作者在表现文章主题时所采用的语言艺术手法，其目的是将文章主题表现得更明确、更具体、更有艺术性。其内容界定带有较大的模糊性，在学界存在较大分歧。从小学语文课文中的语例看，表现手法大致有借景抒情、借物喻人、先抑后扬、明贬暗褒、对比衬托等。运用这些表现手法的目的是更好地表现文章所要传达的思想感情和中心意思。

表达技巧是一种技能，指作者写作时所运用的言语表达方法和策略。从认知心理学的知识分类学角度看，表达技巧属于动态的程序性知识，表达方式和表现手法则属于静态的陈述性知识，亦称概念性知识。

综上所述，表达技巧是一种复杂的综合性高级智慧技能，含有一定的策略性知识和元认知技能。小学语文主要学习的是由表达方式概念性知识转化过来的表达技巧，同时也包含着一部分由表现手法概念性知识转化过来的表达技巧。因此，针对小学生的学习特点，笔者采用表情达意这个概念，将表达方式、表现手法和表达技巧合在一起，称之为表情达意智慧技能。

在结构关系上，表情达意与遣词造句、布局谋篇有明显的不同。遣词造句和布局谋篇的技能有较清晰的先后次序和层级关系，其所对应的知识概念具有"刚性"的硬规则特点，比如：遣词造句的教学序列是先教单句，再教复句，最后教句群，颠倒顺序或缺失某一部分，教学就会受阻。布局谋篇在遣词造句教学到位的基础上，能大幅度地提升教学质量和效率，反之，教学就会受阻。

表情达意智慧技能各个具体项目之间一般没有先后次序和层级关系。比如动作描写、外貌描写、对话描写，先教哪一个，后教哪一个，都可以，随文而定，因此具有随机性和灵活性，其所对应的知识概念具有软规则的特点。

表情达意智慧技能在不同的语境中往往包含着基本技能和高级技能两种情况。一种是基本技能，由5种表达方式的概念性知识转化而来，教师能在短时间内教会学生，主要解决的是对不对的问题，这是小学阅读教学的主要任务；另一种是高级技能，由策略性知识转换而成，其功能主要是帮助学生在具体的真实情景中灵活运用各类表达方式与表现手法，解决的是好不好、美不美的问题，这是初中阅读教学的主要任务。在认知过程维度中，基本技能一般要达到运用和分析的水平，高级技能则要达到评价与创造的水平。小学生主要掌握其中的基本技能，第三学段的学生可以适当掌握一些高级技能。

二、小学生学习表情达意智慧技能的必要性

小学语文教学在言语表达上的要求无非是两个：一个是表达清楚，另一个是表达具体。在写作上的要求就是写清楚、写具体。

语文课标 2022 年版总目标第五条明确指出了语文教学的终极目标："能根据需要，用书面语言具体明确、文从字顺地表达自己的见闻、体验和想法。"这句话中关键词是具体明确，文从字顺。"文从字顺"就是写清楚，"具体明确"就是写具体。要做到"文从字顺"需要有遣词造句和布局谋篇两种技能；要做到"具体明确"则需要表情达意智慧技能。

语文课标 2022 年版在第二、三、四学段中，对表情达意智慧技能提出了一些具体要求，举例如下。

第二学段，涉及表情达意智慧技能的教学要求有 2 条。如：

"阅读与鉴赏"第 4 条中的部分：初步感受作品中生动的形象和优美的语言。

"表达与交流"第 3 条中的部分：能清楚明白地讲述见闻，说出自己的感受和想法。讲述故事力求具体生动。

第三学段，涉及表情达意智慧技能的教学要求有 4 条，如：

"阅读与鉴赏"第 3 条中的部分：在阅读中了解文章的表达顺序，体会作者的思想感情，初步领悟文章的基本表达方法。第 5 条中的部分：阅读说明性文章，能抓住要点，了解文章的基本说明方法。

"表达与交流"第 2 条中的部分：表达有条理，语气、语调适当。参与讨论，敢于发表自己的意见，说清自己的观点。第 4 条中的部分：能写简单的纪实作文和想象作文，内容具体，感情真实。能根据内容表达的需要，分段表述。

第四学段，涉及表情达意智慧技能的教学要求有 6 条，如：

"阅读与鉴赏"第 3 条中的部分：在阅读中了解叙述、描写、说明、议论、抒情等表达方式。第 4 条中的部分：欣赏文学作品，有自己的情感体验。能对作品中感人的情境和形象说出自己的体验，品味作品中富于表现力的语言。第 5 条中的部分：阅读简单的议论文，能区分观点与材料（道理、事实、数据、图表等），发现观点与材料之间的联系，并通过自己的思考，作出判断。

"表达与交流"第 3 条中的部分：讲述见闻，内容具体、语言生动。复述转述，完整准确、突出要点，能就适当的话题作即席讲话和有准备的主题演讲，有自己的观点，有一定说服力。第 5 条：写作时考虑不同的目的和对象。根据表达的需要，围绕表达中心，选择恰当的表达方式。第 6 条中的部分：写记叙性文章，表达意图明确，内容具体充实；写简单的说明性文章，做到明白清楚；写简单的议论性文章，做到观点明确，有理有据；能根据生活需要，写常见应用文，能从文章中提取主要信息，进行缩写；能根据文章的基本内容和自己的合理想象，进行扩写；能变换文章的文体或表达方式等，进行改写。

在小学阶段，无论是课程标准，还是统编版教材，都对表情达意智慧技能提出了一定要求，这充分说明小学生学习表情达意智慧技能的必要性。问题是，表情达意智慧技能是不能直接教的，学习表情达意智慧技能的前提是要先学习、掌握表达方式和表现手法的概念性知识，再由概念性知识转化为技能。这就是表情达意智慧技能与表达方式、表现手法之间的逻辑关系，遵循的是知识与技能可以互相转换的科学原理。

三、从感悟性理解走向创造性运用

虽然课程标准和统编版教材都对表情达意智慧技能提出了一定要求，但从语文教学实践层面看，无论是概念的表述还是要求的可操作性，均存在不少令人困惑的地方。

（1）中小学教学的关联度及其逻辑关系。

语文课标 2022 年版在第四学段才明确提出了叙述、描写、说明、议论、抒情 5 种表达方式。但对于如何教，在小学阶段没有出现明确的要求，只有一些暗示性的提示，一线教师只能从各个学段要求的字里行间去推测。从学生的实际语用效能看，如果到中学才开始教表情达意智慧技能，太晚了。因为小学阶段养成的不良习惯，如各种各样的病句病段、逻辑混乱、思维僵化等问题，在中学阶段想纠正是非常困难的。由于小学阶段的学生主要掌握表达方式，因此有必要厘清小学与中学阶段在表达方式上的教学差异及其内在的逻辑关系。

小学阶段的教学主要是语感层面的，表达方式的概念性知识是学习入口，是拐杖，形成表情达意智慧技能才是目的，这是感性层面的习得，即语感。而中学阶段的教学主要是语识层面的，侧重于表达方式概念性知识本身，是理性层面的学得，即语识。如果没有语感层面的技能支撑，语识层面的概念性知识学习会非常枯燥、乏味。如果学生在小学阶段习得了语感层面的技能，再学习语识层面的表达方式概念性知识就会有一种熟悉的陌生感，觉得亲切，学习难度也会随之大大降低。

（2）语文课标2022年版与统编版版语文教材的要求不匹配问题。

课程标准与统编版语文教材第二、三学段在表达方式的内容表述上有一定的差异，给一线教师的教学带来不少困惑。（见表7-1）

表7-1 语文课程标准与统编版语文教材的要求不匹配情况表

	语文课标2022年版	统编版语文教材
记叙	第三学段：在阅读中了解文章的表达顺序……初步领悟文章的基本表达方法	四年级下册：掌握课文按一定顺序写景物的方法
描写	第三学段：学会运用细节描写等文学表现手法，描述自己成长中的故事	四年级上册：通过人物的动作、语言、神态，体会人物的心情； 四年级下册：从人物的语言、动作等描写中感受人物的品质； 五年级上册：初步体会课文中的静态描写和动态描写； 五年级下册：（1）通过动作、语言、神态的描写，体会人物的内心；（2）学习描写人物的基本方法；（3）体会景物的静态美和动态美； 六年级上册：了解文章是怎样点面结合写场面的； 六年级下册：关注神态、言行的描写，体会人物品质
说明	第三学段：阅读说明性文章……了解文章的基本说明方法	五年级上册：阅读简单的说明性文章，了解基本的说明方法
抒情	第三学段：体会作者的思想感情，初步领悟文章的基本表达方法	四年级下册：体会作者是如何表达对动物的感情的； 五年级上册：初步了解课文借助具体事物抒发感情的方法。体会作者描写的场景、细节中蕴含的感情； 六年级下册：体会文章是怎样表达情感的
议论	第四学段：阅读简单的议论文，能区分观点与材料（道理、事实、数据、图表等）	六年级下册：体会用具体事例说明观点的方法

从上述比较的结果看，问题最大的是"描写"这个项目。语文课标 2022 年版只有在第三学段有关于细节描写的一句简单要求，没有明确提出其他描写方式的教学要求，但在统编版语文教材中出现了各种描写方式的教学要求。

（3）语文元素概念含糊，可操作性差。

无论是课程标准还是统编版语文教材，在各项教学要求中都采用"体会、领悟、关注"之类的提示，这些提示都是内隐的无法操作的心理动词。只要把这些心理动词放到两维教学目标分类框架里，立马就能看出其问题所在。（见表 7-2）

表 7-2　置于两维教学目标分类框架里的心理动词

教学内容 （知识维度）	掌握水平（认知过程维度）					
	记忆	理解	运用	分析	评价	创造
记叙		了解顺序、领悟方法				
描写		了解场面描写、关注描写、学习方法				
说明		了解方法				
抒情		了解方法、体会感情				
议论		体会方法	发表意见，说清观点			

从认知过程维度看，"了解、体会、领悟、关注"都属于理解的层面，而记忆、理解，包括模仿运用都属于低阶思维的浅层学习，是典型的"低标准、高难度"教学形态。语文教学之所以长期走不出高耗低效的历史困境，根源即在于此。

要走出困境，就要从感悟性的理解走向创造性的运用，首先要将这些不可操纵的心理动词转变为可操作的行为动词，使其达到运用、分析、评价乃至创造的高阶思维水平，让学生进入真正意义上的深度学习状态。

第二节　表情达意的教学内容

表情达意智慧技能的教学内容包括表达方式和表现手法两类概念性知识，这些知识都是从经典的文章和文学作品中概括提炼出来的，对学生来说，就是外在于学生的、人类共享的概念性知识，对语文教学来说，就是教学内容。

表达方式包括两方面的教学内容：记叙、描写、抒情、说明、议论 5 种表达方式的概念性知识，以及灵活运用这些表达方式的策略性知识。

表现手法也包括两方面的教学内容：借景抒情、借物喻人、明贬暗褒、先抑后扬等表现手法的概念性知识，以及灵活运用这些手法的策略性知识。

小学阶段主要是学习表达方式的概念性知识，并通过变式练习，将表达方式的概念性知识转化为表情达意智慧技能。

一、记叙

记叙是写作中最基本、最常见的表达方式。它是作者按一定的顺序，对人物的经历和事件的发展变化过程所做的叙说和交代。记叙文的常用叙述方式大致有顺叙、倒叙、插叙、补叙、平叙 5 种。小学阶段主要教顺叙、倒叙、插叙 3 种。

（1）顺叙，是按照事件发生、发展的先后顺序来进行叙述的方法，事件的起因、经过、结果十分清楚。采用顺叙能使文章的层次与事件发展的过程基本一致，把事件记叙得有头有尾。顺叙的方法可分为以下几种：一是按时间顺序记叙，二是以地点的转换顺序记叙，三是以事情的内在逻辑联系为序来叙述事件。小学语文课文中大部分记叙文都是顺叙。

例如统编版语文教材六年级下册《北京的春节》就是按时间顺序记叙的。这篇课文的内容非常丰富，作者按时间的先后顺序记述：先介绍老北京过春节的习俗，从腊月初旬就开始做过春节的准备；然后详细记述了过春节的三个高潮；最后写春节的结束。

（2）倒叙，是根据表达的需要，把事件的结果或某个最重要、最突出的片段提到文章的前边，然后再按事情先后发展顺序进行叙述的方法。倒叙可以增强文章的吸引力。如统编版小学语文教材六年级上册课文《我的伯父鲁迅先生》和下册课文《十六年前的回忆》均采用倒叙的表达方式。

例如《十六年前的回忆》第1自然段：

1927年4月28日，我永远忘不了那一天。那是父亲的被难日，离现在已经十六年了。

按照正常的时间顺序记叙，整个事件的顺序是：被捕前，被捕时，被审时，被害后。显然，这段话应该安排在文章的结尾。现在把这段话提前放在开头第1自然段，更加突出了作者对父亲被害那一天的深刻记忆，也表达了作者对父亲深深的怀念。

（3）插叙，是在叙述中心事件的过程中，为了帮助展开情节或刻画人物，暂时中断叙述的线索，插入一段与主要情节相关的内容，然后接着叙述原来的内容。插叙的内容应能对主要情节起补充、解释或衬托作用，可以更好地突出人物的某个特点，使人物形象生动、完整。

例如《大禹治水》全文共4个自然段，第1自然段是故事的起因：洪水泛滥使百姓生活在苦难之中。第2、3两个自然段是插叙，其中第2自然段写鲧治水九年没有成功，他的儿子禹继续治水，用对比的方法衬托了禹治水的智慧和才能，第3自然段写禹治水期间三过家门而不入，赞扬了禹一心为公、无私奉献的伟大精神，所以人们尊称禹为"大禹"。第4自然段写了故事的经过与结果，即禹用疏导的办法治理好了洪水，老百姓重新过上了安居乐业的生活。

二、描写

描写就是用生动形象的语言把人物、景物具体形象地描绘出来。这是一般记叙文和文学写作常用的表达方式。描写方式大致有动作描写、神态描写、语言描写、心理描写、景物描写等。

（一）动作描写

动作描写有人物动作描写和动物动作描写两类。人物动作描写是人物描写中最常见、最基础的表达方式之一。人物动作最能反映人的思想品质和性格特征。描写人的动作要在细致观察的基础上，抓住最能反映人物特点的动作，写具体、写生动。小学语文课文里的人物动作描写可分为单个动作与连续动作两种情况，试举两例。

早上六点钟起，就有群众的队伍入场了。人们有的擎着红旗，有的提着红灯。

《开国大典》这个片段描写人物行动时，选用了恰当的动词描写人物的单个动作，如"擎着红旗"的"擎"，"提着红灯"的"提"，简要而又形象地写出了参加游行的群众兴奋和自豪的心情。

我扫出一块空地来，用短棒支起一个大竹匾，撒下秕谷，看鸟雀来吃时，我远远地将缚在棒上的绳子只一拉，那鸟雀就罩在竹匾下了。

《少年闰土》这个片段抓住人物动作的前后联系，用一连串的动词写出了闰土捕鸟的连续动作：扫、支、撒、看、拉、罩，生动地刻画了一个少年捕鸟能手的可爱形象。

（二）语言描写

人物的语言是人物内心世界的直接透露。写好人物的语言，可以把人物的性格和思想感情真实而具体地表现出来。人物语言描写经常采用对话的形式。对话主要有两种形式，一种是说话的内容，用双引号表示，另一种是提示语，提示这句话是谁说的。对话描写的形式一般有四种：（1）提示语在前，说话的内容在后，则提示语后要用冒号；（2）提示语在后，表示人物的话已说完，这时提示语后要用句号；（3）提示语在中间，表示前面的话还没有说完，这时提示语后要用逗号，再写后面的话；（4）提示语省略，只写对话的内容。如果根据上下文就知道那句话是谁说的，就可省略提示语。

有时在提示语中加上人物说话时的表情、动作、心情等内容，能使人物对话更具体、生动、形象，如下面一例：

"妈妈，"我摇着妈妈的胳膊，"那花真漂亮啊！"

"是哦，要不要摘一朵回去？"妈妈笑着问我。

我点了点头，但又很快地摇头："不要！花是给众人看的，不是给我一个人看的！"

"好，宝贝懂事了！"妈妈欣慰地笑了。

（三）外貌描写

写人的文章常常要描写人物的外貌。人的外貌包括容貌、神情、服饰、姿态等，外貌描写要突出人物的精神面貌和性格特点，使描写的人物给读者留下深刻的印象。

小学生的外貌描写常见问题有两个：(1) 抓不住人物的典型外貌特征，眉毛胡子一把抓，重点不突出，给人以杂乱之感；(2) 外貌描写大同小异。不同性格特点的人物在学生笔下也往往是一样的打扮、一样的外貌，看不出人物外貌的个性特征。人物描写的关键是要抓住人物的外貌、神态特点，不需要面面俱到。请看下面几个例子。

他正在厨房里，紫色的圆脸，头戴一顶小毡帽，颈上套一个明晃晃的银项圈。

（《少年闰土》）这段话仅用三个词就抓住了闰土的外貌特点："圆脸"写出了闰土的外貌特点，"小毡帽"写出了生活在绍兴海边农村的人物的特点，"项圈"反映了当时的农村孩子所具有的时代特点。这三个词将闰土的人物形象衬托得十分鲜明。

父亲仍旧穿着他那件灰布旧棉袍，可是没戴眼镜。我看到了他那乱蓬蓬的长头发下面的平静而慈祥的脸。

（《十六年前的回忆》）这段话不仅写出了李大钊的外貌特点，而且写出了他的人物性格特点。"乱蓬蓬的长头发"反映了李大钊被捕后的牢狱生活；"灰布旧棉袍""没戴眼镜"，说明李大钊经受了非人的折磨；"平静而慈祥的脸"，写出了李大钊对革命事业必胜的信念，同时也写出了一个慈祥父亲的形象。

（四）静物描写

静物描写就是把事物的静态描写出来，使人清晰地看到事物的样子和特点。静物描写要符合实际，抓住物体的大小、数量、形状、颜色等特点进行描写，给人以真实感。静物描写一般采用综合描写的方法，如"一张红扑扑的圆脸"，既写了数量，又写了色泽，还写了形状，这样的描写既形象又简洁。

那是一间高大的宫殿式的房子，室内陈设极其简单，一张不大的写字台，两把小转椅，一盏台灯，如此而已。

（《一夜的工作》）这段话从数量上写出了办公室设备的简单，突出了周总理生活的简朴。

会场在天安门广场。广场呈丁字形。丁字形一横的北面是一道河，河上并排架着五座白石桥；再背面是城墙，城墙中央高高耸起天安门的城楼。丁字形的一竖向南直伸到中华门。在一横一竖的交点的南面，场中挺立着一根电动旗杆。

（《开国大典》）这段话把天安门广场以及周围的景物描写得非常清晰，方位交代得井然有序，使人读了有身临其境之感。

（五）场面描写

场面描写是描写以人物活动为中心的生活场面，如劳动场面、战斗场面、运动场面以及各种会议场面等。场面描写的主要特点是具有点、面、情三要素。"点"就是活动场面中的某个突出的人物，"面"就是整个活动场面，"情"就是场面中所表现出来的某种特定的气氛。场面描写有时要综合运用记叙、描写、抒情等多种手法，以给读者呈现一幅生动且充满感染力的画面。

《开国大典》就用了点、面、情结合的描写方法表现了开国大典的活动场面，生动形象地再现了开国大典的盛况。如毛主席站在城楼上、按电钮升国旗、宣读公告等场面中的动作，这就是"点"；课文描写的四个场面，如按电钮升国旗、宣读公告、阅兵仪式、群众游行，这就是"面"；课文结合场面描写，用了一系列精当的语句，表达出人民群众激动、崇仰的感情，如当毛主席宣布"中华人民共和国中央人民政府今天成立了"之后，课文用"这庄严的宣告，这雄壮的声音……"这样的句子，表达了全场三十万人以及全中国人民为新中国的诞生而欢欣鼓舞的心情，这就是"情"。

（六）环境描写

环境描写，是指对人物所处的社会环境和自然环境的具体描写。环境描写分社会环境描写和自然环境描写两类。社会环境指的是特定的时代背景及人物的生活环境，其范围小至一个家庭、一处住所，大至整个社会、整个时代。自然环境是指自然界的各种景物，如季节变化、风霜雨雪、山川湖海、森林原野等。环境描写，有的是用来点明时间、地点以及人物活动的环境，有的是为了烘托人物的性格和思想感情，有的是为了更好地突出文章的中心。

小学语文课本中有的以描写自然环境为主，如《草原》《桂林山水》等，用大自然的美好景色来抒发作者的思想感情。有的以描写社会环境为主，如《北京的春节》《各具特色的民居》，前者展示了丰富多彩的节日风俗，后者表现了傣族竹楼的鲜明特色。教材中更多的是叙事写人的文章，环境描写是为了衬托人物的性格和品质，深化文章的中心思想。

（七）心理描写

心理描写是对人物内心的思想活动、情感活动进行描写，通过描写人物的喜怒哀乐来塑造人物形象和性格。心理描写要符合实际情况，表达真实的感情，不能凭空编造。此外，心理描写应穿插在叙事的过程中，不要太集中，篇幅也不要太多。下面试举一例：

桑娜脸色苍白，神情激动。她忐忑不安地想："他会说什么呢？这是闹着玩的吗？自己的五个孩子已经够他受的了……是他来啦？……不，还没来！……为什么把他们抱过来啊？……他会揍我的！那也活该，我自作自受……嗯，揍我一顿也好！"

《穷人》这一段话把桑娜矛盾的心理刻画得十分细致、真实。她害怕、担心、矛盾，但最后仍然下定决心：收养这两个孤儿，并准备承受丈夫的责罚。这表明桑娜是一个关心他人胜过自己的善良妇女。

三、抒情

抒情，是作者通过作品表达自己或人物的主观感受，倾吐心中情感的一种手法。它能够自然地展现作者想要表达的情感，引起读者共鸣。

（一）直接抒情

直接抒情是指不借助其他手段，直接表白和倾吐自己的思想感情的一种表达方式。直接抒情常常用第一人称，直接表现作者想要表达的思想感情，也叫直抒胸臆。

北京多美啊！我们爱北京，我们爱祖国的首都！

作者用简单的语句，直白地表达对祖国首都北京的热爱之情。

我是多么想念童年住在北京城南的那些景色和人物啊！

作者不借助其他任何事物，直接表达了对童年时代在北京城南遇到的景色和人物的怀念，感情真挚、强烈。

（二）间接抒情

间接抒情是指作者借助某种景象或客观事物，间接地表达思想感情的一种表达方式，即作者把自身所要抒发的感情、表达的思想寄寓在某景某物中，借助多种艺术技巧，委婉地表达真情实感。

一排排搭石，任人走，任人踏，它们联结着故乡的小路，也联结着乡亲们美好的情感。

作者从不起眼的"一排排搭石"中发现了美，借助这个不起眼的搭石，委婉地表达了"乡亲们美好的情感"，实际上是赞美了平凡事物中的生活美。

白杨树从来就这么直。哪儿需要它，它就在哪儿很快地生根发芽，长出粗壮的枝干。不管遇到干旱还是洪水，它总是那么直，那么坚强，不软弱，也不动摇。

这个语段是借助白杨树"从来就这么直"的特点，联想到"那么坚强，不软弱，也不动摇"等的人物性格特点，由此体会到这是"爸爸"在借白杨树表白着自己的心，从而间接地表达了做人要像白杨树一样坚强、正直的思想感情。

四、说明

说明是指用简明扼要的文字，把事物的形状、性质、特征、成因、关系、功用等解说清楚的一种表达方式。小学语文课文中出现的语例主要有举例子、列数字、打比方、作比较4种。语文课标2022年版对第三学段学生阅读说明文提出了明确要求："阅读说明性文章，能抓住要点，了解文章的基本说明方法。"统编版小学语文教材五年级上册也单列了一个说明文单元（第五单元），提出了让学生"了解基本的说明方法"的要求。

（一）作比较

作比较是将两种类别相同或不同的事物、现象加以比较来说明事物特征的说明方法。在说明某些抽象的或者是人们比较陌生的事物时，可以用具体的或者大家已经熟悉的事物和它比较，使读者通过比较得到具体而鲜明的印象。在作比较的时候，可以是同类相比，也可以是异类相比，可以对事物进行"横比"，也可以对事物进行"纵比"。

不少人看到过象，都说象是很大的动物。其实还有比象大得多的动物，那就是鲸。

这段话将象和鲸作比较，以此说明鲸之庞大。这样写，可以突出事物的形状特点，给人留下鲜明的印象。

已发掘的三个俑坑，总面积近 20000 平方米，差不多有五十个篮球场那么大，坑内有兵马俑近八千个。

这段话拿我们熟知的"篮球场"与不熟悉的"俑坑"来进行大小比较。并结合列数字的方法，突出了俑坑的面积之大。

（二）列数字

我们在描写事物时，有时候会根据需要使用一些数字，数字可以直观、准确地写出事物的特点。

远看长城，它像一条长龙，在崇山峻岭之间蜿蜒盘旋。从东头的山海关到西头的嘉峪关，有一万三千多里。

这段话用"一万三千多里"这个具体的数字，准确地写出了万里长城的特点，如果没有这个数字说明，光说长城很长很长，读者只能得到一个模糊的感觉。

目前已知最大的鲸约有十六万公斤重，最小的也有两千公斤。

这句话采用了列数字的方法来说明鲸的体重。用两个具体的数字，分别写出最大的鲸的体重和最小的鲸的体重，表达清晰、直观。

（三）举例子

举例子指的是列举恰当的、有代表性的事例来说明事物主要特点的说明方法。有时为了说明事物的情况或事理，光讲道理，人们不容易理解，这时就需要用一些通俗易懂的例子来具体说明，增强说服力。举例子时常常要用"例如""比如"等标志性的词语。所举的例子要尽量典型、有代表性，同时要通俗易懂，以增强可信度和说服力。

我国发现过一头近四万公斤重的鲸，约十七米长，一条舌头就有十几头大肥猪那么重。它要是张开嘴，人站在它嘴里，举起手来还摸不到它的上腭，四个人围着桌子坐在它的嘴里看书，还显得很宽敞。

这段话有两个句子。第1句用列数字、作比较的方法说明鲸的体态庞大。第2句则进一步用举例子的方法，将鲸的体态庞大的特点写得更具体、更形象，给人的印象也更深刻。

但在五指中，却是最肯吃苦的。例如拉胡琴，总由其他四指按弦，却叫他相帮扶住琴身；水要喷出来，叫他死力抵住；血要流出来，叫他拼命按住；重东西要翻倒去，叫他用劲顶住；要读书了，叫他翻书页；要进门了，叫他揿电铃。

这段话有2个句子。第1句写在五指中，大拇指"最肯吃苦"，内容比较简单；第2句是复句，用"例如"引出6个具体的例子，具体写了大拇指所起的作用，生动地写出了大拇指"最肯吃苦"的特点。

（四）打比方

打比方就是用已知的事物说明未知的事物，用熟悉的事物比喻不熟悉的事物，或用浅显、具体、生动的事物来比喻抽象、难理解的事物，以突出事物的主要特点，将抽象、复杂的事情或事物变得通俗易懂。打比方是说明文中常见的一种说明方法。

说明文中的打比方与修辞格中的比喻基本相同。不同之处是，说明文中的打比方是说理性比喻，是"以其所知，喻其不知，使人知之"，主要作用是将抽象的、陌生的事物说清楚；修辞格中的比喻是描写性比喻，比喻的作用不是重在说明什么，而是为了突出事物的形象，产生渲染气氛的艺术效果。

鲸的鼻孔长在脑袋顶上，呼气的时候浮出海面，从鼻孔喷出来的气形成一股水柱，就像花园里的喷泉一样；等肺里吸足了气，再潜入水中。

这段话里,"鲸呼气时喷出来的气"是许多人都没有看到过的,因此比较陌生,而"花园里的喷泉"是人们比较熟悉的。作者用打比方的说明方法,将鲸呼气时喷出来的气比作花园里的喷泉,使陌生的事物变得形象、具体,给人以深刻的印象。

太阳会发光,会发热,是个大火球。

太阳虽然是人们熟悉的,但"会发光""会发热"这些科学知识并不一定了解,而"大火球"是人们比较熟悉的。这里把太阳"会发光,会发热"这个科学知识与"大火球"这个人们熟知的事物相比,具体而又生动地说明了太阳的特点。

五、议论

议论,即摆事实,讲道理。通过事实和逻辑推理来阐明自己的观点和态度,对某个议论对象发表见解,表明自己赞成什么,反对什么。议论在文章中的作用是使作者阐述的观点鲜明、深刻,同时具有较强的哲理性和理论深度。

统编版语文教材在六年级下册编排了两篇议论文:《为人民服务》和《真理诞生于一百个问号之后》,要求学生在教学中初步建立议论的概念,为中学语文的议论文学习做铺垫。

其实,议论对小学生来说并不陌生。在学校的平时活动中,小学生经常会对同学、老师、父母的言行举止发表自己的看法,这就是议论。如有一个学生在作文中写道:李腊梅因爱管闲事,才当上了"两道杠"的卫生委员。别看她"官"小、个矮,可嗓门儿高。不管是谁做了错事,她非要弄个水落石出,让你认错不可。因此,我把她的名字偷偷改为"辣梅"。

根据上述表情达意的教学内容,结合小学语文教学的实际情况,笔者研发了30多个表情达意智慧技能的教学设计。

第三节　样例分析：对话描写教学设计

对话描写是语言描写中一种常用的表达方式，也是学生学习阅读和习作经常要用的智慧技能。小学语文课文中有许多记事写人的记叙文和文学作品，而对话描写又是这类文章中最常见的表达方式，如一年级许多童话故事中就有不少对话描写的典型语例。因此，对话描写是语文教学的重要内容之一，是语文教师应该承担的教学任务。接下来要解决的问题是：对话描写什么时候教？教到什么程度？要教几次？

（1）对话描写什么时候教？语文课标2022年版的回答是第四学段教。然而语文教学的真实情境是：小学生三年级开始学习写作，写作中必然要用到对话描写，这就要求学生在学习写作前就掌握对话描写的表达技能。同时，小学语文课文里丰富的对话描写典型语例是宝贵的教学资源，理应充分利用。因此，从逻辑上讲，人物对话描写应该从小学二年级开始教。

（2）教到什么程度？这个问题在课程标准中找不到答案，语文教材中只有一些暗示，举例如下。

①二年级下册："朗读课文，注意对话的语气""分角色朗读课文，注意读出恰当的语气"这些要求在四、五、六年级的课文中也经常出现。

②三年级上册第四单元语文园地"词句段运用"：照样子写句子，注意引号的用法。

蚂蚁队长说："照样要受处罚。"

"救命啊！救命啊！"红头拼命地叫起。

"不要紧，"小公鸡说道，"第一次能这样就很不错了。"

③三年级下册第二单元语文园地"词句段语用"：读一读，注意加点的部分，照样子把句子补充完整。

鹿忽然看到了自己的腿，不禁撅起了嘴，皱起了眉头："唉，这四条腿太细了，怎么配得上这两只美丽的角呢！"

◇他_____:"你真是急死我了!"

"真的,一个陶罐!"其他的人都高兴地叫起来。

◇"这次我终于可以好好地玩儿啦!"姐姐_____

从上面几个例子的要求看,二年级强调的是朗读,要求从动作技能的角度进行教学,这是正确的,但没有提出智慧技能的学习要求。三年级上学期教的是"注意引号的用法",示例是人物对话的一个组成部分,教学方法是模仿——"照样子写句子";三年级下学期关注的是把提示语写具体,即教学方法仍然是模仿——"照样子把句子补充完整"。模仿属于低阶思维的浅层学习,没有知识,就无法采用由知识转化而来的智慧学习方法,只能用模仿的机械学习方法。

根据两维教学目标分类表,对话描写作为智慧技能应该教到运用、分析的程度,这里的运用不是简单模仿,而是一种创造性运用。

(3)要教几次?无论是课程标准还是语文教材都找不到答案。这就需要运用现代教学设计的任务分析技术,结合真实语境中的语用逻辑进行科学推断。经分析,对话描写有以下几项具体要求。

①对话描写有两种书写格式:人物对话分段写,一个人说的话是一个自然段;人物对话不分段,一组对话就是一个自然段。

②对话描写中每句话的组成部分是:提示语、说话内容和特殊标点符号。提示语提示说话的人是谁,说话内容是说话人说的具体内容,特殊标点符号指对话中所用的冒号、双引号等。

③提示语的4种形式与标点使用规则:提示语在前面,用冒号;提示语在中间,用逗号;提示语在后面,用句号;不用提示语,只有说话内容,用双引号。

④对话描写规则的运用:能写一组简单的人物对话。

⑤将提示语写具体:在提示语中增加动作、神态、心情等描写,使对话描写更具体、更精彩。

⑥创造性运用:能在真实语境中恰当、灵活地运用对话描写。

依据上述不同要求,可将对话描写的具体要求分为基本技能和高级技能两种。前四条要求属于基本技能，用4个课时即可教会；最后两条要求属于高级技能，尤其是最后一条，含有策略性知识的成分，属于元认知技能，不能在短时间教会，需要阅读教学与专项技能教学相结合，打组合拳。具体达成目标的时间也因人而异，具有不确定性。

根据上面的逻辑推理和任务分析，笔者的团队经研究与上课实践后确定，对话描写在小学阶段要教4次，这4次是指专项技能课，不包括阅读教学。专项技能课的具体目标和内容分述如下。

第一次在二年级下学期教，主要有两个教学目标。

（1）能了解对话描写的两种书写格式。

（2）能说出对话描写中每句话的组成部分。

第二次在三年级上学期教，主要有两个教学目标。

（1）能识别提示语的4种形式与标点的不同用法。

（2）能用提示语的4种形式写一段对话。

统编版语文教材三年级上册有许多课文含有对话描写的典型语例，如《在牛肚子里旅行》《一块奶酪》《总也倒不了的老屋》《小狗学叫》《灰雀》等，第四单元的"词句段运用"中还有关于双引号用法的提醒。

第三次在五年级上学期教，教学目标是：在提示语中增加动作、神态、心情等描写，使对话描写更具体、更精彩。统编版语文教材五年级上学期第六单元《慈母情深》《"精彩极了"和"糟糕透了"》等课文里有不少这类经典的对话提示语语例，有助于达成这一教学目标。

第四次在六年级上册教，教学目标是对话描写的创造性运用：能在真实语境中恰当、灵活地运用对话描写。这是高级智慧技能，五年级上册的"把提示语写具体"的学习要求已经做了前置性的铺垫，这次课程需要进一步启发学生在真实语境中创造性地运用对话描写的方法，让学生能根据实际情景，灵活运用各种描写方法将提示语写生动，以表现人物的性格特点和思想感情。第四单元的《桥》《穷人》《金色的鱼钩》等课文里都有许多精彩的人物对话描写。这些课文中的对话描写为教学提供了丰富的经典语例。限于篇幅，试举一例。

对话描写

（二年级下学期）

◎ 教学内容

对话描写中每句话的组成部分是：提示语、说话内容和特殊标点符号。提示语提示说话的人是谁，说话内容是说话人说的具体内容，特殊标点符号指对话中所用的冒号、双引号等。

对话描写有两种书写格式：（1）人物对话分段写，一个人说的话是一个自然段；（2）人物对话不分段，一组对话就是一个自然段。

◎ 教学目标

1. 能说出对话描写中每句话的主要组成部分。
2. 能识别对话描写书写格式的正误，并正确修改。

◎ 教学准备

1. 课堂上学生用的变式练习题。
2. 课件和课件展示的各种典型语例。

◎ 教学时间

2个课时。

◎ 教学程序

一、激活旧知

1. 谈话导入：在生活中，我们每个人都离不开对话。生活中人与人之间交流、沟通靠的就是对话。在阅读中，我们会发现许多课文里都有人物的对话描写，小朋友编写童话故事时也离不开人物对话。因此，学会对话描写是一项重要的语言表达本领。

2. 揭示课题，这节课我们就来学习对话描写这个本领。（板书：对话描写）

二、指导发现"对话描写"的特征

1. 出示2组对话描写的典型语例。

语例1：《亡羊补牢》。（见图7-1）

> 街坊劝他说:"赶紧把羊圈修一修,堵上那个窟窿吧!"
> 他说:"羊已经丢了,还修羊圈干什么?"

图 7-1　语例 1

语例 2:《坐井观天》。(见图 7-2)

> 青蛙坐在井里。小鸟飞来,落在井沿上。
> 青蛙问小鸟:"你从哪儿来呀?"
> 小鸟回答说:"我从天上来,飞了一百多里,口渴了,下来找点儿水喝。"
> 青蛙说:"朋友,别说大话了!天不过井口那么大,还用飞那么远吗?"
> 小鸟说:"你弄错了。天无边无际,大得很哪!"
> 青蛙笑了,说:"朋友,我天天坐在井里,一抬头就能看见天。我不会弄错的。"
> 小鸟也笑了,说:"朋友,你是弄错了。不信,你跳出井来看一看吧。"

图 7-2　语例 2

2. 指导发现。上面 2 组句子都是写人物的对话。第 1 组是街坊和养羊人的对话,第 2 组是小鸟和青蛙的对话。对话中的每个句子都由三部分组成。读一读,看看是哪三部分?

(1)同桌互动议一议,说说人物对话有由哪三部分组成。

(2)师生互动,在学生自我发现的基础上,揭示人物对话的主要特点:人物对话就是两个或两个以上的人物相互说的话。它一般由三部分组成:提示语、说话内容和特殊标点符号。

3. 指导发现和归纳规则。

(1)明白提示语的概念。

①提示语就是对话中的一些说明性文字,它主要告诉我们这句话是谁说的。例如在"街坊劝他说:'赶紧把羊圈修一修,堵上那个窟窿吧!'"这句话中,"街坊劝他说"就是提示语,说明这句话是街坊说的。(板书:提示语)

②引导学生试着从上述语例中找出提示语。如语例 2 中青蛙和小鸟的对话。

③提示语里的"说"也可以用其他词语来表达,如问、回答、叫、喊等,说一说,你还知道哪些能表示"说"的词语。引导学生说一说,随即出示相关词语,如:问、答、叫、喊、劝说、呼唤、请求、反驳……

（2）明白说话内容的概念。

人物说的话就是说话内容。因为这是人物说的原话，所以要用双引号，表示是谁说的话。注意，双引号要成对使用，前面的引号叫前引号，后面的引号叫后引号。（板书：说话内容）

三、指导冒号和双引号的正确用法

1. 再次出示语例2:《坐井观天》。

（1）仔细观察青蛙和小鸟的对话的书写格式，说说发现了什么问题。（学生互动，讨论）

（2）出示句例的两种写法，引导学生比较哪一句是正确的。（见表7-3）

表7-3　正、反例比较

课文原句	修改后的句子
青蛙问小鸟："你从哪儿来呀？"	青蛙问小鸟： "你从哪儿来呀？"
小鸟说："你弄错了。天无边无际，大得很哪！"	小鸟说： "你弄错了。天无边无际，大得很哪！"

2. 在学生发现与讨论的基础上，教师进行指导。

冒号是句子内的标点符号，写人物对话，提示语的冒号后面要紧跟说话的内容，不能另起一行。修改后的句子的书写格式是错误的，课文原句是正确的。

3. 出示语例3，指导学生识别正误。（如图7-3）。

小蝌蚪游过去，叫着："妈妈，妈妈！"
青蛙妈妈低头一看，笑着说：
"好孩子，你们已经长成青蛙了，快跳上来吧！"

图7-3　语例3

4. 指导冒号和双引号的书写格式。

冒号和双引号是人物对话时不可缺少的标点符号。冒号在提示语的后面，书写时，不能用在一行的开头，下面的格式中，第1句话冒号的位置是正确的，第 2 句话冒号的位置是错误的。

第 1 句：正例。（见图 7-4）

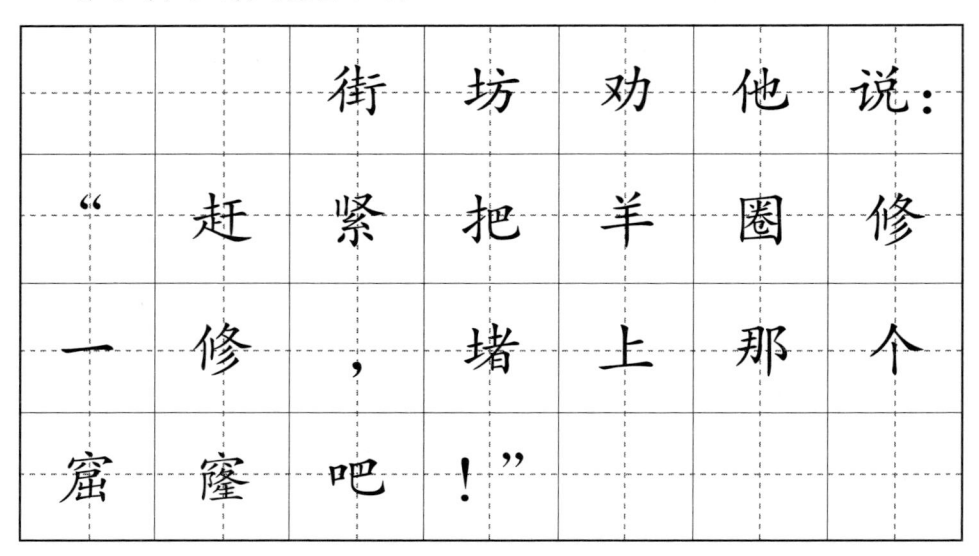

图 7-4　正例

第 2 句：反例。（见图 7-5）

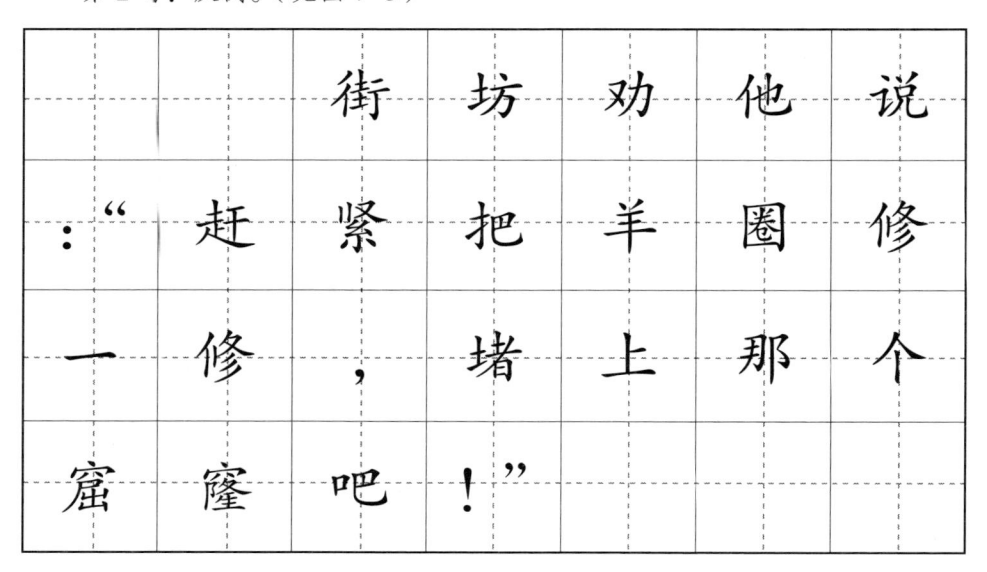

图 7-5　反例

提示：注意双引号的书写格式，后引号与冒号一样，不能用在一行的开头第一格。

5. 教师小结：人物对话就是指两个或两个以上的人物相互说话。它一般由三部分组成，即提示语＋说话内容＋标点符号。提示语提示了这句话是谁说的，说话内容就是人物说的具体内容，因为这是人物说的原话，所以要用双引号表示。

四、变式练习，迁移运用

1. 出示练习题，学生人手一份。（如图7-6）

一、给下面的对话加上标点符号。
老师问　　小明　你怎么迟到了？
小明低着头说　　闹钟铃忘记拨了，我睡过头了。
老师摸摸小明的头说　　哦，原来是这样，以后可要记得拨好闹钟铃呀。
小明说　　好的，我记住了。

图7-6　练习题（三）

2. 学生人人动手做一做，同桌互动对一对。

3. 出示练习答案，全班交流议一议，发现错误改一改。

4. 教师小结。

（1）同学们，通过这一次的练习，我们明白了一组人物对话一般由提示语、说话内容和标点符号组成，有时提示语根据需要会发生变化。

（2）出示口诀，读一读，记一记。

第二课时

一、复习导入

1. 说一说，人物对话主要由几个部分组成。

2. 提示语有什么作用？

二、指导发现对话描写的两种格式

1. 出示两组典型语例。（如表7-4）

表 7-4　典型语例

《一匹出色的马》	《小马过河》
当我们往回走的时候，妹妹求妈妈抱她，说："我很累，走不动了，抱抱我。" 　　妈妈摇摇头，回答说："不行啊，我也很累，抱不动你了。"	有一天，老马对小马说："你已经长大了，能帮妈妈做点儿事吗？"小马连蹦带跳地说："怎么不能？我很愿意帮您做事。"老马高兴地说："那好啊，你把这半口袋麦子驮到磨坊去吧。"

2.指导发现：这两组对话的书写格式有什么不同？

《一匹出色的马》里的对话是分段写的，一个自然段写一个人物说的话。

《小马过河》里的对话不分段，几个人物说的话合在一起写。

3.简要讲解：我们学过的许多课文里有人物对话，它们大多数是分段写的，如《千人糕》《沙滩上的童话》。也有的课文人物对话是不分段的，如《小柳树和小枣树》《小马过河》。这两种对话格式都是可以的，但要注意一点，一篇文章里的人物对话的书写格式前后要保持一致。如果前面是分段写，后面却不分段，这样的格式就有问题了。同学们以后读课外读物时，可以留心人物对话的书写格式，你们会发现里面藏着许多有趣的秘密。

三、指导练习

1.下面做个小练习，将《小马过河》第2自然段的人物对话改成分段表达的书写格式。

参考答案：

有一天，老马对小马说："你已经长大了，能帮妈妈做点事吗？"

小马连蹦带跳地说："怎么不能？我很愿意帮您做事。"

老马高兴地说："那好啊，你把这半口袋麦子驮到磨坊去吧。"

2.学生人人动手写一写，同桌互动对一对。

3.出示答案，师生互动对一对，如有错误改一改。

（特别提示：上述练习只限在课内完成，课外无效，课内写完后教师要立即反馈）

四、引导学生总结，并归纳提示语运用的规则（略）

第八章
修辞运用智慧技能的学与教

修辞运用智慧技能是小学和初中阅读教学的重要目标，是在"文从句顺"基础上更高层次的语言运用。修辞运用智慧技能是建立在修辞手法概念性知识基础之上的。

修辞手法是教学内容，是客观存在的、外在于学生的概念性知识，包括两方面的具体内容：（1）比喻、拟人、夸张、反复、排比、对偶、设问、反问8种修辞手法的概念性知识；（2）真实情景中灵活运用修辞手法的策略性知识。

修辞运用智慧技能是教学目标，是修辞手法的具体运用。修辞运用智慧技能包含两个层次：一是基本技能，由概念性知识转化而来，能在短时间内教会，主要解决的是对不对的问题；二是高级技能，由策略性知识转换而成，主要解决的是好不好、美不美的问题。

修辞教学不仅是小学语文应尽的义务，而且是初中修辞教学的奠基石。

第一节　修辞运用的教学问题和解困策略

20世纪30年代，陈望道先生将"修辞"分为消极修辞和积极修辞两大类。消极修辞的功能是把话说清楚、说明白，对应的是遣词造句和布局谋篇等言语技能；积极修辞的功能是把话说具体、说生动，对应的是表情达意和修辞运用等语用智慧技能。遣词造句、布局谋篇、表情达意已分别在本书第五、六、七章具体阐述，本章的主要内容是修辞运用智慧技能。

一、修辞的知识本质与教学价值

"修辞"一词最早见于孔子的话语："君子进德、修业、忠信。所以进德也，修辞立其诚；所以居业也，知至至之，可与几也、知终终之，可与存义也。"这里有两个要素：其一是忠诚信实，这是增进人文道德的基础；其二是修辞和言语，这可以展现人的诚实品质。此后至20世纪初，在中华民族悠久的历史文化长河中，修辞一直是个常说常新的话题。尤其是修辞实践，历代文人都十分重视雕词琢句，如唐代诗人杜甫就曾说："为人性僻耽佳句，语不惊人死不休。"刘禹锡也曾为此叹道："常恨言语浅，不如人意深。"都表达了作者对语言的孜孜以求，反映了我国古人重视修辞的优良传统。在长期的历史演变中，人们对修辞内涵和外延的认识也不断深化。

陈望道先生在《修辞学发凡》中将修辞的功能分为积极修辞和消极修辞两大类。他认为，修辞原是达意传情的手段，主要为着意和情，修辞不过是调整语辞使达意传情能够适切的一切努力。这句话揭示了消极修辞和积极修辞的不同功能和作用：消极修辞的功能就是把话说清楚、说明白，用孔子的话就是"辞达而已矣"；积极修辞的功能则要求把话说具体、说生动，使话语形象感人。

陈望道论述修辞的字里行间还透露了一个重要的信息——修辞和语言密切相关。《修辞学发凡》全书贯穿了以语言为本的思想，暗示修辞学乃是语言学中的一门分支学科,这给修辞教学带来很有价值的启示。

现代语言学将"语言"分为语言和言语两大范畴。语言是工具,包括语言文字符号和词法、句法等的语法规则,前者是陈述性知识,后者是程序性知识;言语是语言工具的运用,包括言语的过程和结果,两者都是事实性知识。语言是有限的,语言符号和语法规则其数量都是有限的,而言语是无限的,人们说话或写作的过程和结果都是无限的。从语文教学的角度考量,语言是语文教学的核心内容,言语则是学习语言的例子。

同理,修辞也可分为修辞知识和修辞现象两大范畴。修辞知识即概念性知识,是工具,包括消极修辞中调整语言的方法和积极修辞中的修辞格,即修辞手法;修辞现象是修辞的具体运用,包括运用修辞的过程和结果。修辞知识是有限的,如典型的修辞格大致有几十种,语文课程中提出的只有8种,而修辞现象是无限的,人们口里说的、文章里写的各种比喻、拟人、夸张、排比等修辞语句的数量是不计其数的。从修辞教学的角度考量,修辞的概念性知识是修辞教学的核心内容,各种各样的修辞现象则是学习修辞的例子。

小学修辞教学的主要目的是让学生学会修辞手法的运用,即从修辞的概念性知识走向修辞运用智慧技能,用心理学的话表述,就是从陈述性知识转向程序性知识。如何让学生喜欢修辞,善用修辞,是一个需要解决的现实课题。当前的修辞教学效果不理想,主要原因就是将修辞现象作为重点,停留在对修辞现象的欣赏和记诵上。这种现象在我国香港和台湾地区也普遍存在。

我国台湾地区的语文教材中明确编入了修辞格的教学内容。有学者指出,欲提升学生的语文能力,就须从提高语言表达效果的修辞教学入手。修辞教学是语文教学的重要内容,始于提高听读说写的能力,终于训练和提高思维能力、创造性能力。修辞教学秉持"以教师为主导、以学生为主体、以设计为主线"的模式,基于我国小学生认知心理,以学生熟悉的课文为蓝本展开,以期能启发学生积极思考与创新,让学生遨游于语文创作的天空,让语文教学"活"起来。

但这在具体教学中存在不少问题。1992年,有学者在研究内地与香港修辞教学的状况时指出,不论是内地还是香港,都没有把修辞教学提到语文教学的重要位置上，都是以修辞格的辨识为中心的教学模式。这其实是把修辞当作语文教学中的一种点缀，把修辞教学引向了误区。所谓"修辞格的辨识"就是以修辞现象为中心的"例子的识别"，用心理学的话来说，就是只顾着对陈述性知识的记诵，其后果就是小学修辞教学缺乏系统性，修辞格的分类混乱，修辞格的教学体系和方法不科学等弊病。

我国1956年颁布的语文教学大纲曾将修辞格的教学列入语文教学的重要内容。1956年，《人民日报》针对当时社会上语言运用的混乱现象发表社论《正确地使用祖国的语言，为语言的纯洁和健康而斗争！》之后，《人民日报》用大量篇幅连载了语言学家吕叔湘、朱德熙合著的《语法修辞讲话》，全国掀起了学习语法修辞的热潮。

然而，因教学方法不科学，教学效果不理想，修辞与语法一样遭到质疑。无论是课程标准还是语文教科书在小学阶段都不再出现修辞的概念性知识，在初中阶段才有修辞教学的要求：了解常用的修辞方法，体会它们在课文中的表达效果。

二、修辞格的教学问题与语文教师的困境

21世纪印发的3版语文课程标准在附录中都明确列出比喻、拟人、排比、夸张、对偶、设问、反问、反复8种修辞手法。不同时期的语文教材和各种作业练习、考试试题中也都经常出现大量的修辞内容。因此，无论课堂教学还是作业指导，抑或是考试讲评，都无法回避修辞教学。然而，修辞教学的实际效果却很不理想。

（一）语文教师面临修辞教学的尴尬与困惑

实事求是地讲，教材、课程标准对修辞教学还是比较重视的——课文习题中有不少有关修辞手法的练习，语文园地里时不时会冒出一些修辞教学的内容，考卷中更有不少考修辞的题目，语文课程标准的附录里也明确列出了8种常用的修辞手法。

在日常的语文教学中，无论比喻还是拟人，或者是其他修辞手法，只要课文里有，就必然要教。从二年级教到六年级，不断叮嘱，不断重复，教师

教得口干舌燥，学生学得心烦意乱，看上去似乎教师什么都教过了，学生也什么都学明白了，但从技能运用的角度看，其实不然。学生在语言表达应用中，要么完全不用修辞手法，语言表达平淡、苍白；要么就乱用修辞。教师教修辞总是点到为止，学生收获的大都是朦朦胧胧的感觉和印象。下面试举两例佐证之。

（1）《坐井观天》中反问句的教学。

（出示反问句——天不过井口那么大，还用飞那么远吗？）

师：这是什么句子？

生：反问句。

师：对的。现在我们要把它改为陈述句，你会改吗？

生：天不过井口那么大，不用飞那么远。

师：好！同学们，将反问句改为陈述句有这几处要改动——将问号改成句号；去掉疑问词，将否定改为肯定，将肯定改为否定。这几点我们可以用一句话来概括，就是：对着干！你们记住了吗？

生：记住了！

师：我们再来做几道练习题。

…………

（2）《小小的船》中比喻句的教学。

（教师出示一幅弯月的图画）

师：同学们，看了这幅图，你们想一想，这图中的月亮像什么？

生1：像镰刀。

生2：像香蕉。

生3：像眉毛。

生4：像小船。

师：你们说最像什么呀？

（PPT出示"弯弯的月儿小小的船，小小的船儿两头尖。"这句话）

生（齐声）：像小船！

师：为什么像小船呢？

生：……

师：因为两头尖呀。

（让学生在图上指出月亮"两头尖"的地方）

生齐读："弯弯的月儿小小的船，小小的船儿两头尖。"

……

从上述课例中不难看出，教师讲授修辞都是蜻蜓点水。第一个例子中，教师只是讲解了将反问句改成陈述句的方法，至于反问句的概念性知识以及两种句式互相转换的规律，教师却并未讲授。在这堂课上，学生也许能将例句都改对，但课后恐怕就未知了。第二个例子中，教师教的是典型的比喻句，而且在讲课时似乎已经触及了比喻的核心，如"月亮像什么""为什么像小船呢"等的提问，可惜在关键节点上虚晃一枪就结束了，至于教学生怎样将知识转化为技能的这一环节，更是连影子也见不着。

当然，出现上述情况的责任也不全在语文教师身上。许多人认为：小学语文教学应该多读多背、整体感悟，重在培养学生的语感和兴趣，在这个阶段里多教语文知识对学生有害无益；小学作文不要求生动，不讲修辞，只要求字词正确、语言通顺即可；要小学生在表达时运用修辞手法是拔苗助长、强人所难。这就给修辞教学人为地设置了障碍。

（二）课后练习与考试评价中的修辞考题乱象

每学期语文试卷中有不少考修辞手法的题目，市面上众多的教辅资料中涉及修辞的练习题更是多如牛毛。其中不少题目，别说是小学生，就是语文教师也常常搞不清。下面试举几例佐证之。

"大兴安岭多么会打扮自己呀：青山作衫，白桦为裙，还穿着绣花鞋。"运用了哪些修辞手法？

分析：这是某地六年级期末考试中一道题目。这是一个复句，其中第1、第4两个分句是拟人句，第2、第3两个分句是比喻句，因此这一个句子运用了比喻和拟人两种修辞手法。但学生若没有复句的概念，则很难正确解答。教师阅卷时出现了分歧，有的说是比喻句，有的说是拟人句，有的说比喻和拟人都有，最后大家一致认为，这三种情况都对。这样的考题还有什么意义？这道题的正确答案应该有且只有一个：这个复句运用了比喻和拟人两种修辞手法。

将句子改成拟人句：果园里，麻雀叽叽叫。

这是某校试卷中的题目。一名学生改写为：果园里，麻雀叽叽叫，好像少女在唱着动听的歌。

分析要点：学生改成了比喻句，不符合拟人句的改写要求。这道题的解答关键是学生脑子里要有比喻和拟人的概念，而现实情况是学生分不清，有的老师也不清楚。在阅卷时，有些教师只看到"唱着动听的歌"是人特有的动作，就判定学生改写的是拟人句，答题正确。由此，错误变成了正确，正确的反而成了错误。

"看，海边上不是还泛着白色的浪花吗？那是些俏丽的白桦，树干是银白色的。"这句话运用了什么修辞手法？

这是某区六年级期末考试的一道题目。分析要点：学生能答对这道题的前提是能辨别反问句和设问句。从表面看，这个句子好像是设问句，具有自问自答的特点，而实际上是反问句，这可以用"反问句可以改为陈述句"的方法来判断。"海边上不是还泛着白色的浪花吗？"可以改成陈述句"海边上还泛着白色的浪花。"而设问句是不能改为陈述句的，至于后面的那句话，不是对前一句的回答，而是对"白色的浪花"的补充说明，后一句的代词"那"指代的就是前一句中的"白色的浪花"。这些知识原理其实许多语文教师也辨别不清，最终的荒谬结果往往是：学生做对了要扣分，做错了反而可得分。

上述例子在语文教学中并不少见。语法、修辞运用的知识正是语文教学最需要而又最短缺的核心内容。

三、修辞教学的解困路径：突围、创新、实践

（一）突围

修辞教学要走出困境，首先要探明"困"在何处。修辞教学最大的"困"就是淡化知识、去知识化。教师应在课堂教学中潜移默化地讲授修辞知识，帮助学生打好语文学习的基础。

现代教学心理学的研究表明，质量最佳、效率最高的教学路径应能帮助

学生将知识转化为技能。要切实提高修辞教学的质量和效率，就必须从修辞知识的教学开始。修辞知识是修辞教学的起点，培养学生灵活运用修辞手法的综合能力是修辞教学的终极目标。综合能力是由各类专项智慧技能综合构建而成的，没有专项智慧技能，综合能力只能是空中楼阁。因此，修辞教学从知识起点到能力形成之间有一个不间断的过程，这个过程就是一项项智慧技能的形成过程。北京师范大学教授王宁指出：我们一再提出提高语言文字运用能力必须语理和语感并重，有语理指导的语感才可能是理性、健康的语感；而形成了语感，母语才能应境而用、应时而用，成为人的素养品质的一部分。对修辞教学来说，"语理"就是修辞知识。

再从当前数字时代与人工智能的发展趋势看，人工智能在许多领域将超越甚至取代人的工作。透过现象看本质，人工智能实际上是一系列自动化的程序，而这些程序都是人脑编制的，其背后的原理就是"知识转化为技能"。如果知识是正确的，人工智能给人类带来的是福音；如果知识是错误的，给人类带来的将是灾难；如果去知识化，人工智能就是一堆废铜烂铁。

综上所述，修辞教学必须遵循学生学习语文的科学规律，及时给学生以清晰的修辞格知识概念和规则，使修辞教学从模糊的感悟体验式教学法，走向智慧技能训练新样态。

（二）创新

重围突破后面临的就是创新。以往的修辞教学有两种形态，一种是以传授修辞知识为主，心理学理论和教学实践都已证实，这种教学效果最差。另一种是以感悟修辞现象为主，即感悟、体会或赏析课文里各种比喻句、拟人句、排比句等具体的优美语句，这种教学法同样被证实是低效甚至无效的。上述两种教学形态效果差，究其根源，就是没有弄清楚修辞知识和修辞现象之间的逻辑关系。修辞知识是人们从大量的修辞现象中提炼出来的概念性知识，数量有限；修辞现象是修辞知识的例证，是一个个具体的例子，数量是无限的。语文课要教的是修辞运用智慧技能，能转化为技能的主要是修辞知识，修辞现象则是知识转化技能过程中所凭借的例子。

基于修辞知识的模糊性和复杂性，要创新教学形态，需要建构阅读课中的感悟与专项技能课中的训练协同配合的教学策略，通俗地讲，就是修辞知识的教学与技能训练要打组合拳。阅读教学的目标是多元的，修辞教学只是诸多目标中的一元，教学方法主要是感悟、体验、积累，让学生习得陈述性知识。专项技能训练不同，目标单一，教学方法主要是发现、解释、变式练习，核心环节是"举三反一"和举一反三，学生习得的是修辞运用的智慧技能。从"举三反一"到举一反三再到迁移运用，教师教得清清楚楚，学生学得明明白白，耗时少，效率高。

（三）实践

2014—2017年，笔者在浙江省宁波市白鹤小学开展了为期三年的修辞教学专题研究。白鹤小学是一所街道小学，全校共16名语文教师，没有名师，生源也很一般。本课题研究是面向大多数学生的以提升教学质量为宗旨的实证研究，该学校是一个不错的选择。

为了保证本专题研究的质量和效果，笔者与学校领导约法三章：（1）不宣传，避开急功近利的干扰和名利喧嚣；（2）不争论，对于研究期间的培训内容，教师不要争论，因为这些观点不是拍脑子想出来的，而是根据科学心理学原理推导出来的；（3）三年研究期间，学校不另外请其他专家或名师，避免其他观点的干扰。非常荣幸，学校领导赞同笔者的观点，本专题研究也得以顺利进行。全校16名语文教师人人参与，许多教师由一开始不理解到后来理解和支持再到最后全身心投入，在这一过程中发生了许多感人的事迹，教师的知识与教学水平也有了很大的提高。

辛勤耕耘换来了丰硕的成果。三年来，团队共开发了16个修辞教学的专项技能教学设计，每一名教师都在自己的班级进行了课堂教学实证检验，学生的修辞运用技能明显提高了。

第二节 修辞运用的教学内容和教学目标

一、修辞教学的内容和目标

修辞手法是教学内容,是客观存在的、外在于学生的、人类共享的概念性知识,包括两方面的具体内容:比喻、拟人、夸张、反复、排比、对偶、设问、反问等修辞手法的概念性知识和语用规则,以及能在真实情景中灵活运用修辞手法的策略性知识。

修辞运用智慧技能是教学目标,是修辞手法的具体运用,是预期的学生的学习结果。修辞运用智慧技能包含两个层次:一是基本技能,能在短时间内教会,主要解决的是对不对的问题。如识别、判断一个句子是不是比喻句,能按要求正确写一个比喻句等;二是高级技能,需要一定的时间才能掌握。如能在具体的真实情景中灵活运用各种修辞手法等,解决的是好不好、美不美的问题。

运用两维教学目标分类表,能更清楚地展示修辞运用的教学内容和教学目标之间的各种关系。(见表8-1)

表8-1 修辞运用教学两维目标分类表

教学内容 (知识维度)	掌握水平(认知过程维度)					
	记忆	理解	运用	分析	评价	创造
比喻		识别正误	写比喻句	区分各类比喻	评价优劣	
拟人		识别正误	写拟人句	区分比喻与拟人	鉴赏效果	
夸张		识别正误	写夸张句		鉴赏效果	
反复			写反复句			
排比		识别正误	写排比句		鉴赏效果	
对偶		识别正误	写对偶句			
设问		识别正误	写设问句	区分设问与反问	鉴赏效果	
反问		识别正误	写反问句	区分肯定与否定	鉴赏效果	

上述"教学内容"中的8个项目都是修辞手法的概念性知识，表格中间部分就是"教学目标"，是教学内容达到认知过程维度中的某种水平。

（1）分类表"教学内容"中的8个项目除"反复"之外都有"识别正误"的教学目标要求，"反复"在小学课文中出现的语例不多，要正确识别需要有较高的思维发展水平，放在初中阶段进行教学比较合适。识别正误在"认知过程"维度属于理解的水平，是最低教学要求。

（2）比喻、拟人、设问和反问4个项目有"区分比喻与拟人""区分设问与反问"等教学目标要求，比喻和拟人、设问和反问易混淆，因此学生能分析它们各自的典型特征及相互之间的区别很重要。例如在学习比喻手法时，学生就需要区分明喻与暗喻、说明性比喻和描写性比喻等的不同特点。这些内容在认知过程维度中都属于分析的水平，其他修辞手法在小学没有这个要求。

（3）比喻、拟人、夸张、排比、设问和反问6个项目还有"评价优劣"或"鉴赏效果"的教学目标要求，这在认知过程维度中属于评价的高阶思维水平。反复和对偶在小学阶段没有这个要求。

（4）认知过程维度中的最高级别的思维水平是创造，即创意表达。这是修辞运用智慧技能教学的理想目标，对小学生来说要求偏高，因此不作为教学目标。

二、常用修辞手法的概念性知识

在进行修辞手法教学时，需要结合小学语文教材里的典型语例，用小学生容易接受的话语进行通俗易懂的说明。下面简要阐述8种常用修辞手法的教学内容与教学构想。

（一）比喻

比喻是使用最频繁的一种修辞手法。打开小学语文教材，绝大部分课文中都有比喻句。比喻句的主要特征是依据两种事物之间的某个相似点，把一个事物比作另一个事物，因此比喻句必须具备三个要素：本体、喻体和相似点，其中相似点是比喻的灵魂。比喻还有一条有争议的规则，传统观点认为，本体和喻体应是非同类事物，但现代修辞学界对此做了修正和补充，认为同类的事物也可构成比喻，关键是本体和喻体在内涵和外延上不重合且有相似点。如："老师是辛勤的园丁。"老师和园丁都是人，但其职业特点不同，是两种不同类型的人，其相似点是"勤劳的品质"。选择典型语例时，现代修辞学界提出的这条修正与补充是重要的参考标准。

从小学语文教学的特点看，要想学好比喻手法，除了要掌握比喻句的关键三要素，还要掌握明喻和暗喻，说明性比喻和描写性比喻等各类比喻句的特点，以及根据语境判断句子优劣和灵活运用比喻手法等语用技能。

明喻和暗喻都具有本体、喻体和相似点三个核心要素，两者的不同之处在于：明喻是含有"像""好像""仿佛"等比喻词的比喻句，暗喻则是运用"是""成为""变成"等连接词的比喻句。从表达效果看，明喻的表达一般比较婉转、舒缓，如："一本自己喜欢的书仿佛是一位好朋友。"暗喻的表达则干脆、有力，如："一本自己喜欢的书就是一位好朋友。"

说理性比喻就是用简单的或人们熟悉的事物比喻复杂的、陌生的事物，即"以其所知，喻其不知"。描写性比喻则是文学作品中常用的修辞手法，常用含文学色彩的语言把人物或事物比喻成另一种事物，给人以深刻鲜明的印象，增强事物的可感性和语言的感染力。

从技能的角度考量，比喻手法的运用包含两种水平：一种是基本技能，这种技能是由概念性知识转化过来，学生能在短时间内学会，基本技能的评价一般是有标准答案的；另一种是高级技能，即学生能在具体的真实情景中灵活运用比喻手法。高级技能是没有标准答案的，由策略性知识转换而成，学生很难在短时间内学会。

例句："运动会上，小明像野狗一样窜了出去。"

对照比喻句的概念性知识，这句话里本体、喻体、相似点三要素俱全，显然这是比喻句。但判断其好不好需要结合具体语境，脱离具体语境是很难判断其优劣的。

根据小学语文教学的特点和教材中的比喻句典型语例，笔者研发了4节比喻句专项智慧技能课的教学设计，在第二、三学段中每学年各安排一个课

时进行教学，并根据教材的课文内容和典型语例精准定位到某个学期某个单元。（见表8-2）

表8-2　比喻句专项智慧技能教学序列

比喻句 三年级第一学期	明喻和暗喻 四年级第二学期	说明性比喻和描写性比喻五年级第一学期	灵活运用比喻手法 六年级第二学期
教学目标： 1.能说出比喻句中的本体和喻体，并说出其相似点； 2.能识别句子正误，修改比喻不恰当的句子	教学目标： 1.能说出明喻句和暗喻句的不同特点和作用； 2.能根据语境恰当地选用明喻和暗喻手法	教学目标： 1.能识别说理性比喻和描写性比喻的不同特点和作用； 2.能用两种比喻手法写比喻句	教学目标： 1.能结合语境判断比喻手法运用的优劣； 2.能根据语境恰当、灵活地运用比喻手法

（二）拟人

拟人的主要特点是将非人类的事物人格化，将事物当作人来写，即把本来不具备人类特点的事物变成像人一样，具有人独有的思想感情和动作行为，将事物表现得更生动、更形象。

学生容易混淆拟人句和比喻句。比喻句的主要特点是具有本体、喻体和相似点三个要素，其中喻体是确定的，必须出现，本体在明喻和暗喻中也必须出现。如："弯弯的月亮像小船。""老师是辛勤的园丁。"简单地说，比喻句就是把甲比作乙。拟人句的特点与比喻句不同，本体是确定的，必须出现，而拟体是不确定的，不出现，但可以根据描写拟体的词语去推断。如："大兴安岭多么会打扮自己呀！"句中"会打扮自己"指的是谁？不确定，可以是小姑娘，也可以是小伙子或其他什么人。由此可发现一个识别拟人句的小技巧：可以将本体"事物"换成"人"。如上面的拟人句可以将"大兴安岭"换成"小姑娘"，即"小姑娘多么会打扮自己呀！"比喻句就不行，如："阳光像顽皮的孩子跳进了我的家。"若将本体"阳光"换成"孩子"，变成了"孩子像顽皮的孩子"，就不像话了。由此可见，拟人句就是把某物当作人来写。比喻句和拟人句又具有内在联系，如比喻句删去比喻词和喻体，再稍加润色，就成了拟人句。反之亦然，拟人句补上比喻词和喻体，就变成了比喻句。根据小学生的学习特点，拟人句教学要重点把握以下知识要点。

（1）拟人和比喻的区别。判断的标准是：拟人句是把事物当人来写，使事物具有与人一样的思想、感情和行为，句中没有比喻词。而比喻句是将此物比作彼物，即将甲比作乙，常常带有比喻词。

（2）拟人与拟物的区别。拟人是把非人类的事物当作人来写，拟物是把人当作物，或把此物当作彼物来写，二者同属于比拟。小学阶段主要教拟人手法，因此应把拟人句作为正例，拟物的句子作为反例，指导学生识别正误。如："这些闪电的影子，在大海里蜿蜒游动。"动词"游动"不是人特有的动作，因此不是拟人句。可以以此让学生更加理解拟人句的特点。

根据拟人句的教学特点和课文中出现的典型语例，笔者研发了3节拟人句专项智慧技能课的教学设计，分别在四年级第二学期、五年级第一学期、五年级第二学期各安排1个课时进行教学，并根据课文内容和典型语例精准定位到某个学期某个单元。（见表8-3）

表8-3　拟人句专项智慧技能教学序列

拟人句 四年级第二学期	拟人句与比喻句 五年级第一学期	恰当运用拟人手法 五年级第二学期
教学目标： 1. 能说出拟人句的特点，识别正误； 2. 能正确改写拟人句	教学目标： 1. 能识别拟人句和比喻句； 2. 能将比喻句改成拟人句	教学目标： 1. 能正确修改错误的拟人句； 2. 能根据语境特点恰当、灵活地运用拟人手法

（三）夸张

夸张手法的主要特点是通过想象，用超越现实的说法，有目的地放大或缩小事物的某些特点，以达到渲染气氛、加强语势、突出事物特征、增添幽默感等表达效果。

夸张手法有许多种类，小学生主要掌握两类，一类是扩大的夸张，故意把客观事物说得大、多、高、强、深。如《晏子使楚》一文中的"大伙儿把袖子举起来，就是一片云；大伙儿甩一把汗，就是一阵雨；街上的行人肩膀擦着肩膀，脚尖碰着脚跟。"就是扩大的夸张，对事物的夸大升级，强调了楚国人的多。另一类是缩小的夸张，故意把客观事物说得小、少、低、弱、浅。如《七律·长征》中的诗句："五岭逶迤腾细浪，乌蒙磅礴走泥丸。"把五岭和乌蒙山缩小化，表现出红军战士不畏天险的精神。

统编版小学语文教材中，第一学段的课文里夸张句比较少见，第二学段及之后夸张句开始出现，第三学段开始大量出现，且在五年级许多课文中还是中心句、重点句。因此，夸张句的教学在第三学段进行比较合适。五年级的学生主要是认识夸张句，六年级的学生则应能恰当灵活地运用夸张手法。

根据夸张句的特点和课文中出现的典型语例，笔者研发了2节夸张句专项智慧技能课的教学设计，分别在五年级第一学期、六年级第一学期各安排1个课时进行教学，并根据课文内容和典型语例精准定位到某个学期某个单元。（见表8-4）

表8-4　夸张句专项智慧技能教学序列

认识夸张句 五年级第一学期	灵活运用夸张手法 六年级第一学期
教学目标： 1. 能说出夸张句的特点和表达效果，识别句子正误； 2. 能用夸张手法改写句子	教学目标： 1. 能识别不同类别的夸张句； 2. 结合语境判断夸张句运用的优劣； 3. 能根据语境特点恰当、灵活地运用夸张手法

（四）排比

排比是一种常用的修辞手法，主要特点是把三个或三个以上意义相关或相近，结构相同或相似，语气一致的词语或句子排列起来，形成一个整体，达到增强情感和语势的表达效果。排比句的运用，能给人以层层递进、节奏鲜明、气势畅达之感，有助于提高学生的语用技能和表达水平。

排比从不同的角度可以进行不同的分类。如根据语言单位的不同，可分为短语的排比、句子的排比和段落的排比。小学语文主要涉及的是短语和句子的排比，即排比句。在习作时适当运用排比句能帮助学生提升习作水平。

排比句各分句的关系之间大致有三种类型。

（1）并列式，如："梨树挂起金黄的灯笼，苹果露出红红的脸颊，稻海翻起金色的波浪，高粱举起燃烧的火把。"这是由4个分句组成的并列复句。

（2）承接式，如："凌晨四点，牵牛花吹起了紫色的小喇叭；五点左右，艳丽的蔷薇绽开了笑脸；七点，睡莲从梦中醒来；中午十二点左右，午时花开放了；下午三点，万寿菊欣然怒放；傍晚六点，烟草花在暮色中苏醒。"各分句有先后顺序，不能调换位置。

（3）递进式，如："人们都爱秋天，爱她的天高气爽，爱她的云淡日丽，爱她的香飘四野。"各分句的内容具有层层递进的情感内涵，不宜调换顺序。

根据上述特点，笔者研发了3个课时的排比句专项智慧技能教学设计，分别安排在四年级第二学期、五年级第二学期、六年级第一学期，根据教材特点可以精准定位到某个单元。（见表8-5）

表8-5 排比句专项智慧技能教学序列

认识排比句 四年级第二学期	学写排比句 五年级第二学期	灵活运用排比手法 六年级第一学期
教学目标： 1.能说出排比句的特点； 2.能辨识排比句，感受它的表达效果	教学目标： 1.能将一个句子改成排比句； 2.修改有语病的排比句	教学目标： 1.能说出各类排比句的表达效果； 2.能根据具体的语境写出适当的排比句

（五）对偶

对偶，就是两两相对，达成整齐之美，即将一对结构相同、字数相等、平仄相对的句子（或词组）对称地排在一起，表示相似、相关或相反的意思。对偶的一般规则是名词对名词，动词对动词，形容词对形容词，副词对副词，以此达成整齐的音韵美、节奏美、均衡美、对称美。

对偶从内容上可分为正对、反对和串对三种情况。

（1）正对：前后两句内容相关，从两个侧面表现同一事物或事理，起到相辅相成的效果，如："两个黄鹂鸣翠柳，一行白鹭上青天。"

（2）反对：前后两句内容相反，对比鲜明，跌宕起伏，如新与旧、好与坏、美与丑等矛盾对立的两个方面，取得对立统一的表达效果，如："谦虚使人进步，骄傲使人落后。"

（3）串对：又叫流水对，前后两句的内容在意义和语法上有因果、条件、假设等前后承接的关系，在语言结构上有一定的前后顺序。如："欲穷千里目，更上一层楼。"

对偶从形式上可分为严式对偶和宽式对偶两种。

（1）严式对偶：要求前后两句字数相等、结构相同、词性相对、平仄相对，且不能重复用字。如杜甫的诗句："国破山河在，城春草木生。"这种对偶在中国古代的骈体文、律诗中应用最多。

（2）宽式对偶：只要求部分达到严式对偶的要求，不那么严格。为适应内容表达的需要，现代诗文所使用的对偶就冲破了严式对偶的一些限制，只要结构相同、字数相等、表达的意义相称就可以。

对偶句的典型代表是对联。对联，雅称楹联，俗称对子，主要特点是对仗工整、平仄协调、言简意深。对联形式多样，但必须具备以下特点：一要字数相等，断句一致，上下联字数必须相同，不多不少；二要平仄相合，音调和谐，传统习惯是"仄起平落"，即上联末句尾字用仄声，下联末句尾字用平声；三要词性相对，位置相同，要求名词对名词、动词对动词、形容词对形容词、数量词对数量词、副词对副词，而且相对的词必须在相同的位置上；四要内容相关、上下衔接，上下联的含义必须相互衔接，但又不能重复。

统编版小学语文教材在第一学段就开始出现对偶的句子——对对子。如一年级上册的《对韵歌》，下册的《古对今》，四年级又出现了对联的内容。根据对偶句的独特之处，结合语文教材的相关内容，笔者研发了3个课时的对偶句专项技能教学设计，分别安排在二年级第一学期、四年级第一学期、五年级第一学期，具体单元根据教材灵活安排。（见表8-6）

表 8-6　对偶句专项智慧技能教学序列

对对子 二年级第一学期	对联 四年级第一学期	对偶句 五年级第一学期
教学目标： 1. 能读出单字对和双字对的节奏感； 2. 能根据上文的词语对出下文的词语	教学目标： 1. 能说出对联的主要特点，识别正误； 2. 能写简单的对联	教学目标： 1. 能说出对偶句的主要特点和表达效果，识别正误； 2. 能写简单的对偶句

（六）反复

反复也是常用的一种修辞手法，其主要特点是：为了强调某种情感、语意，连续或间隔使用同一词语、句子或句群。反复区别于其他句子的重要特点是重复性，且这个重复性是有意义的，它对文章情感的抒发、语意重点的突出均有重要作用。

从形式上看，反复主要分为连续反复和间隔反复。连续反复指连续出现同一个词语、词组、句子或语段，中间没有间隔，例如《找春天》中的"春天来了！春天来了！"间隔反复指同一个词语、词组、句子或语段不连续出现，在文章的不同地方间隔出现，例如《难忘的泼水节》中的"多么幸福啊，1961 年的泼水节！""多么令人难忘啊，1961 年的泼水节！"

从内容上看，反复主要分为词语反复、句子反复、语段反复等类型。如《难忘的一课》中的"我是中国人，我爱中国"一句反复出现，即句子反复。

小学语文教材中的反复句主要出现在诗歌或者带有诗歌韵味的散文中，其作用主要是表达某种强烈的情感，强调某种语意或者加强文章语言的节奏感。语文教材中没有与反复句相关的教学要求，因此，学生达到识别正误的水平即可，专项技能教学建议安排 1 个课时即可。

（七）反问

反问是一种常用的修辞手法，主要特点是明知故问、只问不答，答案就藏在问题里，其实就是用疑问的形式表达确定的意思。语文教师常常把采用反问手法的句子称为反问句。反问句结尾一般用问号，有些特殊的句子也可用叹号。反问句的语气要比一般的陈述句更强,感情色彩也更加鲜明。

反问句和疑问句都是提出问题,句末一般都是问号,但两者有明显的不同:疑问句是心中有疑问,提出问题希望对方回答;反问句是明知故问,答案已经藏在问句中,不需要别人回答。两者的语气语调也有很大不同,疑问句一般带着疑惑的语气,句末语调上扬,反问句则没有疑惑的语气,常带有反诘的语气,句末语调下降,反问词读重音。

反问句有肯定式反问和否定式反问两种类型。肯定式反问句的特点是:字面的意思是肯定的,实际意思是否定的。否定式反问句的特点是:字面的意思是否定的,实际意思却是肯定的。如:"叶子上的虫还要治?"字面意思是肯定的——要治,实际意思却是否定的——不用治。再如:"马跑得越快,离楚国不是更远了吗?"字面意思是否定的——不远,实际意思却是肯定的——更远了。

反问句可以改为陈述句,陈述句也可以改为反问句,改写的规则如下。

(1)删去"难道""怎么"等含有反问语气的词语,将句末问号改为句号。

(2)将肯定式反问句中表示肯定的词语改成否定的词语。

(3)将否定式反问句中表示否定的词语改成肯定的词语。

由于反问句比一般的陈述句语气更强,感情色彩更浓烈,由此会产生两种不同的效果。一种是为了表达某种强烈的思想感情,增强语言的感染力。另一种是为了反驳对方的观点,用激问的方式或责难的语气表达自己的反对意见或不满情绪。在日常生活的口语交际中,对长辈、上级用反问的语气往往会引起对方的反感,因此要慎用。

根据反问句的特点,结合语文教材的相关内容,笔者研发了3个课时的反问句专项智慧技能教学设计,分别安排在二年级第二学期、四年级第二学期、六年级第一学期,根据教材特点可以精准定位到某个单元。(见表8-7)

表 8-7　反问句专项智慧技能教学序列

认识反问句 二年级第二学期	肯定式反问与否定式反问 四年级第二学期	合理运用反问句 六年级第一学期
教学目标： 1. 能读出疑问句和反问句的不同语气； 2. 能识别疑问句和反问句	教学目标： 1. 能辨别肯定式反问句和否定式反问句； 2. 能将反问句改为陈述句，将陈述句改为反问句	教学目标： 1. 能根据具体语境修改有错误的反问句； 2. 能根据不同的交际语境合理使用反问句

（八）设问

设问是一种应用较广的修辞手法。设问的主要特点是自问自答，以此突出主要观点，吸引读者注意。设问句一般要有两个部分，前面提出问题，后面自我解答，能够自我解答就说明前面的问题不是为了发出疑问，而是为了达到某种表达效果。

设问句与反问句有时容易混淆。辨别设问句和反问句有两条规则：（1）反问句的特点是有问无答，即用疑问的形式表达肯定或否定的意思，不需要回答；设问句是自问自答，即自己提出问题自己回答问题，只有看了后面的回答后才能明白前面提问的目的；（2）反问句能改成陈述句，而设问句不能改为陈述句。比如某区六年级期末考试中的一个句子："看，海边上不是还泛着白色的浪花吗？那是些俏丽的白桦，树干是银白色的。"看似有设问句"自问自答"的特点，但从反问句的角度看，这句话可以改为陈述句："海边上还泛着白色的浪花。"至于后面的句子，并不是对前面问题的回答，从"那是"可看出是对"银白色的浪花"的补充说明。

设问句用在开头、中间、结尾时有不同的表达效果。设问句放在文章开头，能制造悬念，引发读者的阅读兴趣，如统编版语文教材五年级上册习作例文《风向袋的制作》的开头："风无影无踪，我们怎样才能知道它是从哪个方向吹来的呢？可以借助一些容易随风飘动的物体，比如风向袋，根据它飘动的方向判断风向。"设问句放在文章的中间，能起到承上启下的过渡作用，不仅可以使文章结构更严谨，还可以制造悬念，引发读者继续阅读的兴趣，如四年级上册《夜间飞行的秘密》第二自然段中："在漆黑的夜里，飞机是怎么做到安全飞行的呢？要想了解其中的秘密，我们可以从蝙蝠说起。"设问句放在文章后面，不仅能起到总结提示的作用，还有利于拓展阅读空间，如二年级下册《雾在哪里》的最后一段："雾呢？消失了，不知到哪里去了。"

小学语文教材从一年级就开始出现设问句。如一年级上册《比尾巴》中："谁的尾巴长？谁的尾巴短？谁的尾巴好像一把伞？猴子的尾巴长，兔子的尾巴短，松鼠的尾巴好像一把伞。"二至六年级的课文里设问句的出现频率更高。对于小学生来说，设问句特点鲜明，大多数学生经过教学都能正确识别。对于教师来说，教学的关键在于让学生体会设问句在具体语境中的表达效果，让学生认识设问句在表达上的多种作用，在写作中合理使用设问句。

根据设问句的特点和语文教材的相关内容，笔者研发了3个课时的设问句专项智慧技能教学设计，安排在五年级第一学期、五年级第二学期、六年级第一学期，根据教材特点可以精准定位到某个单元。（见表8-8）

表8-8 设问句专项智慧技能教学序列

认识设问句 五年级第一学期	设问句与反问句 五年级第二学期	运用设问句 六年级第一学期
教学目标： 1.能说出设问句的特点； 2.能从各种问句中找出设问句	教学目标： 1.能识别设问句和反问句； 2.能根据具体的语境写出适当的设问句	教学目标： 1.能说出设问句在文章不同位置中的表达效果； 2.能恰当运用设问句

第三节　阅读与专项技能课型组合专题研讨

2014年,《小学语文教师》编辑部走进浙江省宁波市白鹤小学,以拟人句教学为专题开展"辩课进校园"研讨活动。这次活动展示了两节不同性质的课,一节是阅读课《乡下人家》,由青年教师严洁执教,另一节是专项技能课《拟人句》,由教导主任蔡婷尔执教。编辑部专家、宁波市名师和学校教师们围绕这两节课展开了研讨。下面是这次活动的纪要,两堂课的课堂实录参见《小学语文教师》2014年第9期。

"辩课进校园"走进宁波市白鹤小学

欣赏与训练双轨运行,知识与技能协同共赢

◎ 主持人：陈金铭

◎ 引子：为什么教拟人句？

陈金铭(《小学语文教师》编辑部)：辩课前,我们首先来研讨一个问题:为什么要教拟人句？

黄海晔(宁波市名师)：在小学语文教材中,拟人句从一年级至六年级都有呈现,蔡老师课堂上出示的五个例句都来自教材。课标附录中的修辞格有八种,拟人句排在第二。第二学段"习作"中明确要求:把自己觉得新奇有趣或印象最深、最受感动的内容写清楚。这就要求我们在指导习作时要明确目标,要教会学生运用修辞手法。一年级学生积累了很多词语,比如ABB式、AABB式,其中就运用了累叠的修辞方法。从这个角度说,拟人句教学,甚至修辞教学是很有必要的。

蔡婷尔(宁波市白鹤小学教导主任)：我结合我儿子的事例谈一谈。一年级试卷中有一道试题:根据例句"苹果好像笑脸。"仿写"＿＿＿＿＿＿好像＿＿＿＿＿＿。"我儿子当时写的是:"我好像读懂了这本书。"老师批改时认为句子难以理解，便认为造句错误。当时，我就想到了我们正在开展的"智慧技能训练"。在修辞教学方面，与其老师模模糊糊地教，孩子糊里糊涂地学，还不如一开始就将清晰明了的概念教给孩子。

◎ 辩题一：感受不同课型的拟人句

陈金铭：今天的主题是"有关拟人句的专项训练"，这是一个新的东西，我们对待新事物应该先包容，再完善，这是做学术的基本原则。下面先请两位执教教师简单说说备课的想法。

严洁（宁波市白鹤小学教师）：《乡下人家》是一篇语言优美、富有诗情画意的写景散文，教学中可选择的讲解点很多。我选择了三个内容，分三个板块进行教学：一是检查预习，二是抓中心句及关键词理解课文，三是拟人句的教学。在教学中，我围绕"独特""迷人"这两个关键词，先让学生感知独特的景，然后让学生体会作者用了什么方法把独特的景写得这般迷人，从而引出文中的三个拟人句，并体会拟人句在不同语境中所表达的不一样的情感和作用，领略拟人手法的妙用。接着，在赏析的基础上，我让学生进行拟人句的仿写。教师可以出示文中描写花儿的句子，同时联系三年级学过的课文《花钟》，引导学生抓住芍药、凤仙、鸡冠花、大理菊各自的特点，展开合理想象，仿写拟人句。

蔡婷尔：拟人句是小学语文课文中经常出现的一种句式，是经常使用的一种修辞手法。从教材和配套作业中拟人句出现的频率，以及小学句子教学的目标来看，拟人修辞教学还是很有必要的。但是，如果光靠平时零零散散的阅读教学，学生是很难掌握这项技能的。所以，我们采用了专项智慧技能训练的新课型，根据学生语文学习的心理学规律，从发现规则、识别判断、指导学写、迁移运用四个板块进行教学。

陈金铭：在备课过程中，你们的认识有什么变化？

严洁：就学生而言，他们的收获很大。在今天的阅读课上，我让学生仿写拟人句，有不少学生一开始还是写成了比喻句，这更加证明蔡老师的智慧技能课是非常必要的。

蔡婷尔：刚开始做这个课题时，我对拟人句的了解并不是很深入，我不断寻找资料充实自己,这个过程是很享受的。从学生角度来说,课前课后测验结果的对比也表明学生的收获很明显。

◎ 辩题二:不同课型的拟人句分别教什么?

陈金铭:我听了两堂课,觉得拟人句有两种教法:一种是随文教,另一种是专项教。那么对于不同课型的拟人句,我们应该分别教什么呢?

卢惠意(宁波市白鹤小学教师):单篇课文的教学目标是多元化的,《乡下人家》中的拟人句教学,只是展示了阅读教学中的一个目标,即引导学生识别拟人句,并能加以运用,借此体会作者笔下生动形象的修辞手法,让同学们在具体的语言环境中去细细感受、体会、欣赏拟人句在具体语境中的表达效果。

朱谨(宁波市白鹤小学教师):要确定教学内容,首先要确定教学目标。今天的两堂课展示了智慧技能课的两种不同的教学形态。两堂课都涉及拟人句的教学,但由于的课型不同,两堂课目标的设定也就不同。在《乡下人家》的教学中,拟人句教学只是本课三个目标中的一个,最终目标是让学生学会感悟、积累和仿写,即让学生在具体的课文语境中感受、体会、欣赏拟人句的表达效果,积累典型的拟人句语例,仿写拟人句。而智慧技能课中的教学目标较为集中,就是教会学生发现拟人句的规则,用规则识别拟人句,并能在新语境中迁移、运用、创写。可见,在单篇课文的教学中,学生对拟人句的学习以感知、积累为主,而智慧技能的教学则注重让学生形成程序性知识,注重培养学生迁移、运用的能力。

周步新(浙江省特级教师):今天的语文课,一堂是基于阅读课的随文教学,一堂是专项技能教学。这两堂课虽然目标不同,但是有共性,可以提炼出一些值得一线教师借鉴的东西。今天的两堂课目标很清晰。在严老师的课上,学生通过赏析拟人句,体会到了乡下人家独特迷人的风景,并能用拟人的手法把句子写得更加生动。蔡老师的课,教学目标更加集中,经过教学,学生能发现拟人句的特点,并正确使用拟人句;能仿写拟人句。课堂很精彩,既有途径,又有操作方法,还有检测手段。

陈金铭:随文教,就是让学生通过积累大量的例子来感知拟人句;专项教，就是重拳出击，追求结果。但是专项课会不会过于理性，显得没有语文味儿？学生在课堂上会不会感到枯燥？

唐懋龙（浙江省特级教师）：我们的着眼点不是应试教育，我们的定位是教会学生智慧技能。如果有的老师把智慧技能课当作应试教育的工具，就违背我们的初衷了。把拟人句的知识、概念、语法都教给学生，让学生掌握写拟人句的方法，这是智慧技能课的初衷。

汤洁勤（宁波市白鹤小学校长）：近两年来，在现代科学心理学理论的指引下，我们找到了一个切入口，那就是修辞技能的教与学。两年来，我们搜索、归类、整理了人教版小学语文十二册课文中大量的修辞语句，并对课标附录部分所列出的八种修辞手法进行了深入的知识探究。在此基础上，我们从语用学的角度，以智慧技能训练为突破口，探索出了两种不同的课型。当然，我们一直在努力，努力让孩子学得轻松，学得快乐且收获满满！

严洁：刚才陈老师问到这类专项课会不会过于理性，我想结合我的教学经历谈一谈。一次期中复习，我把所有的专项训练都给学生上了一遍，我们班一个特别调皮的男孩儿对我说，他终于学到了一点知识，所以这个智慧技能课学生是能接受的。

◎ 辩题三：拟人句怎么教？

陈金铭：我们各抒己见谈了不同类型的拟人句应该教授的内容，小学阶段的拟人句该怎么教呢？

陈红云（宁波市白鹤小学教师）：目前我们探索出来了专项技能和随文阅读两种类型的课。专项技能课的基本教学流程是：第一步，用学生平时写作中常用的句子来激活旧知，带领学生认识拟人句；第二步，出示典型的正例，引导学生发现拟人句的规则；第三步，出示反例和其他句例（比喻句），引导学生总结、归纳拟人句的规则；第四步，运用所学规则辨识例子；第五步，教学生如何写好拟人句；第六步，引导学生反思学习过程，进一步强化学习内容。专项技能课的教学目标是使学生学会一项技能。目标明确、单一，教学过程也紧紧围绕教学目标展开，学生在课堂上就可以经历由不懂到懂、不会到会的过程。

黄飞（宁波市白鹤小学教师）：严老师呈现的随文阅读课给我们提供了一个范例。在这节课里，严洁老师分两步指导学生如何写好拟人句：第一步，分析课文中的拟人句，帮助学生明晰拟人句的概念；第二步，出示已学课文《花钟》中学生熟悉的拟人段落，引导学生从颜色、形状、状态等几个方面进行分析，寻找拟人句的共性；第三步，让学生在老师的指导下自由写拟人句。在这样一步一步细致的引导下，很多孩子都能在课堂上写好拟人句，教学效果很好。

汤洁勤：我们在课题研究过程中一直坚守三个原则：一是要符合学情，教什么，什么时候教，我们在实验过程中都有过仔细的考量；二是对于大部分学生都不会的语例，我们会通过研讨、查找资料，尽量帮助学生搞懂，让大多数学生学得明白，有所收获；三是实在有争议的语例，我们会尽量避免在作业和试卷中出现。

陈金铭：语文课要有明确的训练要求，也应该让学生学会感悟体验，将两种类型的课有机结合，教学效果会更好。

◎ 辩题四：拟人句教学效果怎么评？

陈金铭：专项技能课已实施了两三年，如何评定具体某堂课的教学效果呢？

冯春燕（宁波市白鹤小学教师）：针对今天这堂专项技能课，我们对学生进行了课前课后的测验。测试题中的第一大题考查的是学生对拟人句的识别能力，目的是检测学生对拟人句特点的掌握程度。前测中正例的正确率为63%，后测为77.4%，前测中反例的正确率为82.6%，后测为86.4%，都有进步。第二大题要求学生根据拟人句的规则写拟人句，前测中学生的正确率分别为95.7%、83%、91.5%，学生所写的句子，句式比较单一，后测中正确率分别为97.9%、83%、93.6%，学生思路开阔，写出的句子内容丰富。

陈金铭：蔡老师在上课前后做了前测和后测，有了科学的数据对比，就能看出课堂的教学效果了。

邵雪燕：智慧技能课与学生的生活密切联系，在课堂上，我觉得孩子们的参与度还是很高的，学与练的过程就是人人参与、人人动手、人人思考的过程，孩子们思维活跃，收获满满。

唐懋龙：学生写文章时，最头痛的是没有言语技能。我们经过研究，认为小学语文的教学重点是言语智慧技能。专项技能教学的重要前提是要积累大量典型的丰富语例，如此，专项技能课花时少，老师讲得少，学生做得多。专项技能课严禁任何课后家庭作业，真正做到了高质量、轻负担。

金晓润（宁波市江东区教研室副主任）：今天是一次很好的学习机会。逻辑学学的是对不对的问题，语法学学的是通不通的问题，修辞学学的是好不好的问题，就此我谈三个想法：（1）白鹤小学的老师一直在做课程的建设者，这是值得大家敬佩的；（2）研究修辞需要静下心来，任何语言体系的存在都是有道理的，评价要用发展的眼光；（3）国内外对修辞课的评价维度是有差异的，国内有三个评价层次：第一是认识，第二是辨别，第三是运用。今天的课最大的亮点是老师在课堂上让学生进行的思维拓展训练，比如蔡老师在课上一直在教学生如何认识拟人句，如何在一定的语境中运用拟人句，这样的课是有价值的。

杨文华（《小学语文教师》主编）：今天我们的讨论涉及了一个非常重要的主题——文道问题。我觉得专项技能课的研究方向是完全正确的。20世纪80年代，叶圣陶先生强调语文应具有工具性，应通过大量的读写训练，培养学生的读写技能。高考恢复后，过于死板、过于机械的教学方法让语文课变成了一种机械训练课，孩子们也对语文产生了厌恶感。课改后，语文课的教学效果没有得到有效提高，如何解决？我觉得今天的讨论提供了一个很好的思路，唐老师提到国外教育把语文课和文学课分开上，教学习方法，我也觉得我们的训练课不是太多而是太少。我们首先要在语言训练上找到有效的方法，下一步则要更深入地探讨各种知识如何分年级进入课堂。专项技能的培养离不开语文阅读教学，离不开一定的语文教学情景，今天两名老师的课就很好地说明了这一点。

唐懋龙：今天两堂课的主要教学内容都是拟人句，但两者的教学目标明显不同。《乡下人家》的教学目标之一是拟人句典型语例的感悟、欣赏和积累，《拟人句》的教学目标则是拟人句智慧技能的习得、迁移和运用。语文教学的五大领域中，阅读教学是重点。问题是，阅读教学能提高学生言语智慧技能吗？我的回答是三个字：不可能！除了少数天赋好、智商高的学生能自发悟出其奥秘，大多数学生很难从这种单一的阅读课中真正获益。当前大力提倡的课外阅读、海量阅读、整本书阅读，实际上仍属于阅读教学的范畴，思维方式是同质的。那么，大量阅读能提高学生言语智慧技能吗？我的回答是三个字：不一定。因为找不到科学理论的学理支撑，几十年来阅读教学高耗低效的事实也从反面印证了这一点。现在又出现了一种倾向，许多学者期望通过习作教学提高学生的言语智慧技能。由于语文教学界长期未能搞清楚"能力"和"技能"这两个概念的知识本质，以致语文教学一直在摇摆中踟蹰，至今未能走出高耗低效的历史泥潭。今天，我们开发了专项智慧技能训练的新课型，试图探索解决这个难题的有效路径。也许有人会问：仅仅靠专项技能训练课就能提高学生的言语智慧技能吗？我的答案是三个字：也不行。因为专项技能训练课有一个重要的前提，即学生必须提前积累丰富的典型语例，而这种典型语例的积累又必须通过阅读教学来完成。由此可见，要想真正提高学生言语智慧技能，必须将阅读教学与专项技能训练课优化课组合，我称之为阅读与训练的组合拳，两者缺一不可。《乡下人家》的教学内容是课文中的拟人句典型语例，教学策略是感悟、欣赏、积累，其中的小练笔是仿写，即照样子写拟人句，不具有迁移的功能；而蔡老师课堂的教学内容是拟人句的概念和规则，教学策略是"举三反一"、举一反三、迁移运用，其中的小练笔是创写，即用概念和规则在新的语境中创造性地写拟人句。最后补充一点：智慧技能训练课有一个鲜明的特点，即它没有也不需要任何形式的课后家庭作业。这与当前强调轻负担高质量的时代要求完全吻合，我们丰富的实验数据也科学地验证了这一点的正确性。一句话，专项智慧技能课的功效就是"画龙点睛"中的"点睛"之笔，耗时少，效率高。著名教学心理学家皮连生称其是"前无古人"的创举。

第九章
阅读能力的综合建构与教学策略

  阅读能力是一项综合能力。阅读能力是分层级的，大致可分为初级、中级、高级三种。现代心理学研究表明，综合能力是不能直接教的，能教的是综合能力分解后的智慧技能和认知策略。

  阅读教学是综合性的实践活动，是学习语文知识、培养语文技能、建构阅读能力的主阵地。阅读教学有三个目的：（1）获取文章里的思想情感内容；（2）发现文章中蕴含的语文知识和写作方法；（3）将语文知识和写作方法转化为学生的语用智慧技能。大多数学生很难自主发现这种看不见的语文知识和写作方法，难以实现从知识到技能的转化，所以需要通过阅读教学来实现这个"发现"和"转化"。

  与此对应，单篇课文的教学要有三个过程：（1）从语言文字到思想内容，读懂课文的思想内容；（2）从思想内容回到语言文字，学习语文知识和写作方法；（3）最后将知识转化为技能。

  为实现阅读能力的综合构建，还需要由各种课型组合而成的单元教学。单元教学有三种形态：（1）教材单元编排组元合理，可以直接运用；（2）教材单元组元有缺陷，需要调整、重组；（3）根据某些学习任务的需求，打破教材单元的限制，用跨学段的方式重组，形成学习任务群。

第一节　阅读能力与阅读教学的逻辑关系

阅读教学是语文教学的重头戏，但现实中，阅读教学耗时最多，效果最差。原因是多方面的，其中核心问题是教师对阅读教学的功能和任务、阅读能力的复杂性和特殊性缺乏清晰的认识。

传统阅读教学承担着多元的功能和任务，包括识字学词、阅读理解、朗读写字、语言教学、常识学习、思想教育、文学鉴赏、审美熏陶、技能训练、习惯培养等。语文教材里的课文大都文质兼美，蕴含着丰富的人文思想和语文知识，文本背后还隐藏着作者语言运用的技能技巧。语文教师拿起课文就好像走进五彩缤纷的大花园、眼花缭乱的大迷宫，迷失方向是大概率事件，学生也大概率要跟着遭罪。要走出迷宫，就必须明确语文教学的核心任务，选择具有核心价值的教学内容。

叶圣陶先生早就断言：学习国文该认定两个目标——培养阅读能力与培养写作能力。阅读教学的核心任务就是培养学生的阅读能力，抓住了阅读能力，就抓住了阅读教学的牛鼻子。

但是，现代心理学的研究表明，阅读能力是综合性能力，综合性能力是不能直接教的，能教的是综合性能力分解后的一项项智慧技能和认知策略。学生只有掌握了这些智慧技能和认知策略，才能将其综合建构成阅读能力。要实现阅读能力的综合建构，需要各种课型组合而成的单元教学。

下面就从阅读能力、阅读教学、单元教学三个方面进行阐述。

一、阅读能力

阅读能力是复杂的综合能力。阅读能力是分层级的，大致可分为初级阅读能力、中级阅读能力、高级阅读能力三种，阅读不同的文章需要有不同级别的阅读能力。与此对应，阅读的文章也大致有三种类型。

（1）内容简单、语言直白、有故事情节的文章。这类文章只要认识几千个常用字就能读懂。小学第一学段的课文大都是儿歌、童话、寓言故事，如《小小的船》《小壁虎借尾巴》《坐井观天》等；第二学段开始增加文学作品，如《卖火柴的小女孩》《一块奶酪》《巨人的花园》《宝葫芦的秘密（节选）》等，这类文章的内容大都贴近儿童的生活经验，课文语言与儿童口语也基本一致，学生读懂这类文章没有难度，不需要教。还有许多课外读物，包括《安徒生童话》《民间故事》《水浒传》之类的文学作品，只要读者的生活经验与文章的内容相匹配，读懂它们没有难度。

（2）有深层含义的文章。许多学生能读懂这类文章的表层意思，但理解深层含义有困难。第二、三学段这类文章逐渐增加，如《落花生》《我的伯父鲁迅先生》《真理诞生于一百个问号之后》等，要理解这类文章的深层含义，需要教师提供相关的背景资料和点拨指导。再如文言文，虽然借助词语注译，学生能勉强理解字面意思，但很难理解其深层含义，不少语文教师甚至专家学者要真正读懂这类文章都有很大的困难。据石皇冠老师考证，全国重要的古籍出版机构——中华书局出版的《资治通鉴》里也被发现有不少句读方面的知识性错误。

（3）实用专业性的文章。许多人读这类文章都有这样的感受——虽然所有的字都认识，但就是读不懂，甚至连表层意思也理解不了。如数学、物理学、生理学、心理学等领域内负载着专业知识的文章，其文章体裁、知识表征、行文逻辑都有一定的行规。在小学阶段，这类课文很少，中学阶段开始增多，而且大多是在数学、科学等课程领域。许多学生在学习这类课程时会遇到各种困难，其中一个重要原因就是缺乏读懂这类专业文章的阅读能力。这种情况在成年人甚至专家学者身上也会出现。

综上所述，从学生终身发展的角度看，能读懂上述后两类文章的阅读能力应该是语文教学的重点目标，尤其是第三类，应该是语文教学的重中之重。如果中小学阶段不教，学生踏入社会要从事高科技、高智能的工作就会在"阅读能力不足"这个关节点上被"卡脖子"。社会上经常有人质疑国人不爱读书，其实质可能是国人阅读能力的不足。因此，中小学语文教学应该有这样的大视野、大格局：从学生终身发展的角度观照阅读能力的培养。

要培养学生高层次的阅读能力，就要从一项项言语智慧技能和阅读策略入手。言语智慧技能都是从语文概念性知识转化而来的，因此，培养阅读能力要先弄清构成阅读能力的三类知识。

（1）文章内容、生活经验与知识背景等事实性知识。

课文内容、生活经验和知识背景在心理学中均被称为事实性知识。要读懂文章，一个重要前提就是要有与文章内容相匹配的生活经验和知识背景。学生的生活经验具有独一无二的特性，每个人的生活经验与其生活环境、生活经历密切相关。学生的生活经验主要来自两个方面：一是亲身经历的直接经验，二是通过阅读、影视、观察、交流等途径获得的间接经验。再从生活经验的内容看，大致可分为两种类型：一种是生活常识与科普层面的经验型百科知识，这类知识大部分人在日常生活中就能获得；另一种是科学层面的学术性专业知识，需要接受专业的学习和训练才能形成。如果文章的内容与学生的生活经验有一定的距离，那就需要提供相关的背景知识。

学校语文教学时间是有限的，对学生积累生活经验的帮助也是有限的。因此，组织学生开展课外阅读活动时要特别注重质量，要引导学生多读经过历史检验和沉淀的经典文章，如儿童哲学、名人传记、历史典故等正书，少读动漫、儿童文学等应景式的闲书。（学生主动阅读的书目不在此列）

（2）汉字、词语、标点等符号性知识。

学生阅读书面文章，首先要识记一定数量的汉字、词语和标点符号，这是学生必须掌握的符号性知识。这类知识的特点是数量有限，学生可以通过查字典、查词典等方法自学。这类知识是学生的学习目标，学生必须学，但不是教师的教学目标，教师可以不教，但要认真检查、评价。仅仅掌握这些符号性知识，只能达到扫盲的水平。

（3）词法、句法、章法、修辞、阅读策略等概念性知识。

这类知识是语文课程的核心内容，是能够转化为语文技能的概念性知识，上述事实性知识和符号性知识是不能转化为语文技能的。因此，概念性知识是语文教学最重要的核心内容，是学生必须学习和掌握的核心知识。这类知识从学习性质上看比较特殊——概念性知识教师必须教，但考试不会考，学生也不需要做任何记忆类的作业。这些知识的作用通过变式练习转化为学生的语文智慧技能，包括遣词造句、布局谋篇、修辞表达、修辞手法智慧技能，批注、反思、做笔记、猜测与推断等阅读策略。如遣词造句技能是语法知识转化过来的，布局谋篇技能是章法知识转化过来的，修辞运用技能是修辞手法知识转化过来的。

阅读策略是特殊的认知策略，是学生对自己的阅读认知过程加以控制、调节的意识和能力，阅读策略既需要有知识支撑的高级技能成分，也有需要学生自我反思的策略性知识的成分。

由此可见，小学生学习阅读的过程就是获得上述三类知识的过程，尤其是词法、句法、章法、修辞、阅读策略等概念性知识。

二、单篇课文的教学形态和教学过程

阅读教学是综合实践活动，是学习语文知识、培养语文技能、建构阅读综合能力的主阵地。单篇课文是阅读教学的主要形式，阅读教学一般要达到三个目的：（1）获取文章的思想情感内容；（2）发现文章中隐藏的语文知识和作者的写作方法；（3）将语文知识和作者的写作方法转化为自己的语用智慧技能。因为大多数学生很难自主发现这种看不见的知识，难以实现知识到技能的转化，所以需要通过阅读教学来实现这个自主发现和技能转化。

单篇课文的教学目标是多元的，既要有让学生体会课文思想感情的教育目标，又要有让学生学习语言表达形式的教学目标，因此一篇课文的教学往往要花几个课时完成。语文教学的内容和目标有主次之分，因此，教学形态是关乎阅读教学质量和效率的重大课题。

（一）阅读教学的三种形态

纵观我国阅读教学的发展史，阅读教学大致有以下三种教学形态。

第一种是直奔人文性，以分析讲解语文教材中课文的思想感情内容为主要目标，21世纪新课程改革后绝大多数阅读课持这种价值取向。如《晏子使楚》的主题是要做有尊严的人，《林冲棒打洪教头》的主旨是要塑造英雄形象。

第二种是坚持工具性，强调阅读教学要走一个来回，即从语言文字到思想内容，再从思想内容回到语言文字。

拿到一篇课文，首先要通过阅读文本去理解课文的思想感情，也就是获取言语作品的"道"，这个过程与其他学科的教学在本质上是一样的，只不过语文教学对语言文字更关注些。但语文教学的重心并不在这个过程上，而是要让学生进一步在充分了解作者思想感情的基础上，学习和领会课文的语言文字组合形式和表达功能，也就是语文教学界常说的"在课文里走一个来回"。其他学科的教学在言语形式这个层面上是"有去无回"，语文教学则必须"回来"。这里的"回"不是简单地在课文形式层面进行机械的语言文字训练，而是带着在第一个回合中获取的"道"的信息，来学习"载道"的技能与方法。

然而，"在课文里走一个来回"，获得的仅仅是课文的思想内容和语言文字等事实性知识（心理学称之为陈述性知识），这类知识最大的特点是容易学，容易忘。长期以来，语文教学往往到达这个层面就停下来了，教到理解和感悟的层面就不深入教了，接下来大都是记忆巩固性复习和练习。其后果就是许多语文知识和技能虽然在反复地教，但学生就是教不会。如教朗读，从小学一年级教到六年级，绝大多数学生的朗读水平仍然过不了关。教结构助词"的、地、得"，尽管反复强调，不断练习，但学生就是教不会，许多学生到了高中甚至大学仍然搞不清楚。其他如字词句篇、听说读写、修辞表达等的教学都普遍存在这样的情况。

第三种就是笔者倡导的，有效的语文教学需要有三个过程。第一个过程是运用语言文字理解课文内容，把握作者的思想感情；第二个过程是在此基础上，以课文的思想感情为背景，学习课文的语言文字及其组合方式，领悟文本形式表达的功能和效果，掌握语文知识；第三个过程，是在前两个过程的基础上，通过规则和例子的组合学习、变式训练，将知识转化为技能。

试举一例，六年级上册的《开国大典》中有一处"场面描写"的学习。在学生读懂课文、理解内容、了解场面描写特点的基础上，教师就可以运用规例法或例规法，通过识别正误、迁移运用和反馈矫正等教学策略，使绝大部分学生掌握场面描写的特点和表达规则，并达到能初步运用描写手法的学习水平。这篇课文中有四个场面描写和一个场景描写，其中可以将四个场面描写作为正例，一个场景描写作为反例。正例的功能是使学生明白什么是场面描写，反例的功能是让学生知道什么不是场面描写。具体教学策略有两种：一种是规例法，教师先告知场面描写的特点，再通过正、反例的识别与判断，使学生的脑中形成清晰的场面描写概念，最后通过场面描写小练笔，反馈矫正并固化学生脑中的场面描写心理图式；另一种是例规法，即先学习四个正例，结合教师的语言说明，使学生的脑中形成场面描写的概念，再通过正反例识别和小练笔，达到同样的目的。笔者在浙江省象山县一所海岛学校针对这三个教学过程做过试验，试验中，教师教得清清楚楚，学生学得明明白白，效果显著。

上述三个过程是根据科学心理学理论推导出来的基本构想。如何科学设计和安排三个过程的教学是一个难点，除了科学理论的指导外，还要研发先进的教学技术。

（二）单篇课文教学的三个过程

第一个过程是"读书明道"，即学生利用已有的知识积累和阅读经验自主阅读课文，获取信息，理解内容。现代认知心理学研究表明，阅读理解是一种学生能够自发形成的技能，是一种不需要刻意培养的技能。只要给予充分的阅读时间和合适的阅读资源，学生能够无师自通地自发形成阅读理解的策略和技能。在现实生活中，通过大量读书获得阅读理解能力的事例也普遍存在。由此可见，阅读理解虽然是语文教学的组成部分，需要耗费一定的时间，但不是语文教学的主要任务。

在单篇课文的教学中，第一个过程就是预习课文，其性质与学生自主开展的课外阅读是一样的。预习课文主要是引导学生运用已有的知识和技能读懂课文，解决一些识字解词等问题。为了培养学生预习课文的习惯，教师要进行必要的指导，第三学段就可要求学生课外预习了。如三年级上册的课文《富饶的西沙群岛》，第一课时是预习课文，基本程序如下：

（1）出示预习要求。

①轻声朗读课文，读准字音，读通句子，难读的地方多读几遍，把课文

读通顺。

②默读课文，给课文的自然段标注记号。

③回答两个问题。

第一，课文是围绕哪句话来写的？用横线画出来。

第二，课文哪些自然段写西沙群岛的风景优美？哪些自然段写西沙群岛物产丰富？

（2）学生预习过程：人人动手做一做，同桌互动对一对。

（3）教师检查预习效果。

①检查朗读课文的情况。

②检查识字解词的情况。

③重点检查两个问题的回答情况。（出示答案议一议，发现错误改一改）

上述过程中教师的讲解很少，绝大部分时间是学生的自学。

第二个过程是学习"载道"之术，即让学生认识、学习课文的言语形式，掌握语言文字及其组合的内在规律，发现语法、章法、修辞与表达等概念性知识。因为课文的形式，即语言文字及其组合以及概念性知识是学生很难自主领悟和生成的，需要通过教学辅之以一定的科学训练才能掌握。

在单篇课文的教学中，第二个过程就是精读课文，引导学生发现课文语言表达或篇章结构方面的概念性知识。同样以三年级上册的课文《富饶的西沙群岛》为例，第二课时精读课文的基本程序如下：

（1）学习并列结构的段落。

①默读第3、第4自然段，学习典型语例，揭示并列段落的特点。（这两段话里分别有几个句子？每个段落分别讲了几个相关的事物？将段落内的句子调换位置，段落的意思会发生改变吗？）

②分别概括每个并列结构段落的段意。（从段落内的句子中找到关键词语，然后连词成句，这句话就是这个自然段的意思）

（2）学习总分结构的段落。默读第5自然段，感知总分段落的特点，概括段意。

①学习典型语例，揭示总分段落的特点。（一个并列句群加上一个总起

句，就构成一个具有总分结构的段落）

②概括总分结构段落的段意。（这段话中哪一句可以概括这段话的意思？用笔画出来）

第三个过程是将知识转化为技能。通过变式训练和实践操作，将言语形式方面的知识内化为学生的言语技能，并通过不断实践与运用，帮助学生形成良好的语感。这是提升语文教学品质的核心环节，也是教师阅读教学中最薄弱、最容易被忽视的板块。

在单篇课文的教学中，第三个过程就是将知识转化为技能，通过"举三反一"帮助学生形成清晰的概念性知识，再通过变式练习，将知识转化为技能。同样以三年级上册的课文《富饶的西沙群岛》为例，第三课时的基本程序如下：

（1）学习因果结构段落与概括段意。

出示几个因果关系的语例。

①蜘蛛决定开一家商店。卖什么呢？就卖口罩吧，因为口罩织起来很简单。（二年级下册课文《蜘蛛开店》）

②在空间站里，是没有办法用普通的杯子喝水的，因为水处于失重状态，即使把杯子倒过来，水也不会往下流。（二年级下册课文《太空生活趣事多》）

③我这才知道，杨梅虽然熟透了，酸味还是有的，因为它太甜，吃起来就不觉得酸了。（三年级上册习作例文《我爱故乡的杨梅》）

（2）指导练习：先分别画出能概括这几句话意思的关键字词，再分别用一句话简单地概括这几句话的意思。

三、单元重组与课型组合的教学新探

近 30 年来，我国一些心理学家和语文教学探索者，运用现代科学心理学的理论研究中国的语文教学难题，取得了突破性的进展。根据知识分类理论，认知心理学能成功地将综合能力分解为一项项可操作的知识与技能，给语文教学改革打开了新窗口。然而，如何将分解后的知识与技能组合建构成学生的综合能力，尤其是高级阅读能力，认知心理学尚未有新的突破，这就需要借助哲学思辨和优秀教师的先进经验，从单元重组的角度寻找新的突破口。

单元教学大致有三种形态：

（1）教材的单元编排组织合理，这类单元可以直接运用于教学。由于现行语文教材采用人文主题为导向的编写策略，因此，从语文知识与技能教学的角度看，编排组织合理的单元并不多见，如统编版小学语文教材三年级上册第五单元和第六单元编排得就比较合理，可直接运用。

（2）教材的单元组织不理想，需要调整、增删、重组，包括增加合适的课文或教学资源等。以人文主题为导向的单元大都属于这种类型，需要做必要的调整。（具体案例参见本章第三节）

（3）根据某些项目的特殊需求，需要打破教材限制，用跨学段或跨学科的方式重组的单元。语文教学的主要任务是智慧技能的教学，其中一些较简单的基本技能可以用一两节课或专项技能课达成任务，而有些较复杂的高级技能有时需要采用样例教学法，用跨学段的多篇课文（样例）进行教学，高级技能的教学无法用一两个课时达成教学任务。如三年级上册第四单元，其中的课文都是童话故事，且只有两篇必学课文，达成教学目标所需要的课例明显不够，因此应将一至三年级的十余篇同类课文予以整合，形成一个跨学段的学习任务群（详见第三章第三节的附件"典型的童话课例"）。其他如朗读、修辞与表达、分段、概括段意、概括课文主要内容与中心思想等高级智慧技能的教学，也都需要采用跨学段的学习任务群的形式。

第二节　单篇课文教学的三个过程样例

单篇课文教学要有三个过程：第一个过程是预习课文，让学生自学生字词，用已有的知识和技能读懂课文内容；第二个过程是精读课文，引导学生从课文内容回到语言文字，发现课文形式中蕴含的语文知识，进而通过教师的教学解释掌握语文概念性知识；第三个过程是将知识转化为技能。

由于单篇课文教学的特点是"举三反一"，仅凭一两个样例难以达成第三个过程的技能目标，还要用学习任务群的方式，通过学习多篇同类课文，达到"举三反一"的目标。单篇课文教学的三个过程可以用三个课时完成，也可以用两个课时完成，关键看学生的实际情况。试举统编版语文教材三年级上册课文《海滨小城》予以说明。

《海滨小城》教学设计

◎ 课文内容

本课是写景的文章，描写了海滨美景和小城风光，表达了作者对家乡的热爱之情。课文语言优美，在表达上有几个鲜明的特点。

1.段落分明，结构典型。全文是总分结构，共7个自然段。第1自然段是全文的总起段，该段的第一句是本段的总起句，后面4句话是一个并列句群，从大海、机帆船与军舰、海鸥与云朵三个方面介绍了海滨的景物。第2、3自然段是并列结构：第2自然段描写了早晨的各种景物，以及渔民、战士被朝阳镀上金黄色时的美丽场景；第3自然段从两个方面描写了海滩上各色贝壳和捕鱼船队回来时的场景。第4、5、6自然段都是总分结构的段落，从庭院、公园、街道三个方面描写了美丽的小城风光。其中第4自然段先总写"小城里每一个庭院都栽了很多树"，然后从两个方面描写了小城中的树；第5自然段先总写"小城的公园更美"，再从这里有许多榕树和人们在榕树下休息两个方面写出公园之美；第6自然段先总写"小城的街道也美"，再从大路、街道两个方面写出了小城街道整洁的特点。第 7 自然段是全文的中心句，点明了海滨小城的两个特点：美丽、整洁。

2. 语言优美，用词丰富。课文中描写海滨的部分用了很多描绘颜色的词语，写出了海滨之美，如棕色的机帆船，银白色的军舰，白色的、灰色的海鸥，银光闪闪的鱼，青色的虾和蟹，金黄色的海螺，等等。描写小城的部分运用了比喻和拟人的修辞手法，如"贝壳只好寂寞地躺在那里""凤凰树开了花，开得那么热闹""一棵棵榕树就像一顶顶撑开的绿绒大伞"。

◎ 教学内容

本课教学内容是并列结构、总分结构两种段落结构的知识及概括这类段落段意的方法和策略。学生要想掌握概括这两种自然段段意的技能，就要先掌握它们不同的结构特点，识别段落结构，找到概括段意的方法。

并列结构段落的特点：自然段里的几个句子分别写相关的几件事情、几种情况，或同一事物的几个方面。这些句子之间是并列关系，没有主次之分，前后调换位置，自然段的段意不变。（概括段意用摘录法，从几个并列的句子中找出关键词，然后连词成句，概括段意）

总分结构段落的特点：自然段中有一个总起句，其他几个句子则围绕总起句进行叙述、说明或描写。总分段落有三种结构形式：（1）先总后分，即先总说，后分说；（2）先分后总，即先分说，再总说；（3）总分总，即先总说，再分说，最后小结。（概括段意的方法是找出能概括整个段意的总起句或总结句，直接概括段意）

◎ 教学目标

1. 能预习课文，读懂内容，读准句段的停顿，解答两个问题（具体问题见本章第一节），自学生字词语。
2. 能找出描写海滨和小城的自然段，识别并列结构和总分结构的段落。
3. 能概括并列结构段和总分结构段的段意。
4. 能找出课文中自己认为写得好的词语和句子，与同学交流。

◎ 教学时间

2～3 个课时。

◎ 教学过程

第一个过程　预习

一、谈话导入，揭示课题

1. 谈话导入，与学生聊聊关于大海的话题，帮助学生理解"海滨"的意思。

（1）读准字音：前鼻音。

（2）理解字义：海滨。

2. 揭示课题。板书：海滨小城。

（1）读课题，说一说课题中包含几个词。（两个词：海滨、小城）

（2）根据这两个词，推测一下，课文大概会写哪些内容。（海滨的景物、小城的景物）

二、预习课文，理解内容

1. 课件出示预习要求。（如图9-1）

---

1. 朗读课文，自学字词，读准字音，读出停顿，读通课文，难读的地方多读几遍。
2. 默读课文，给课文的几个自然段标注记号。
3. 回答问题：
（1）海滨小城的主要特点是什么？课文是围绕哪句话来写的？用横线画出来；
（2）课文哪些自然段写海滨的景色优美？哪些自然段写小城的美丽风光？
4. 在课文中画出你认为写得好的句子，抄写下来和同学交流。

图9-1　预习要求

2. 师生互动，复述、明确预习要求。

3. 学生按预习要求预习课文，逐条落实。

（教师巡视，特别关注朗读、圈画句子、自学字词等要求是否预习到位）

三、检查预习效果，提供反馈信息

1. 点名让学生朗读课文。

提示：先让几个朗读能力较差的学生朗读，再让朗读能力较好的学生示范，必要时教师范读，最后全班学生齐读。

（1）明确要求：读准字音，读出停顿，读不通的地方多读几遍。个别朗读时声音要响亮，集体朗读时要轻声，像大合唱一样，读出一种和谐的音乐感。

（2）学生分组朗读，师生互动，提供反馈评价信息，帮助学生读好停顿，读出感觉。能看到学生朗读前后在语音语调、节奏停顿等方面有明显变化和进步。

（提示：如果学生朗读训练到位，学生朗读能力很好，上述环节可以简化，以节省时间）

2. 检查字词。

（1）认读课文里的字词：海鸥、凤凰树、榕树、石凳、亚热带、胳臂、理睬、满载。

（2）读准多音字"臂"。"胳臂"的"臂"读轻声（bei），在其他词语中都读 bì，如手臂、臂膀、一臂之力等。

3. 师生互动，解答两个问题。

（1）课文是围绕哪句话来写的？

课件随机出示句子：这座海滨小城真是又美丽又整洁。（学生说一说，对一对）

（2）课文哪些自然段写海滨的景色优美？哪些自然段写小城的美丽风光？

回答要点：第1～3自然段写海滨景色优美，第4～6自然段写小城的美丽风光。

4. 在课文中画出你认为写得好的句子，和同学交流。

（1）引导学生说一说：你画了哪些好的句子？（学生自由交流）

（2）默读第1～3自然段，说说作者用了哪些词语把海滨的景色写得如此优美。

（3）默读第4～6自然段，说一说课文中描写小城风光的部分，你认为哪些句子写得好，找出来与同桌交流。

①比喻句："凤凰树开了花，开得那么热闹，小城好像笼罩在一片片红云中。""一棵棵榕树就像一顶顶撑开的绿绒大伞。"

②拟人句："贝壳只好寂寞地躺在那里。"

5. 抄写或听写课文中的优美词语，比喻句和拟人句。

四、总结（略）

第二个过程 精读

一、复习导入

1. 听写词语：街道、交界、来来往往、云朵、机帆船、远处、汽笛、船队、银光闪闪、散发、打扫、整洁。

2. 反馈矫正，发现写错的当场订正，并说说写错的原因。

二、学习第1~3自然段

1. 默读第1自然段，发现本段的结构特点。

（1）说一说：这一段描写了海滨的哪些景物？（这一段写了大海、机帆船与军舰、海鸥与云朵等海滨的景物）

（2）数一数：这段话有几个句子？哪几句话写大海？哪几句话写船舰？哪几句话写海鸥和云朵？（有5个句子，第2~3句写大海，第4句写机帆船和军舰，第5句写海鸥和云朵）

（3）揭示特点：第2~5句是并列关系。第1句是课文的开头句，也是这段话的总起句，这段话主要展现了海滨的景物特点。

①说一说：第2~5句是并列结构，那么这几句话的主要意思是什么？可以用什么方法概括这一段的段意？（先找关键词，再连句成段，概括段意）

②指导：可以用找关键词的方法，如人们、大海、机帆船、军舰、海鸥。然后将这几个关键词组成一个句子——人们走到街道尽头，就可以看见大海、机帆船、军舰和海鸥。

③练习概括：人人动手做一做，同桌互动对一对。全班交流议一议，发现问题改一改。

2. 默读第2自然段，引导学生发现并认识本段的结构特点。

（1）数一数：这段话有几个句子？每一句写了哪些事物？（2个句子，第1句写机帆船、军舰、海鸥和云朵，第2句写渔民和战士）

（2）说一说：这个自然段是什么结构的段落？并说出理由。（并列结构，2个句子若调换位置，段落意思不变）

（3）说一说：用什么方法概括并列结构的段落段意？（先找关键词，再连句成段，概括段意）

①概括段意。人人动手做一做，同桌互动对一对。

②全班交流议一议，发现问题改一改。

③关键词：早晨，机帆船、军舰、海鸥、云朵，渔民、战士。

组词成句：早晨，机帆船、军舰、海鸥、云朵和机帆船上的渔民、军舰上的战士都被朝阳镀上一层金黄色。

教师提示：这样的句子太长，有点啰唆，还可概括得更简练些。如"机帆船、军舰、海鸥、云朵"这些词语可概括成"各种景物"，"机帆船上的渔民，军舰上的战士"可概括为"船舰上的军民"。这样句子就概括得更简洁了：早晨，各种景物和船舰上的军民都被镀上了一层金黄色。

3. 默读第3自然段，学生自主发现段落特点，概括段意。

（1）出示要求。

①默读第3自然段，说一说这段话是什么结构，与同桌交流。

②概括这段话的段意。

（2）同桌互动，说一说段落结构，写一写段落意思。全班交流，师生互动议一议。

要点：这段话是并列结构，有4个句子，从两个层面描写了海滩上各色的贝壳和捕鱼船队回来时喧闹的场景。

概括段意：海滩上遍地是贝壳，捕鱼船队一回来，海滩就热闹起来了。

三、总结（略）

第三个过程　转化

一、复习导入

根据学生的学情设计相应的复习内容。

二、学习总分结构的段落

1. 出示两个典型语例。

①公园里栽着许许多多榕树。一棵棵榕树就像一顶顶撑开的绿绒大伞，树叶密不透风，可以遮太阳，挡风雨。树下摆着石凳，每逢休息的日子，石凳上总是坐满了人。

②小城的公园更美。这里栽着许许多多榕树。一棵棵榕树就像一顶顶撑开的绿绒大伞，树叶密不透风，可以遮太阳，挡风雨。树下摆着石凳，每逢休息的日子，石凳上总是坐满了人。

学生默读，说说发现了什么。（两段话意思相同，第2段开头多了一句话）

教师指导：第1段是并列结构，第2段在并列结构段的前面加了一个总起句，就成了总分结构。

2. 默读第3、4、5自然段。

（1）指导发现，这3段话分别讲了什么意思。找一找，每段话里都有一个句子能概括这段话的意思，用横线画出来。

（2）学生默读这几个自然段，同桌互动，说一说每段话的主要意思。

（3）人人动手找一找，画出每个自然段的总起句。同桌互动对一对。

3. 归纳总分段落的构段规则。

师生互动，教师引导学生说说这三个段落的相同特点是什么。（每一个自然段都有一句话能概括整个自然段的意思，其他句子都是围绕这个句子来写的）

三、运用规则，辨别正误

1. 出示正反语例，辨别正误。（下发练习纸，学生人手一份，如图9-2）

一、下面三段话，是总分结构的在括号里画"√"，并用横线画出总起句，不是总分结构的在括号里画"×"。

（1）西沙群岛也是鸟的天下。岛上有一片茂密的树林，树林里栖息着各种海鸟。遍地都是鸟蛋。树下堆积着一层厚厚的鸟粪，这是非常宝贵的肥料。（　　）

（2）春天，树木抽出新的枝条，长出嫩绿的叶子。山上的积雪融化了，雪水汇成小溪，淙淙地流着。溪里涨满了春水。小鹿在溪边散步，它们有的俯下身子喝水，有的侧着脑袋欣赏自己映在水里的影子。

（3）港湾里闪耀的灯光，像五颜六色的烟火，洒落人间。马路上一串串明亮的车灯，如同闪光的长河，奔流不息。高楼大厦的霓虹灯光彩夺目，热情欢迎来自五洲四海的游客。（　　）

（4）我们村子前面的小山包，远远看去真像一个绿色的大绒团。山包上树很密，草很深，花很多。一条石板铺成的小路，弯弯曲曲地穿过小山包的密林。石板小路的尽头，有一眼清泉，叫"珍珠泉"。（　　）

（5）后来雨停了。我看见一只彩色的小鸟站在船头，多么美丽啊！它的羽毛是翠绿的，翅膀带着一些蓝色，比鹦鹉还漂亮。它还有一张红色的大嘴。（　　）

图9-2　练习题（四）

2. 学生人人动手做一做,做完后同桌互动对一对。

3. 全班交流评一评,发现错误改一改。

答案:第一句是总分结构段落。总起句是"西沙群岛也是鸟的天下"。第2、3句不是总分结构段落,找不到总起句。第4、5句是总分结构段落,总起句分别是开头的第一句和第二句。

四、指导概括段意

1. 明确要求:概括练习语例中(1)、(4)、(5)三个总分结构段的段意。

2. 学生人人动手做一做,同桌交流对一对。

3. 出示参考答案(如表9-1),说说有什么新的发现。

表9-1 参考答案(二)

总分结构段中的总起句	概括自然段的段意
西沙群岛也是鸟的天下。	西沙群岛是鸟的天下。
我们村子前面的小山包,远远看去真像一个绿色的大绒团。	小山包像一个绿色大绒团。
我看见一只彩色的小鸟站在船头,多么美丽啊!	我看见一只美丽的小鸟站在船头。

4. 在学生发现与交流的基础上,揭示概括总分结构段落段意的规则。

(1)在一个自然段中,有一句话概括了这段话的意思,其他几个句子都是围绕这个句子从不同方面来写的,这样结构的段落就叫总分结构的段落,能概括整段话意思的句子叫总起句。

(2)概括段意先要找到总起句,然后根据概括要求,写成简要的概括性语句。

五、总结(略)

第三节　单元重组的教学设计与经典评析

第一部分：教材、教学目标与学习任务分析

一、单元教学目标与学习类型分析

◎ 单元教学目标

1. 能写一篇文章或一部影视作品的故事梗概。

2. 能向大家推荐一个英雄人物的故事，并讲清作品名称、故事梗概、精彩情节以及自己的感想。

3. 能按时间顺序写一次活动，按场面描写的要求写清楚、写具体。

◎ 学习类型分析

单元教学目标1：对课文结构和内容作深入分析和概括。（属于语文综合能力学习）

单元教学目标2：在目标1的基础上补充细节、进行评价并产生新作品，达到创造水平。（属于语文综合能力学习）

单元教学目标3：综合运用文章内容知识、结构知识和写作策略进行创作。（属于综合语文能力学习）

二、单篇课文教材、教学目标与学习类型分析

《开国大典》课文教学

◎ 教材分析

本文通过描写举行开国大典时的4个场面，表达了中国人民对中华人民共和国的诞生无比自豪、激动的感情，展现了毛主席的领袖风采。这也揭示了本组课文学习的主题：感受伟人风采和常人情感。在教学中，教师宜把握以下几个方面。

1. 结构清晰，条理清楚：课文按开国大典进行的时间顺序叙述，全文15个自然段可分为四大段。第一大段（第1～4自然段）写大会开始前会场上的情况。先概括交代开国大典的举行时间、地点，参加典礼的成员和人数，

然后分别描述会场的布置和群众队伍的场面。第二大段（第5～10自然段）写了三件事：毛主席宣布中华人民共和国成立了，升五星红旗，毛主席宣读公告。第三大段（第11～13自然段）写阅兵式的盛况，共包含三层意思：阅兵式开始、各兵种通过天安门、群众激动的情景。第四大段（第14～15自然段）写群众队伍游行的情况。

2. 场面描写：课文用点面结合的方法突出了场面描写，既有主要人物的重点描写，又有对庄严的场面气氛和人们激动、自豪心情的描写，生动形象地再现了开国大典的盛况。在这些场面描写中，对毛主席的直接描写虽然不多，但很典型。例如，当毛主席出现在主席台上时，"会场上爆发出一阵排山倒海的掌声""三十万人的目光一齐投向主席台"，表达了人民群众对领袖和新中国的无限热爱之情。

3. 记叙翔实、用词准确。课文结合场面描写，用了一系列精当的语句，表达出人民群众激动、崇仰的感情。如当毛泽东宣布"中华人民共和国中央人民政府今天成立了"之后，课文用了"这庄严的宣告，这雄壮的声音……"两个长句，表达了全场三十万人以及全中国人民为中华人民共和国的诞生而欢欣鼓舞的心情。

◎ 教学目标与目标分析

1. 能掌握场面描写的主要特点和方法。

（分析：这是写作策略中的概念性知识与规则学习，学生应达到理解、运用的水平）

2. 能把握课文的感情基调，读出庄严、激动、自豪等思想感情，感受毛泽东的伟人风采。

（分析：学生应通过阅读对课文内容达到理解和记忆的水平）

3. 能按时间顺序将文章分段并概括段意。

（分析：通过分段及概括段意对课文内容和结构的掌握达到分析的水平）

《青山处处埋忠骨》课文教学

◎ 教材分析

《青山处处埋忠骨》主要讲了毛主席惊悉爱子毛岸英在朝鲜战争中不幸光荣牺牲的噩耗后极度悲痛的心情和对岸英遗骨归放处的抉择过程，表现了毛主席常人的情感和超人的胸怀。文章大致有两个鲜明的特色。

1. 选材特色。文章选取了最能表现人物精神境界的一个片段，反映出了人物的崇高境界。全文以毛主席的思想感情变化为线索，重点写了毛主席的矛盾心理。课文先写彭德怀从朝鲜发来的有关毛岸英牺牲的电报内容和毛泽东收到电报后的巨大悲痛，再写志愿军司令部询问是否将岸英遗骨运回国内的请求，以及朝鲜方面建议把岸英遗体留在朝鲜的意见。面对这两种抉择，毛主席的心情十分复杂和矛盾。最终，他凭着坚强的意志和超人的胸怀做出了将爱子遗骨放于朝鲜的决定，在电报上写下了"青山处处埋忠骨，何须马革裹尸还"的批示。

2. 通过细节描写和心理刻画突出人物鲜明的性格特点，真实再现了毛主席当时的复杂心情。

（1）通过动作、语言、神态描写表现出毛主席的常人情怀。如毛主席"情不自禁地喃喃着"儿子的名字，"用食指按着紧锁的眉头""整整一天没说一句话，只是一支接着一支地吸着烟""桌子上的饭菜已经热了几次"等。

（2）通过心理、神态描写突出毛主席超人的胸怀和崇高的品质。如："毛主席不由自主地站了起来，仰起头，望着天花板，强忍着心中的悲痛，目光中流露出无限的眷恋。""那一次次的分离，岸英不都平平安安回到自己的身边来了吗？这次怎么会……""儿子活着不能相见，就让我见见遗骨吧！"

◎ 教学目标和目标分析

1. 能有感情地朗读课文，感受毛主席失去爱子的悲痛和不知将岸英遗骨归放何处的艰难抉择。

（分析：通过阅读对课文内容达到理解和记忆的水平）

2. 能感受细节描写对表达毛主席的常人情怀和超人胸怀的作用，学习用细节描写来刻画人物的方法。

（分析：这是写作策略中的概念性知识与规则学习，学生应达到理解、运用的水平）

《毛主席在花山》课文教学

◎ 教材分析

这是一篇略读课文。文章记叙了毛主席1948年春夏之交住在花山村时的三件事,表现了毛主席深入群众、和群众打成一片的革命情怀。三件事分别是:让警卫员把到别处碾米的群众请回来与群众派警卫员给碾米群众送去茶水,毛主席与群众交谈并帮群众推碾子。

本课主要特色是细节描写,通过细微之处表现毛泽东的常人的情怀,如"一边推,一边用笤帚往碾盘里扫碾出来的米粒"等细节描写。本课教学重点是让学生在体会细节描写的基础上练习概括课文主要内容。

◎ 教学目标

1. 能抓住细节描写的语句,领悟作者通过具体事例表现毛主席常人情怀的表达方式。

(分析:这是写作策略中的概念性知识与规则学习,要达到理解、运用的水平)

2. 能概括课文的主要内容,初步认识梗概的特点。

(分析:通过阅读对课文内容和结构的学习达到分析的水平)

以上三篇课文的教学目标在两维教学目标分类表中的定位见表 9-1。

表 9-1　三篇课文的高级技能目标在两维教学目标分类表中的位置

教学内容		掌握水平					
		记忆	理解	运用	分析	评价	创造
基本技能	字、词	(略)	(略)	(略)			
	句子、标点	(存疑)	(存疑)	(存疑)			
	朗读	(略)	(略)				
高级技能	课文结构				第一课目标3 第三课目标2		
	课文内容与价值观	第一课目标2 第二课目标1					
	表达技巧	第一课目标1 第二课目标2 第三课目标1	第一课目标1 第二课目标2				
语文综合能力				单元教学目标1	单元教学目标2	单元教学目标2、3	

注：1. 字词、朗读等基本技能的教学目标一般较明确，此表中省略。

2. 句子与标点教学目标是否需要，表中存疑。

3. 语文单项技能与高级技能不是并列关系，高级技能中也有单项技能。

评析：从单篇课文教学目标与单元教学目标之间的关系来看，单篇课文教学目标先于单元的教学目标；单篇课文中的课文内容与价值观目标先于表达技能目标，认知过程水平低的目标先于认知过程水平高的目标。从教学顺序看，《开国大典》中的目标3先于目标2，目标2先于目标1；《青山处处埋忠骨》目标1先于目标2；《毛主席在花山》中的两个目标，从掌握的水平来看，目标1应先于目标2，因为目标2处于分析水平，目标1处于理解水平，但由于目标1涉及写作技巧，也可以放在最后教。单篇课文中的目标直接为单元教学目标服务。《开国大典》中的目标3和《毛主席在花山》中的目标2为单元教学目标1和单元教学目标2服务；《开国大典》中的目标1和目标3为单元教学目标3服务。这样前面的目标就成了后续目标实现的前提条件（或使能目标）。

第二部分：单篇课文的教学策略设计

《开国大典》课文教学

◎ 课前准备

组织观看《开国大典》的影片，搜集、阅读与开国大典有关的资料。

◎ 教学时间

3个课时。

第一课时

一、谈话导入，揭示课题

1. 结合课前搜集的资料，尝试说说中国人民的奋斗历程，在此基础上，教师介绍课文背景：1949年10月1日，是中华人民共和国成立的日子。从这一天起,中国人民结束了被欺负、被压迫的屈辱历史,中国开始走向强盛。

2.揭示课文题目:开国大典。说说题目的意思。(开国:建立新的国家;典:典礼,郑重举行的仪式;大典:隆重的典礼)

二、自学课文,学习积累的词语

1.提出要求:通读课文,难读的长句多读几遍。遇到不理解的字词可以查字典或与同桌讨论。

2.学生充分朗读课文,把课文读通、读顺。

3.交流,学习词语。

(1)读准字音:擎(qíng)、钮(niǔ)、聂(niè)、诞(dàn)

(2)字组词:檐(屋檐)、瞻(瞻仰)、钮(电钮)

(3)词义理解:典礼、汇集、庄严、宣告、瞻仰……

4.抽读课文段落(朗读难点),检测朗读的准确性与通顺性,落实对词语的理解。

三、默读课文,厘清脉络

1.思考:课文是按什么顺序记叙开国大典的?课文可分成几个部分?(提示思路:根据会场、典礼、阅兵式、群众游行的描写,可以分成四个部分)

2.学生默读课文,思考问题,划分段落。

3.讨论交流,列出段落提纲。

第1部分(第1~4自然段):写大典开始前会场上的情况。

第2部分(第5~10自然段):写开国大典的盛况。

第3部分(第11~13自然段):写阅兵式的盛况。

第4部分(第14~15自然段):写群众队伍游行的情况。

4.按课文内容填空。(学生书面练习,人人动笔)

课文按照开国大典进行的_____顺序,先描写了典礼前的_____,然后写典礼的主体部分:_____,接着写_____的盛况,最后写_____。

5.反馈交流,注意语言通顺、用词准确。

(评议:分段与概括段意的任务应尽量启发学生自主完成)

四、想象场面,感受大典

1. 作者向我们描绘了开国大典的众多场景,选择你印象最深刻的一个场景,读一读,边读边想象当时的情景,说说自己从中感受到了什么。

2. 学生各自朗读、感悟,同桌交流。

3. 全班讨论:哪个场景给你留下了最深刻的印象?

4. 教师点拨,小结。

第二课时

一、复习课文(略)

二、默读大典前的描写

1. 默读课文第一部分,用一个词概括对开国大典的感受。(盛大、隆重、热烈、庄严)

2. 课文是怎样写出开国大典的这些特点的呢?

(1)按课文内容填空。(填不出可以看书)

开国大典于_____年_____月_____日在_____举行。会场在_____,主席台设在_____。参加开国大典的成员有中华人民共和国中央人民政府_____、_____、_____,有中国人民政治协商会议全体代表,有_____、_____、_____、机关工作人员、城防部队,总数达_____人。

(2)引读第2自然段,让学生动笔画一画"丁字形广场",并按书上讲的方位标上相应的位置名称,再说说各位置上的设施。结合讲解:开国大典就是在这里举行的,课文将天安门广场描写得十分清楚。

(3)朗读第4自然段,在教师引导下画出并说说最能表现开国大典热烈、盛大、隆重的气氛,以及参加典礼的人们那种激动、兴奋、急切的语句。

三、精读大典部分,感受伟人风采

1. 默读、写开国大典的盛况的语段(第5~10自然段),画出课文中描写毛主席的动作和群众的反应的语句。

2. 自由读文,每次人们是在什么情况下欢呼起来的?这表达了人们怎样的思想感情？画出反映人们心情的句子，感受人民群众在典礼上激动、兴奋、喜悦的心情。如：

中华人民共和国中央人民政府主席毛泽东出现在主席台上，跟群众见面了。三十万人的目光一齐投向主席台。

他读到"选举了毛泽东为中央人民政府主席"这一句的时候，广场上的人们热爱领袖的心情融成一阵热烈的欢呼。观礼台上同时响起一阵掌声。

3. 背诵第 7 自然段，体会语言的表达效果。

四、分角色朗读阅兵式部分，感受场面描写的气势

1. 默读课文，找出参加阅兵式有哪些兵种。

2. 提出合作朗读要求：学生分组，分别读海军、步兵、炮兵、战车师、骑兵师和人民空军的语句。其中第 5 句"以上这些部队，全都以相等的距离和相等的速度经过主席台前"全班齐读。最后写毛主席招手和群众反应的语句由教师和学生合作朗读。

3. 先合作朗读，然后让学生各自找到有关语句，最后全班朗读，读出感情、读出气势。

五、学习结尾段落，体会游行场面的热闹气氛

1. 默读课文第 14～15 自然段，概括各段段意。

2. 学生交流段意。

3. 读结尾两句，领会句子的深刻含义。

提示："两股'红流'"指什么？这样比喻写出了什么？"光明"指什么？象征什么？

4. 有感情地朗读第 14～15 自然段，检测学生对文本主题的理解和情感的掌握程度。

点评：第二课时的教学重点是引导学生深入理解课文内容，为揭示"场面描写"的概念做准备。

第三课时

一、生活案例导入，学习场面描写

1. 回忆学校升国旗的场景。提示：按时间顺序回忆、想象。先说说当时升国旗的场面情况，再说说升旗手的升旗动作，最后说说同学们的动作、眼神和心情等表现，以及当时场上的气氛。

2. 揭示场面描写的基本特点：场面描写的主要特点是"有点有面，点面结合"。"点"就是对主要人物的描写，"面"就是对其他人物的描写和场上人们动作、语言等表现出来的气氛和情感。如：升旗手的升旗动作描写是场面描写中的"点"，师生们在升旗过程中的立正、敬礼、注目等动作构成的整个场面是场面描写中的"面"，对操场上庄重肃穆的情景的场面描写烘托了当时的气氛和情感。

3. 学习"升旗仪式"的场面描写。

（1）朗读升国旗的段落，找出描写"点""面"与"气氛与情感"语句。

（2）读读议议，揭示要点。

点："毛主席亲自按动连通电动旗杆的电钮，新中国的国旗——五星红旗在雄壮的《义勇军进行曲》中徐徐上升。"

面："三十万人一齐脱帽肃立，一齐抬起头，瞻仰这鲜红的国旗。"

情："五星红旗升起来了，表明中国人民从此站起来了。""每一声炮响后，全场就响起一阵雷鸣般的掌声。"

（3）比较异同，体会特点。

①与学校日常的升旗仪式相比，开国大典升旗仪式更庄严、隆重，升国旗时还有对礼炮的描写。

②带着这种体会朗读这两段话，要读出应有的感情。

二、自读课文，深入领悟场面描写

1. 课文中，作者描绘了开国大典的众多场景，选择一个印象最难忘的场景，找出场面描写的三个要素：点、面、气氛与情感。

2. 学生各自朗读、想象体会。（下列程序可以根据学情灵活调整）

关于会场的场面描写：

（1）默读第2自然段和第4自然段，说说哪个是场面描写。举例说明场面描写的特点。

（2）第2自然段描写了天安门广场的特点，有特定的地点和景物，但没有人物的活动，也没写出气氛与情感，因此不是场面描写。（是环境描写）

（3）第4自然段是场面描写，有特定的地点：丁字形广场；有人物活动：从四面八方赶来的群众队伍，工人队伍中，有老远赶来的铁路工人，还有郊区赶来的农民；描写了当时的气氛与情感："人的海洋，红旗翻动，像海上的波浪。"

关于典礼的场面描写：第5自然段。

点："中华人民共和国中央人民政府主席毛泽东出现在主席台上。"

面："会场上爆发出一阵排山倒海的掌声。""三十万人的目光一齐投向主席台。"

情：点面结合，表达了人们对毛主席的无限热爱和敬仰的感情。

3. 比较阅兵仪式与群众游行两个场面描写的特点。

（1）阅兵仪式的场面描写。

点："毛主席首先向空中招手。"

面：海军两个排，步兵一个师，炮兵一个师，接着是战车师、骑兵师、人民空军。

情：军队的雄伟气势和群众的激情欢呼表达了自豪的感情。

（2）群众游行的场面描写。

点：毛主席不断地高呼"人民万岁！""同志们万岁！"

面：群众游行队伍。

情："两股'红流'分头向东城、西城的街道流去，光明充满了整个北京城"表达了人民的激动情感。点面结合的场面描写再现了毛泽东深受人民爱戴的感人气氛。

三、归纳要点，学写场面描写

1. 回顾全文，归纳场面描写的写作特点。（见表9-2）

表 9-2　场面描写的写作特点

场面描写	写作特点
升旗仪式	点面结合，突出表达了升旗仪式的肃穆感
典礼场面	点面结合，突出人民群众对毛主席的热爱和为新中国的诞生而激动的情感
阅兵仪式	点面结合，突出表达了群众对新中国人民军队的赞美和自豪的感情
群众游行	点面结合，突出群众对毛主席、新中国的热爱，再现了毛泽东的伟人风采

2. 指导学生仿照课文的写法，写一写学校升旗仪式的场面。指导要点：

（1）根据学校升国旗的实际情景写好场面描写。

（2）同桌交流，互评：是否符合场面描写的要求。

点评：对先前知识的回忆便于理解新概念"场面描写"；先给出"点""面"的定义，再举例说明；通过正例、反例教授场面描写的方法。4个正例：升旗仪式、典礼场面、阅兵仪式、群众游行的场面描写；1个反例：会场的环境描写。通过辨别、比较，最后概括出4个场面描写的共同特点。

总评：这是运用例规法教学的典型教例，设计巧妙，指导到位。教师要给学生提供规则的正例、反例与反馈，学生要经历辨别、假设和概括的学习过程。

《青山处处埋忠骨》课文教学

◎ 课前准备

搜集、阅读毛泽东一家为了中国革命胜利而牺牲的六位烈士资料。

◎ 教学时间

2个课时。

第一课时

一、谈话导入，揭示课题

1. 引导学生谈谈毛主席一家为了中国革命胜利而牺牲的六位烈士的事迹，以及朝鲜战争中中国志愿军付出的巨大牺牲。（上万名志愿军战士长眠于朝鲜的土地上，其中有一位战士就是我们伟大领袖毛泽东的长子——毛岸英。）

2. 出示课题：青山处处埋忠骨。引导学生说说与"青山埋忠骨"有什么不同？（学生回答不清可待学了课文之后再理解）

二、自学课文，整体感知主要内容

1. 提出自学要求。

（1）自主阅读，读通全文，理解生字新词。

（2）思考课文讲了一件什么事。（简要回答）

2. 检查自学效果。

（1）朗读课文，反馈矫正。

（2）词语学习，读文解词。

（3）简要写出课文中三份电报的内容。（人人动笔）

彭德怀来电：_____

朝鲜方面来电：_____

毛泽东回电：_____

3. 概括课文主要内容。

这篇课文记叙了毛主席从彭德怀来电中获悉爱子毛岸英在朝鲜战争中不幸牺牲的噩耗，内心极度悲痛，朝鲜方面来电要求将毛岸英的遗骨留在朝鲜，毛主席最后做了将爱子遗骨留在朝鲜的决定，并写下了"青山处处埋忠骨，何须马革裹尸还"的批示。

4. 理解诗句：青山处处埋忠骨，何须马革裹尸还。

（1）词语理解："忠骨"指忠勇之士的遗骸，"马革裹尸"就是用战马的皮把尸体包裹起来，"何须"即为不需。

（2）出示资料，讲解："青山处处埋忠骨，何须马革裹尸还"中的"何须马革裹尸还"出自清代诗人徐锡麟的《出塞》一诗，其中"马革裹尸"出自《后汉书·马援传》，东汉名将马援曾说："男儿要当死于边野，以马革裹尸还葬耳。"

（3）结合课文理解毛主席这句批示的含义。

理解：青山连绵，哪里都是安葬忠勇之士的好地方。革命者既然把整个身心都献给了祖国，死后又何必一定要把尸体运回家乡呢？

讲解：这里表明了毛主席对儿子遗骨安葬何处的态度，即尊重朝鲜人民的意愿，将毛岸英遗骨安葬于朝鲜。这充分显示了毛主席的博大胸怀。

5.有感情地朗读课文，引导学生谈谈读了课文后的体会和感受。

点评：第一课时完成了教学目标1和目标2，为实现教学目标3做好了准备。

第二课时

一、研读课文，体会细节描写的作用，感悟毛主席的常人情怀。

1.默读课文，说说课文是怎样写毛主席得知爱子不幸牺牲时的悲痛心情的。（学生交流）

2.出示语例，比较朗读，体会不同写法的不同表达效果。

①从见到这封电报起，毛主席整整一天没说一句话，只是一支接着一支地吸着烟。桌子上的饭菜已经热了几次。

②从见到这封电报起，毛主席悲痛万分，整整一天没说一句话。

③见到这封电报，毛主席悲痛万分。

（1）这3句话的意思一样吗？哪一句话能让你的头脑中出现毛主席收到电报时的神情与动作？哪一句话能让你具体感受到毛主席失去爱子的悲痛心情？（从①句中能够想象出毛主席沉浸在丧子之痛中的情景，③句没有这样的效果，由②句只能知道毛主席心情悲痛，没有说话）

（2）你在生活中见到过类似的情景吗？一般在什么情况下会有这样的情景？（一个人遇到不幸的大事、天大的难事时，才会出现这样的情景）

（3）讲解：这就是细节描写，这些具体的细节描写使人读了如临其境，可以具体形象地感受到毛主席当时的悲痛心情，表现出毛泽东的常人情怀。

（4）有感情地朗读，感受毛主席悲痛万分的感情，体会细节描写的作用。

3.想象当时毛主席神态和语言，出示例句：

①"岸英！岸英！"毛主席用食指按着紧锁的眉头，情不自禁地喃喃着。

②主席悲痛地轻声呼唤着儿子的名字。

（1）上述两句话哪一句的表达效果好？说说理由。（①句中"用食指按着紧缩的眉头""喃喃"等神态描写不禁让人展开想象，读着描写毛主席当时的神态和语言的句子，可以具体感受到他当时悲痛的心情和对爱子的无限思念之情。②句语言平淡，无法使读者想象出毛主席当时的神情与动作）

（2）有感情地朗读，想象毛主席的神情与动作，尝试体会毛主席内心的痛苦和对儿子的呼唤。

4. 小结：上述动作、语言、神态等细节描写，也是平常人遇到这种情况都会有的表现。课文就用这些细节描写写出了毛主席的常人之情。然而，毛主席又具有一般人所没有的胸怀。课文又是怎样表现的呢？

点评：这里要教的写作规则是"通过人物神态、动作、语言、心理活动等细节描写来表现人物思想品质"。对五年级学生来说，这不是全新的知识。本课只教了细节描写的一个新例子。教学时，教师设计正、反例句，让学生通过比较，感悟规则。这里的细节描写的例句，正例来自课文，反例由教师提供。最后，教师必须把要学生感悟的结论明明白白地告诉学生，当然也可让学生自主发现。这个例子说明，那种只讲感悟而不讲感悟什么的教学理论是误人子弟之说。

二、研读课文，领悟细节描写的作用，感受毛主席的超人胸怀

1. 研读：毛主席不由自主地站了起来，仰起头，望着天花板，强忍着心中的悲痛，目光中流露出无限的眷恋。

（1）如何理解"眷恋"？（重点是后边的"恋"，有难以割舍的怀念之情）

（2）这里毛主席眷恋什么呢？（联系上下文理解，这是毛主席收到朝鲜方面发来的电报后产生的复杂的心情。"儿子活着不能相见，就让我见见遗骨吧！"然而，这种想法很快被打消了……）

（3）思考："仰起头""强忍""流露"表达了毛主席怎样的心情？（表明毛主席已有意将岸英遗骨安葬在朝鲜，表现了毛主席的超人胸怀，而"仰起头""强忍"又真实地写出毛主席的常人的情感）

2. 研读下面两句，说说毛主席当时是怎样的心情。

（1）秘书将电报记录稿交毛主席签字的一瞬间，毛主席下意识地踌躇了

一会儿,那神情分明在说,难道岸英真的回不来了?父子真的不能相见了?

(2)毛主席黯然的目光转向窗外,右手指指写字台,示意秘书将电报记录稿放在上面。

3. 读读议议。

第(1)句中的"下意识地踌躇了一会儿"再一次写出了毛主席的犹豫和爱子之情,因为这将意味着岸英将永远留在异国他乡,自己永远也见不到了。

第(2)句中的"转""指",两个简简单单的动作,表现出毛主席正用强大自制力控制着自己无限悲痛的情感,再次表现出毛主席的超人意志。

4. 小结:细节描写给人以真实而深刻的印象——毛主席是一位伟人,也是一个凡人。

三、课堂练笔和作业

小练笔:用细节描写的方法,描写某个人物的某种情感。

(1)选材:选择一个自己熟悉的人,回忆他的容貌与声音,挑选你印象最深刻的某一个情感瞬间,如兴奋、难过、痛苦、忧郁等。

(2)形象:回想他当时的具体动作、神情、语言等表现,在头脑中形成清晰的画面,再选出最能表现其某种情感特征的言行表现,可模仿演一演。

(3)练写:用细节描写的方法,写几句话来表现他的某种情感。

(4)互评:从同桌的描写中,你是否能感受到人物的某种情感。

(5)修改。

点评:写作策略学习不能通过简单模仿。这里的练习目的是检查学生是否已习得规则,起教学评估的作用。

总评:本课的写作技能教学与《开国大典》的相同,都是通过例子来教规则,并在学习规则之后,通过练习来检验学生对规则的掌握情况。

《毛主席在花山》课文教学

◎ 教学时间

1个课时。

一、谈话导入，检查预习

1. 本组课文的学习，我们领略了毛泽东的伟人风采，还知道毛泽东像普通人一样具有常人的情感。今天要学习《毛主席在花山》，这篇课文是表现毛主席的伟人风采还是常人情感？要说出理由。

2. 认读生字，口头组词。

3. 学生朗读课文，同桌互相纠正读音。

二、默读课文，理解内容

1. 说说课文主要写了毛主席在花山的哪些事情？

（1）毛主席让警卫员把到别处碾米的群众请回来。

（2）毛主席给碾米的群众送茶水。

（3）毛主席帮群众推碾子。

2. 出示思考题：毛主席"夜以继日地为解放全中国的事业操劳着"，可他为什么还为"碾米""送茶"这些小事操心？找出并画出课文中的有关语句来理解。

3. 学生围绕思考题默读课文，思考问题，做批注。教师巡视辅导。

（1）教师出示一段话："你想过没有？我们如果没有老百姓的支持，能有今天这样的局面吗？我们吃的穿的，哪一样能离开老百姓的支持？……"

（2）说说这一段话里有几层意思？

依靠群众——革命战争离不开老百姓的支持。

关心群众——革命战争的目的是为老百姓谋求幸福。

同甘共苦——教育警卫员不要把他摆在特殊位置上。

4. 课文的最后一句话："这位首长，好像在哪儿见过。在哪儿呢？"这句话包含着几个意思？你怎样理解这句话？

毛主席的身份没有公开，碾米的老人虽然似曾相识，但又不能确认。

毛主席的一言一行与普通老百姓一样，让老人感到很熟悉，很亲近。

三、阅读重点语段，感悟细节描写的表达作用

1. 引语：我们在课文中描述的一些平凡的小事中，看到了一个热爱群众、关心群众、和群众打成一片的毛主席。认真读一读，课文中哪些语句给你留

下了深刻的印象。(学生自读自悟,互相交流)

2.学习语例,提出要求。

(1)先写出这些语段的主要意思,再与原文比较,品读、感悟细节描写的作用。

(2)同桌讨论,再全班交流。

出示语例:一天早晨,毛主席正在看地图,忽然抬起头,问警卫员:"昨天这个时候,门口花椒树下的碾子有碾米声,现在怎么没动静了呢?"

主要意思:一天早晨,毛主席在看地图时,忽然问警卫员门口的碾米声怎么没动静了。

比较:细致的语言描写表达了毛主席十分关心民情的特点,心里惦记着群众碾米的时间,发现没动静了感到奇怪,简化后的语句就没有这样的情味了。

3.用刚才的学习方法,学习、体会课文中其他语段的细节描写。

4.学生自主读读议议,教师巡视,指导。

四、练习概括语义,比较体会不同表达方式的效果

1.刚才的学习实际上已涉及两种表达方式,一种是细节描写,另一种是概括叙述。对人物语言、动作的细致描写使人物形象生动具体,但有时需要把人物语言动作的细致描写概括成简明的叙述性的话。这两种不同的语文能力,学生都应该掌握。

2.出示语例:毛主席舀了两碗茶水送到她们母女手里,说:"你们俩歇会儿吧!"然后对警卫员说:"来,咱俩试试。"毛主席推碾子还挺在行,一边推,一边还用笤帚往碾盘里扫碾出来的米粒。

(1)读一读,议一议,从概括的要求看,这段话里哪些词句是主要的,要保留;哪些词语是次要的,可以删去。(学生讨论)

(2)下面三句话,与课文原句在表达方式上有什么不同?哪一句对原文概括程度最高?要说出理由。出示:

①毛主席舀了两碗茶水送到她们母女手里,让母女俩歇会儿,然后与警卫员帮助她们推碾子,一边推,一边还用笤帚往碾盘里扫碾出来的米粒。

②毛主席让母女俩歇会儿，然后与警卫员一起帮助她们推碾子。一边推，一边还用笤帚往碾盘里扫碾出来的米粒。

③毛主席让母女俩歇会儿，然后与警卫员一起帮助她们推碾子。

3.学生交流，教师点评、小结。

五、练习概括课文主要内容

1.练习分清课文中的主次内容。

课文的哪些内容是主要的？哪些内容是次要的？（碾米、送茶和替母女俩推碾子是主要内容，这些内容突出了毛主席关心群众、处处为群众着想的思想品质。毛主席夜以继日地为解放全中国的事业操劳是次要内容，课文中一笔带过）

2.概括毛主席在花山的三件事。

（1）毛主席叫警卫员将乡亲们请到自己屋外的碾子上碾米。

（2）毛主席让警卫员沏茶给碾米的乡亲们喝。

（3）毛主席帮助乡亲们推碾子碾米。

3.如何将上面三句话连接成一段语句通顺的话？（学生书面练笔）

毛主席为了不影响乡亲们的工作，叫警卫员到别处去碾米的乡亲们请回来，还让警卫员沏茶给碾米的乡亲们喝。后来，毛主席来到了群众中，与群众交谈，帮助乡亲们推碾子碾米。

点评：细节描写是《毛主席在花山》一课的教学重点，教师通过提供样例，让学生自学完成细节描写学习目标，练习概括是本节课的教学重点。

总评：本篇课文只安排一个课时，细节描写是上一课学习的继续，让学生自己完成；本节课重点放在"写课文内容的概括语"上。"概括"在这里被定义为分清主要与次要内容。从表面上看，概括课文主要内容是综合分析，但从教师的实际教学情形来看，教师所教的主要是课文分析，让学生找到文章的主要内容，明白作者为什么要写这些主要内容。

第三部分：实现终点目标的教学策略设计

（口语交际·习作八）

◎ 教材与教学内容分析

本次口语交际和习作的内容安排有些特殊。本次口语交际的主题与本单元的主题相同：从看过的有关毛主席或其他革命领袖、英雄人物的电影或电视剧中选一部印象最深刻的作品推荐给大家。要求：讲清作品的名称、主要人物、故事梗概、精彩情节、观（读、听）后感想。

习作则安排了两个内容供选择：一是练习场面描写，二是学写故事梗概。本组课文的语文教学要求是：体会作者的思想感情，领悟描写人物的一些基本方法。本组课文突出场面描写和表现人物的细节描写，单元要求和口语交际与习作缺乏有机联系。根据本组课文特点，结合上述内容和要求，本设计对口语交际和习作的内容重新调整。

1. 整合口语交际与故事梗概写作。学生选择的内容可以是电影、电视剧，也可以是文本故事，具体安排是先让学生写故事梗概，再进行口语交际。本组课文已多次安排了概括课文内容的练习，为写故事梗概做了铺垫。

2. 习作的重点是练习场面描写，兼顾细节描写，以适应不同学生的兴趣和能力差异。在《开国大典》第三课时中学生已了解了场面描写的特点与作用，《青山处处埋忠骨》一课中也有关于细节描写的教学。

◎ 课前准备

观看毛主席或革命者的电影、电视，阅读并携带课外读物等相关资料。

◎ 教学时间

4个课时。

点评：根据两维教学目标分类表，口语交际和写作都不是目标。说、写的内容及对其必须达到的水平的规定才是目标。根据读写结合的原则，读与写的教学内容必须一致。这里的一致不是指文章内容一致，而是指所涉及的语文高级技能是一致的。由于教材编者在编制语文教材单元时，往往是以文章内容为基本线索，语文能力线索不清晰，语文交际能力和写作能力教学难免与课文教学脱节。唐老师调整了教学内容，明确提出了本单元口语交际和写作的目标（单元教学目标），它们是基于单篇课文的目标，又是单项能力的综合运用目标。如此，对于说、写的内容，教师和学生都很明白，而且评价的标准也很明确，可以避免表面热闹、华而不实的课堂教学。

第一课时　故事梗概写作

一、谈话导入，明确要求

1. 这次口语交际的内容是有关毛主席或其他革命领袖、英雄人物的电影、电视剧、文本故事。其中有一项要求是学写故事梗概。

2. 出示导语中的一句话：向同学推荐时，要讲清影视作品的名称，主要讲的是谁，讲的是什么事。有哪些印象深刻的情节，还可以谈谈自己的感想。其中"主要讲的是谁，讲的是什么事"，这就要求学生要说清故事的梗概。（描写印象深刻的情节应使用细节描写）

二、了解程序，学习概括方法

1. 什么是故事梗概？（写梗概，就是把读过的一篇文章或一本书最主要的内容用简略的语言写下来）

提示：注意两个关键词"主要内容""简略的语言"。（看了电影、电视剧后也可用写故事梗概的方法将影视剧的主要内容写下来）

2. 学写故事梗概有什么作用？（随着年级的升高，阅读的文章或课外读物的篇幅会越来越长，读完后可能很快就忘记了。学会写故事梗概，不但能帮助我们记住以前读、看、听过的文章的主要内容，还能培养我们分析概括的能力，提高写作水平）

3. 怎样写故事梗概？出示要求。

（1）选取一篇自己最近读过而且喜欢的文章再读一读，形成对文章的整体印象。

（2）厘清文章的写作思路，知道每一部分写了什么，确定重点内容。

（3）分析文章的结构，写出每个段落的段意。

（4）把每个段落的段意连成一段通顺、连贯的话。

（5）读一读自己写的梗概，检查概括的内容是否准确完整，有没有错别字或不通顺的地方。（提示：写故事梗概要尊重原文，不能改变原文的意思）

4.练习概括段意，为写故事梗概做好准备。

（1）把对人物语言的描写概括成叙述性的话。

原句：毛主席舀了两碗茶水送到她们母女手里，说："你们俩歇会儿吧！"然后对警卫员说："来，咱俩试试。"毛主席推碾子还挺在行，一边推，一边用笤帚往碾盘里扫碾出来的米粒。

概括：毛主席让母女俩歇会儿，然后与警卫员一起帮助她们推碾子。

（2）将动作描写部分概括成简明的叙述性语言。

原句：从见到这封电报起，毛主席整整一天没说一句话，只是一支接一支地吸着烟。桌子上的饭菜已经热了几次。

概括：见到电报，毛主席悲痛万分。

三、习作

1.指导选材：选择自己看过的一部影视作品或者一本书，回忆故事的具体内容和情节。

2.分项导写，提出要求。

（1）先确定这个故事分几个部分，每一部分写了什么。

（2）用简要的语言将每一部分的内容写清楚。

（3）将几个部分的内容连成一段话，注意语段和语段之间要语意连贯。

3.学生写作，完成初稿。

四、讲评修改

第二课时　口语交际

一、创设情境，引发动机

1.上节课大家选择了自己喜欢的革命英雄故事，写了故事梗概，这节课是口语交流课，大家一起来学习怎样向他人推荐自己喜欢的读物。

2.根据上课的需要，全班分成几个小组，每组8人，选出一名组长。组长负责组织小组成员积极发言。然后每组选出一名代表，在班上交流。

二、辨别概念，明确要求

1. 默读教材的口语交际，说说本次口语交际有什么特点和要求。

2. 辨别概念："介绍"和"推荐"的意思一样吗？有什么区别？

介绍：讲清作品的内容和特点，主要是内容，即故事梗概。

推荐：除了介绍内容和特点，还要讲出自己的感想和推荐的理由，能打动别人，让别人接受你的推荐。

3. 确定口语交际的内容和要求。

（1）内容：推荐一个你印象最深的英雄人物的故事。

（2）要求：需要有推荐者和听众两部分人共同开展互动式的口语交际活动，每个同学都要明确推荐者和听众的要求。其中推荐者在讲的时候，除了一般的要求（如清楚而有条理地表达自己的意思），还要符合以下四点要求。

①讲清影视作品的名称。

②讲清作品主要讲的是谁，以及讲的是什么事。（故事梗概）

③讲清自己印象深刻的情节。（精彩片段，类似于习作中的细节描写）

④讲清自己的感受。（打动对方，让对方接受自己的推荐）

此外，听众"听"的要求主要有三点：认真听，能抓住要点；不清楚的地方可以询问，如果自己也看过，可以补充相关情节或谈谈自己的感想；评价对方的推荐语是否符合要求，自己是否被打动了。

（3）同桌互相复述上述要求，不明白的提出来讨论。

（4）小组成员分好工：每人推荐一部影视作品，听的同学作出评价。

三、案例分析，辨别正误

1. 教师按下列提示，将附件中《鸡毛信》的内容分别组合成四种不同的形式，作口语交际的演示。四种不同形式提示如下：

（1）《鸡毛信》的作品名称和故事梗概；

（2）《鸡毛信》的作品名称和自己的感受；

（3）《鸡毛信》的作品名称和细节描写；

（4）《鸡毛信》的作品名称、故事梗概、细节描写和自己的感受。

2. 根据推荐的口语交际要求，判断教师的四次推荐演示中哪一个不符合要求，不符合要求的主要问题是什么。

四、分小组练习

1. 每个学生选择一部自己印象最深的影视作品，按下列提纲做准备。

影视作品名称：_____。

故事梗概：_____。

印象深刻的情节：_____。

自己的真切感受：_____。

2. 对照要求，同桌交流，互相反馈。每组推荐一名代表参加全班交流。

3. 指名学生试讲，师生合作点评，出示评价要点。

（1）讲解者的讲解内容是否符合口语交际要求。

（2）自己是否接受被推荐的作品，是否产生了想看这部影视作品的意愿。

4. 各组代表在全班交流，学生评价。

5. 教师总结。

附：推荐《鸡毛信》

1. 作品名称

今天我给大家推荐一部精彩的抗日小英雄的影片，名字叫《鸡毛信》。

2. 故事梗概

在抗日战争时，华北抗日根据地龙门村有一对父子，父亲老赵是民兵中队长，儿子海娃是儿童团团长。一天，父亲得到鬼子要进山抢粮的消息，便让海娃送一封有关攻打敌人炮楼的鸡毛信给八路军。海娃以放羊作掩护，携信上路。不料途中遭遇鬼子，海娃急中生智，将信藏在了头羊的大尾巴下面。晚上，海娃乘敌人熟睡时，取信逃跑。途中，信一度失而复得，但海娃却再次被敌人抓住。机智勇敢的海娃故意把敌人引入歧途，敌人发现中计，拔枪打伤海娃的手。在这千钧一发的时刻，八路军赶来搭救，将敌兵悉数歼灭。海娃完成送信任务后晕倒了，八路军根据鸡毛信里提供的情报，炸毁了敌人的炮楼，并活捉了猫眼司令。

3. 精彩片段

（1）海娃口袋里装着鸡毛信，赶着羊群给八路军送去。不料在大山口外面遇到了一队抢粮的鬼子。鬼子越来越近。海娃着急了，把鸡毛信往哪里藏呢？他看着胖乎乎的羊尾巴，灵机一动，就抢到前面抱着那只带头的老绵羊，把它尾巴根的长毛拧成两根细毛绳，把鸡毛信折起来，绑在尾巴底下。这下海娃什么也不怕了，他把羊鞭甩得响响的，朝着鬼子赶过去。"站住！"一个鬼子吆喝起来，哗啦一声举起枪，对着海娃的小脑袋。一个穿黑军装的歪嘴黑狗跑过来，一把抓住海娃的脖子，把他拉到一个长着小胡子的鬼子面前。海娃一点也不怕，他故意歪着脑袋，张大嘴巴，傻愣愣地望着小胡子。小胡子说声"搜"，那个歪嘴黑狗马上动起手来，摸补丁，掏窟窿，把海娃周身都搜遍了，连两只破鞋也没放过，结果什么也没搜着。小胡子只得干瞪着眼，冲着海娃喊："滚开！滚开！"

（2）一个叫歪嘴黑狗的汉奸叫海娃把羊赶进牲口圈里，然后把海娃拉进屋里。鬼子和黑狗们抱着枪睡在干草上，把海娃挤在最里头。海娃睡不着，他想："鬼子明天还要宰羊，要是今晚跑不掉，鸡毛信可就完了。"他不住地埋怨自己："海娃，海娃，你怎么搞的，连一封鸡毛信都不会送啊！"忽然听见外面的哨兵吼了一声："哪一个？"有人回答："喂牲口的！"哨兵不吭声了。不一会儿，远处传来一阵鸡叫。海娃发现鬼子哨兵正在打瞌睡，就悄悄地站了起来，踮着左脚把歪嘴黑狗的胳膊轻轻拨开，从小胡子身边跳过去，闪到了门边，又轻轻地迈过哨兵的大腿，溜到了村边的路上。"哪一个？"街头遇到鬼子的哨兵了，"喂牲口的！"海娃机智地装着大人的声音骗过了那个哨兵。走进牲口圈后，从那只老绵羊尾巴底下把鸡毛信解下来，揣进口袋里，撒开两腿一口气跑上了庄后的山梁。

4. 自己的感想

这部电影的情节很精彩，看的时候也特别紧张，海娃跑出来时我高兴得鼓起了掌。接下来的故事情节更精彩，如海娃后来不小心把信给弄丢了，等他好不容易找到时，又被鬼子抓住了。当然，最后海娃还是脱险了。大家有兴趣可以去看一看。

第三课时 习作指导

一、复习导入，激发动机

1. 本单元学到了哪些习作技能？（场面描写、细节描写、故事梗概写作）
2. 本次习作要用到上述哪些技能？（场面描写和细节描写，重点是场面描写）

二、复习写作方法

复习场面描写的概念，并举例说说场面描写和细节描写的特点。

（1）场面描写的主要特点是"有点有面，点面结合"。包括主要人物的描写，其他人物的描写和场上人们动作、语言等表现出来的气氛和情感，如兴奋、悲伤、紧张、刺激等。

（2）读下面的片段，讨论点评。

球入网的那一刹那，"噢……"的一声，整个足球场都沸腾了。输球的一方懊丧极了。有的脸涨得通红地叫喊着，脖子上还冒出了青筋；有的紧握拳头，用脚使劲地跺地。仿佛想把满腔怨气跺进地底去……赢球的一方兴奋得手舞足蹈。有的扬着双手使劲地奔跑，有的仰天大笑，笑得全身发颤。特别是那个踢球入网的运动员，脚下像装了一根弹簧，兴奋得不停地往上跳，还一连翻了好几个跟头。

观众场上更热闹了，每个人都扯着喉咙朝赛场大喊大叫。有的使劲挥舞着大彩旗，嘴上"嗷嗷嗷"地直叫嚷；有的情不自禁地把头上的帽子向空中抛去。兴奋的、愤怒的、尖嗓子的、粗嗓门的，各种声音混杂在一起，充斥在空气中的每一个角落，如山呼海啸，震耳欲聋。

点评：这段话将场面描写和细节描写结合在一起，真实地再现了当时的激动场面，如作者紧紧扣住"沸腾的"这个关键词，先写球入网时足球场上的热闹场面，具体描写了输球、赢球两方球迷各自的表情与行为；再重点描写了踢球入网运动员的兴奋表现；同时还用细节描写手法将场上人们的动作、语言、神态描写得淋漓尽致。

（3）选取某个运动比赛的场面并说说当时的场景，如跑步、跳高等。先说说当时比赛的整体场面情况，再说说自己或同学比赛时的表现，以及旁边观看比赛同学的反应。

三、选材指导

1. 出示要求。

（1）学习《开国大典》中场面描写的方法，尝试按时间顺序描写一个场景。

（2）要将场面描写得真实、具体、清楚。

（3）借鉴人物描写的方法，描写出重点人物的独特表现。

2. 启发学生回忆亲身经历过的精彩场景或记忆深刻的场景，如拔河场景、菜市场或集市上讨价还价的场景、节日游览的场景、赶庙会的场景、艺术节歌唱会的场景等。

3. 指导学生选出并确定自己最喜欢的场面，提示如下。

（1）选的场景要比较熟悉，要按时间顺序写。

（2）把场面写具体、写清楚。

（3）写出人们的神态、动作、语言，包括观众的表现。

4. 构思：同桌或小组探讨描写场景的各种方法。

四、学生习作，教师巡视，个别指导

第四课时　修改指导

一、出示目标，分项指导

选择好各类带有共性问题的习作文章（或习作片段）作为讲评修改的例文。引导学生明确本次习作讲评修改重点，并分三个层次进行讲评指导。

二、判断是否是场面描写

1. 出示场面描写的要求。

（1）是否把内容按时间顺序写清楚了。

（2）是否写出了场面描写的点与面。

（3）是否写出了场面描写特定的气氛与情感。

2. 讲评要点：习作作品是否切题，是否符合场面描写的要求，是否需要修改或重写。

（1）出示几篇有代表性的习作作品，对照习作要求讲评。

（2）学生对照习作要求审视自己的习作作品，在文章要修改的地方做各种批注符号。

三、习作的基本要求

（1）出示习作语言表达上的基本要求。（基本要求根据学生的实际情况制定）

（2）对照语言表达要求，先各自审视习作作品，再和同桌交流，在需要修改的地方进行批注。

（3）出示符合要求和有问题的两篇习作作品，讲评指导，修改示范。

（4）学生再次审视自己的习作，确定要修改的地方，简要增删。

点评：习作的四个要求可以锻炼学生写故事梗概、细节描写和评价三方面的能力，教学成功与否的关键是先练好单项能力。

四、学生自主修改

1. 学生对照修改要求，认真修改或重写。教师巡视，对有困难的学生作有针对性的个别指导。小组内自评自赏，互评互赏。

2. 修改好的学生轻声朗读自己的习作作品，进一步修改完善自己的语言表达。

3. 评价激励：出示一篇修改得比较好的习作作品，引导学生共同进行欣赏性的评议。

五、交流分享，赏析评改

1. 引导学生自我推荐自己的习作作品，然后请学生分别朗读自己的习作作品。

2. 集体评议，提出修改建议。

总评：所谓"场面"、场面中的"点"和"面"，这些都是模糊概念。这些概念只能从例子中习得。认知心理学认为，例如"要点面结合地进行场面描写"，这样的规则是软规则，只有启发作用，不能保证写作成功。唐老师的写作概念和规则教学符合认知策略学习原理：认知策略学习不能一次完成，需要反复进行。要通过反复练习让学生意识到为什么要进行场面描写，进一步理解场面描写的规则。最后的自主修改和互相评议习作作品可以促进学生反省，提高学生的认知水平。

设计者：唐懋龙

评析者：皮连生

第十章 写作能力的综合构建与教学策略

写作，就是写文章。要写成一篇好文章，作者应具备三个核心要素：（1）作者的主观人格力量；（2）作者能选取合适的思想内容；（3）作者能顺畅地表达出思想内容的写作能力。前两个要素是作文教学难有作为的，作文教学能有所作为的是第三个要素。

写作能力是综合性书面表达能力，由一种动作技能和三种写作技能与策略综合构建而成。一种动作技能是记录文字的写字、打字等动作技能，三种写作技能与策略是产生思想内容的策略，表达思想内容的技能和修改作文的策略和技能。

作文教学是学习写作的实践活动。作文教学的主要目标大致有两种类型：一种是以写出一篇篇作文为主要目标，另一种是以培养写作能力为主要目标。我国中小学阶段作文教学的目标基本是前者。其实，作文教学的主要目标应该是培养学生的写作能力，至于写出来的作文，是写作能力形成后的自然的例证。现代认知心理学提出了以培养写作能力为导向的作文教学构想，构建了"计划、表达、修改"三个过程的写作教学流程，我国一些优秀教师也提出了"作前构思、作中表达、作后修改"三步写作教学指导法，两者异曲同工。

第一节　写作、写作能力与作文教学

作文教学是语文教学中最薄弱、最难以把握的一个领域。我国早期研究作文教学的专家，无论是个人天赋、聪明才智，还是投入研究的时间，都是难以超越的。上海师范大学王荣生教授对此曾有精辟的警示：一百年来研究语文课程与教学的专家远远要比我们有学问，胡适、梁启超、林琴南、夏丏尊、叶圣陶、朱自清等，哪个不比我们聪明？哪个不比我们有学问？他们的学问远远要比我们好，他们对事业的追求也比我们执着。如果他们都解决不了，就说明这个问题本身有问题。

这个"问题"很可能是研究的路径问题。要实现路径的突破，就要从作文教学内部结构入手，搞清楚写作、写作能力与作文教学三者之间的底层逻辑关系，探寻作文教学的科学规律和应有形态。例如，写作的性质和特点是什么？写作能力的基本架构是怎样的？作文教学的核心任务到底是什么？

一、写作

写作，就是写文章，"写"是动词，"文章"是名词。作家许杰在《写作学新稿》序中说：一篇文章或作品的形成必须具备三个主要因素：一是作者内在的主观人格力量，二是作者所选取的题材内容，三是作者用来表现这一题材的技巧和形式。这是任何作者，包括名作家都不能违背的准则。纵观古今中外任何一篇优秀的文章，无不闪烁着作者独特的人格魅力，表现着其丰富的生活经验、知识积累和高超的书面写作能力。

这三个要素中，"作者内在的主观人格力量"是最重要的核心要素，这包括先天遗传的天赋基因和后天形成的人文素养、态度情感与价值观；其次是"作者所选取的题材内容"，即文章的思想情感内容，这内容应来源于作者个人的生活经验和通过阅读等渠道获取的百科知识，以及这些百科知识的深度和广度。问题是，这两个要素是作文教学最难有作为的，它们既不是作文教学的内容，也不是作文教学的目标。作文教学能有所作为的是第三个要素"作者用来表现这一题材的技巧和形式"，即表达思想内容的写作能力，包括遣词造句、布局谋篇、表情达意等言语智慧技能和审题、立意、选材、构思等写作策略。

现代科学心理学研究表明，写作属于问题解决的范畴。问题解决有两种类型：一种是结构良好的问题，如数学等学科中的各种问题都有明确的答案，问题解决一般有章可循；另一种是结构不良的问题，写作就是典型的结构不良问题，因为写作是没有答案的，在写之前，作者不知道写出来的文章会是什么样子。这既是写作最难的地方，也是写作最有魅力的地方。说其难，是因为写作结果没有答案，具有不确定性；说其有魅力，是因为写作最富有创造性。

曾有人问鲁迅先生如何写文章，鲁迅回答不知道。鲁迅先生会写文章，但不知道文章怎样写，而现今许多语文教师自己不会写文章，却在教着学生怎样写文章。这本身就是很滑稽的事。

由此看来，教学生写文章，很可能是在教不能教或教不会的东西。然而，长期以来，无数专家和优秀教师付出大量的时间和精力就是在研究怎样教学生写文章。"教师出题—学生写作—教师批改"是最常见的作文教学流程，看似天经地义，实质徒劳无益，表面上看学生写了一篇又一篇的作文，结果却是教师怕教写作，学生怕写作。随着时间的推移，许多教师开始不教写作了，因为他们发现，写作教与不教，效果其实差不多。所以许多研究写作的专家说，凡是写作好的学生都不是教师教出来的。事实确实如此，曹雪芹、蒲松龄、鲁迅、老舍等写作大师，他们是谁教出来的？

然而，从语文教学实际情况看，许多教师还是在教写作，不过教的是应试作文，包括为了应付考试的"考场作文"，为了显示教学成效的"优秀作文"。

"考场作文"是有套路的。深谙此道的老教师都知道一个秘密：阅卷教师评价一篇作文所需的时间都是以秒计算的。因此，如何在以秒为单位的时间里获得一个好分数，是应试作文的主要追求。要实现这个追求，就要有相应的套路，这个套路就是模仿、套作甚至抄袭。

还有一种为"政绩"而生的"优秀作文"。如各类刊物上发表的、各种作文竞赛中获奖的"优秀作文"。这种应景式的"优秀作文"也是有套路的，看得见的作文内容大多是"人为加工"过的，而看不见的作文形式却问题成堆。如绝大部分获奖作文都是经过教师或编辑精心加工过的，不需要编辑加工的优秀作文很少。这种现象在成人世界也很常见：出版社出版的各种书籍都要经过编辑执笔加工。而这个"精心加工"恰恰是最重要的写作能力。对学生来说，这就是必须掌握的写作基本功。显然，应试作文教的是应试的套路，不是真正意义上的写文章，也培养不出真正意义上的写作能力。

那么，作文教学应该教什么呢？教写作能力。

二、写作能力

作文教学的主要任务是培养学生的写作能力。写作能力是一种特殊的综合性书面表达能力。要培养这种能力，首先要弄清写作能力本身的基本架构及其层级关系。心理学家对写作能力的结构与分类有不同的理解，经梳理，大致有以下几种观点。

（1）思维能力型，即人们常说的观察力、想象力、思维力等认知能力。这些认知能力具有先天遗传的基因成分，先天遗传的认知能力是每一个正常人都天生具有的智力潜能，是稳定的、不受教育影响的，可以用专门的智商量表测定。我国作文教学历来强调要培养学生的观察力、想象力、思维力，殊不知这些先天遗传的认知能力是不可教的。

（2）语言能力型，包括言语表达技能与写作策略。言语表达技能指遣词造句、布局谋篇、表情达意、修辞运用等言语表达智慧技能。写作策略指作文的审题、立意、选材、构思等策略性知识和元认知技能。这些技能和策略是写作能力的重要组成部分，是构建写作综合能力的零部件。本书第四章至第七章对此已作了具体阐述，这里不再展开。

（3）综合能力型，其中较典型的是苏联教学法专家拉德任斯卡提出的七种基本写作能力，分别是审题能力、表现中心思想的能力、搜集材料的能力、系统整理材料的能力、修改文章的能力、语言表达的能力和选择文体的能力。

这七种能力中，前六种属于一般能力，最后一种，即选择文体的能力是特殊的写作能力。这七种能力中有两种不应该单独安排训练：一是语言表达能力，它可以通过文学课和语法课的教学逐步形成；二是修改文章的能力，它应该通过作文教学的各个阶段逐步形成。这七种写作能力的阐述与现代认知心理学的观点有些相近，缺点是分类不清晰，操作性不强。

吴立岗教授在此基础上将写作能力简要概括为两种能力：其一是产生作文思想内容的能力，其二是表达作文思想内容的能力。笔者认为还要加上一种，即"修改作文思想内容和语言文字"的能力。

综上所述，笔者认为，写作能力是一种综合运用的能力，由"产生作文思想内容的能力""表达作文思想内容的能力"和"修改作文思想内容和语言文字的能力"三种子能力综合构建而成。这三种子能力的性质和功能特点是不一样的。第一种是受意识控制的写作策略，第二种是不受意识控制的、自动化的表达技能，第三种则是写作策略和表达技能的综合运用。

现代科学心理学的研究表明，综合能力是不能直接教的，因为人的短时工作记忆容量有限，其容量一般为 7 ± 2 个组块。因此，在具体的教学实践中，还要将三种不同性质的子能力进一步分解为一个个具体的智慧技能和认知策略，让学生逐个掌握。如"产生作文思想内容的能力"可分解为审题、立意、选材、构思等写作策略；"表达作文思想内容和语言文字的能力"可分解为遣词造句、布局谋篇、表情达意和修辞语用等智慧技能；"修改作文思想内容和语言文字的能力"则分为修改思想内容、修改文章结构、修改语言文字等写作策略和表达技能。（见表10-1）

表10-1　写作能力的基本架构及其层级关系

综合能力	子能力	单项技能和写作策略
写作能力	产生作文思想内容的能力	审题、立意 选材、构思
	表达作文思想内容的能力	遣词造句、布局谋篇 表情达意、修辞运用
	修改作文思想内容和语言文字的能力	修改思想内容 修改篇章结构 修改语言文字

由此可见，写作能力是有层级关系的，第一层是写作综合能力，属于解决问题的综合能力；第二层将写作能力分解为三个不同性质和功能的子能力，是比较具体的综合能力；第三层是根据不同的性质和功能特点将三个子能力分解而成的一项项可操作的专项智慧技能或写作策略。

写作能力还包括一种动作技能。要写作，就要先掌握写字、打字等动作技能。只有这样，才能不让写作占用短时工作区的空间，降低学生的认知负荷。写字有两个基本要求：规范，有一定速度。信息社会里，许多人用电脑来写作，打字也有两个要求：一是要会盲打、指法正确，二是要有一定的速度。

三、作文教学

作文教学是学习写作的综合性实践活动。我国在作文教学方面虽然积累了许多宝贵的经验，但始终没有形成科学化的作文训练序列。

（一）作文教学的过程

无论是国内还是国外，作文教学大致有两种类型：一种是以写出一篇篇作文为主要目标的教学活动，其功能指向的是一篇篇成文的书面作品；另一种是以培养写作能力为主要目标的教学活动，其功能指向的是写作能力的综合构建。

长期以来，我国中小学作文教学基本上是以写出一篇篇看得见的作品为主要目标。透过现象看本质，学生在这种教学模式下写出来的作文，有的是用自己已掌握的写作能力写出来的，有的是用模仿的方法编造的，还有的是用抄袭的方法拼凑而成的，尤其是以应对中考、高考为代表的应试作文，大都采用"套作"的方式。这种取向的作文教学大都是以追求分数为主要目标，偏重于写出一篇篇表面成果，而忽视作文的科学指导过程，这样既不能提高学生的实际写作能力，也不能反映作文教学的真实质量。

特级教师顾黄初明确指出，一篇文章从孕育到完成总得经历构思、谋篇、布局、起草、修改等一系列过程。在动笔之前要想，在想的过程中构建出文章的大致轮廓；在动笔之后也要想，在想的过程中使预拟的表达内容更具条理、更丰富；在完成初稿之后要再想，在想的过程中发现疏漏错失，随时予以改正，必要时还得做些润色工作。这是一篇文章产生的自然程序。而过去我们的作文教学，实际上只抓了"起草"这一环；起草以前的构思谋篇，起草以后的修改润色，都没有让学生受到真正的训练。

作文教学的主要任务应该是培养学生的写作能力，至于写出来的作品只是写作能力形成的例证。由此推断，作文教学应有两个互相关联的任务，这两个任务具有分进合击的关系。其中一个任务是"分"，亦称"小练笔"，即将写作能力分解为一项项具体可操作的表达技能和写作策略，并对其有计划地进行专门的教学和训练。另一个任务是"合"，即提供建构写作综合能力的演练场，通过综合性的写作实践活动，将学到的单项技能和写作策略重新构建成写作综合能力。

迈耶经多年研究，提出了以培养写作能力为导向的作文教学构想，将作文指导分为计划—起草—修改三个过程。20世纪我国一些优秀教师也提出了以作前指导、作中表达、作后修改三个过程为标志的作文教学基本模式，与梅耶的作文教学构想有异曲同工之妙。语文课标2022年版也明确指出："注重写作过程中搜集素材、构思立意、列纲起草、修改加工等环节，提高独立写作的能力。"这句话就蕴含了作文教学的三个过程，取材、构思是作前准备，主要包括审题、立意、选材、构思等写作策略的教学指导，起草是作中表达，即用语言智慧技能表达思想内容，加工是作后修改和评价。

（二）作文教学的序列问题

我国一直缺乏以培养学生写作能力为导向的作文教材，作文教学的内容在教材中没有独立的地位和有序的架构。

1980年，全国小语会在大连成立，叶圣陶先生在发言中指出，现在大家都说学生的语文能力不够，推究起来，原因是多方面的。而语文教学还没有形成一个周密的体系，恐怕是多种原因中相当重要的一个。他希望研究会以此为课题，花两三年的功夫，给小学语文教学初步建立起一个较为周密的体系。四十多年过去了，叶圣陶呼吁的"周密的体系"至今仍是镜中花、水中月。

作文教学究竟有没有序列？语文教学界是有争议的。几十年的实践证明，靠传统的哲学思辨和经验总结解决不了问题，只有对作文内容和形式进行科学审视，才能看出问题的端倪。

20世纪七八十年代，我国语文教学强调工具性，写作教学注重文章的形式，简称"文"。"文"是有规律的、有序的，文章的字词句篇及其内在的词法、句法、章法等规律性知识都有章可循。因此，许多研究作文教学的流派大都认为作文教学是有序的。吴立岗教授明确指出，作文教学应该遵循从口语到书面、从句到段、从段到篇的过程，坚持语言形式的学习与运用是作文教学的主要目的。但从知识角度看，这个"序"又不是严格的学科逻辑体系。

21世纪语文新课程改革后，语文倡导人文性，注重文章的思想内容，简称"道"。"道"，即人文性，其本身是无序的，不少课程专家由此认为，作文是学生自由表达心声的实践活动，不需要规定学生写什么、怎样写，因此，作文教学是没有序的。

虽然许多专家和教师都认同并强调要加强"读写结合"，但在教学实践中，读写结合只是内容上的结合，在语言形式方面是读写分离的。在具体的教学中，写作与阅读教学中的读写结合大都是在思想内容方面的结合，而在语言表达和构思策略等写作能力层面，读与写之间往往没有联系。在这种情况下，写作教学基本上是围绕内容在同一平面周而复始地做机械模仿的惯性运动。久而久之，学生一遇到写作就头疼。为此，张志公先生呼吁：与其让学生每两周写一篇作文，倒不如让他们少写几篇，反复修改。

综上所述，要解决作文教学的序列难题，首先要回归语文教学的初心。作文教学的主要任务是让学生学会运用语言形式，其次要帮助学生提升写作能力，最终从"具体明确"和"文从句顺"两大方面系统建构作文教学的序列。

第二节　作文教学的内容与教学目标

鉴于写作能力内部结构的特殊性和复杂性，结合布卢姆的教育目标分类学理论，笔者研制了作文教学的两维教学目标分类表，清晰表征作文教学内容和教学目标之间的逻辑关系。（见表10-2）

表 10-2　作文教学的两维教学目标分类表

教学内容		认知过程					
		记忆	理解	运用	分析	评价	创造
作前准备	文章题目				审题		
	中心思想					立意	
	写作材料				选材		
	篇章结构				写提纲		构思
作中表达	打草稿的基本程序			表达思想内容			
作后修改	思想内容						修改思想内容
	篇章结构					修改篇章结构	
	语言文字					修改语言文字	

作前准备、作中表达和作后修改三个教学过程对应着写作的三个子能力。

（1）作前准备教学内容是作文课要教的概念性知识，用名词表征，即题目、中心、材料和结构；写作的教学目标是这些知识要教到什么程度，用动宾短语表征，如审题、立意、选材、构思。在认知心理学的视野中，审题、立意、选材、构思都属于写作的策略性技能，是作文能力的组成部分。在作文教学中，这些策略性技能综合建构形成的就是"产生作文思想内容的能力"。

审题、立意、选材、构思等写作策略有两个特点，其一是这些技能的学习和运用都要受意识控制，在写作时要占用短时工作区的资源。其二是这些技能属于高级技能，其内含的策略性知识比较复杂，一般不可能自动化，甚至要防止自动化，以避免学生产生套作、仿作等机械学习倾向。

（2）表达作文思想内容的能力，即用语言文字表达思想感情的言语表达技能，包括遣词造句、布局谋篇、表情达意等智慧技能。这些智慧技能都是广义的程序性知识，与写字、打字一样，要达到不受意识控制的自动化程度。这样，在写作时才能不占用短时工作区，从而减轻写作时的心理负荷。

这些智慧技能是作文能力的重要组成部分，但不是作文教学的目标，作文课上是不教这些技能的，这些技能是阅读教学的目标。20世纪70年代我国一些语文专家已经发现这个秘密，如1978年年颁布的小学语文教学大纲明确指出：阅读课中教表达技能，作文课中用表达技能。这在国际上也是领先的，纵观世界各国的作文教学，只有中国专家提出了这样的见解。

（3）修改作文思想内容和语言文字的能力。修改作文的能力是综合的策略性技能，包括3个要求：一是修改作文的思想内容，即看本次作文是否写出了自己原来想表达的思想感情内容；二是修改作文的篇章结构，看作文的篇章结构是否正确、合理，是否能很好地表达自己想表达的思想；三是修改作文的语言文字，看作文是否能文通句顺地把自己想表达的思想感情表达得清楚明白、具体生动。

下面重点就"产生作文思想内容的能力"的审题、立意、选材、构思等写作策略的教学内容作具体阐述。

（一）审题

审题要解决的是"写什么"的问题，以此决定作文的方向。审题是理解题目的类型、范围、文体，揭示题目意义的策略性技能。缺乏审题的策略性技能，写作时就不能很好地把握作文的要求，容易产生跑题、偏题等现象。

作文题目一般由两个部分组成：一是作文的题目，大部分题目都有引语或提示语，审清引语的方法主要是提取关键词和切题联想；二是作文的要求，文题后面往往都有一个"要求"或"注意"，对写作范围、文体、篇幅等方面作一些限定，有的给出的是副标题，要求自拟题目作文，有的要求只能写成记叙文或议论文，有的特别要求使用书信体，而有些要求则隐含在引语之中。

1. 题目的类型

看到一个作文题，先要判定它是什么类型的作文题。是命题作文还是话题作文，是全命题作文还是半命题作文，要求是续写、扩写还是缩写课文。

（1）全命题作文，是出题者给出一个既定的题目，要求学生根据既定的题目习作。全命题作文的审题要求比较高，要求学生审清题目里的内容和题目中的限制语，包括时间、地点、对象、内容、数量、性质、范围等。

（2）半命题作文，作文题目只出现一部分，另一部分要求学生补充完整。半命题作文一般有具体的提示和要求，从选材的内容、范围和角度给学生以启示，提供想象空间。如统编版小学语文教材五年级上册第七单元的作文，题目：＿＿＿＿＿＿即景，提示了学生两个要求：①按照一定的顺序描写景物。如，写窗外即景，可以按空间顺序，由近及远地写一写窗外的景物；②注意写出景物的动态变化，使画面更加鲜活。如，写日落即景，可以写一写太阳落下时形状的变化以及夕照下景物色彩的变化。

2. 题目的范围

作文题目的范围分宽题与窄题两类，限定作文范围的大小。有些作文题目的内容比较宽泛，如《我们的老师》，要求学生从几个方面写某名教师值得大家学习的特点和品质。从题目上看，"我们的老师"范围比较大，写哪一名老师呢？不明确。再看题目要求，就明白是要写"值得学习"的老师，如果对"特点和品质"这些概念不理解，还需要补上这方面的知识。如果改成《我的班主任》，题目的范围就小了，因为班主任只有一个，容易确定。

3. 题目中的关键词

审读题目时要学会抓题目中的关键词，从中提取有用信息。题目中的关键词又称"题眼"，是能揭示文章意义、点明文章重点或表明文章感情色彩的词语。如果作文题目是《我帮助妈妈做事》，关键词是"帮助"，就应写"我"

平时怎样帮助妈妈，其中"怎样帮助"应写具体。如果题目是《我帮助妈妈做了一件事》，关键词是"一件事"，就应将怎样做这件事的内容写具体。再如，题目是《金黄色的秋天》，那就要围绕"金黄色"这个关键词，描写秋天特有的景物色彩变化，而不要笼统地描写秋天。

（二）立意

立意，就是明确写作的目的，确定文章的中心思想。写作目的有"为谁写""为什么写"两个要素，其中"为谁写"是指写作要有"读者意识"，"为什么写"则是写作的目的，即作文的中心思想。中心思想一旦确定，对后续的选材、构思、表达乃至修改等写作过程都有重要的作用。因此，立意能力是第四学段学生必须具备的写作策略性技能。

语文课标2022年版中提到："懂得写作是为了自我表达和与人交流。"任何习作总是带有一定的目的，因此小学作文应当加强立意能力的教学指导。

1. 中心要明确

写作要有明确的目的，明确表达要赞扬什么、反映什么、说明什么或讽刺什么，或说明一个道理，或抒发某种感情。有明确的写作中心，才能让别人读后受到教育或启迪。因此，无论是写人的、记事的还是状物的作文，都要在审题后认真思考：我为什么要写这篇文章？我要在这篇作文中表达一个怎样的观点或怎样的态度、感情？

2. 中心要集中

一篇作文只能有一个中心。有的学生写作时常犯多中心或无中心的毛病。如有一个学生写《我的妈妈》，开始写妈妈日夜为全家人操劳，后来又写弟弟刻苦学习，取得优异的成绩。读这篇作文，读者也不知是赞扬妈妈还是赞扬弟弟，犯了多中心的毛病。又如有的学生写《春游活动》，常常把从到校集合、排队出发、路上唱歌、春游活动，最后整队回家的全过程都写上。整篇作文就像一篇流水账，没有中心，看不出要赞扬什么、反映什么、说明什么。

3. 要有真情实感

写作要有真情实感，这里实际上蕴含着两个要求。其一是"以德育人"层面的要求，所谓真情实感，就是作文中所表达的情感必须是真实的。其二是要有"读者意识",即学生应知道自己的作文是写给谁看的,对方读了作文后会有什么反应。有了读者意识,学生写作时,头脑中就会出现明确的交流对象,可避免胡编乱造情节和表达虚假情感等问题。

小学生在立意中可能会出现失误,甚至出现在成年人眼中看来是"大逆不道"的错误观点。对此,教师要持宽容的态度,只要是真情实感,就应该肯定,并在此基础上进行相应的思想教育和纠错指导。

(三)选材

选材是作前准备的一个重要过程,"选"是选择,"材"是素材。选材是在审题、立意的基础上,从大脑中搜集已有的生活素材,选择合适的材料,并将其转化为作文的思想内容。选材实际上蕴含着"搜集素材"和"选择素材"两个元素。

朱光潜先生谈论自己的写作经验时说道,定了题目之后,他便会取一张纸条摆在面前,然后抱着那题目肆意地想。想时全凭心理学家所谓"自由联想",不拘大小,不问次序,想到一点东西,就在纸条上写上三五个字。如此一直写下去,一直记下去。这种"想"的工作做完了,接下来把杂乱无章的小标题看一眼,仔细衡量,把无须说的各点一齐丢开,把应该说的选出来,再在其中理出一条线索和次第,另取一张纸条,顺这个线索和次第用小标题写成一个纲要。

这段话生动形象地描绘了选材的两个过程:第一个过程是搜集素材,用"头脑风暴"从长时记忆中搜索平时积累的生活素材并记下来;第二个过程是"选择素材",将"应该说的"选出来,这"应该说的"就是根据确定的写作中心选出来的合适材料,也就是作文最后的思想内容。在写作教学中,教师应加强对学生的过程指导。

(1)搜集素材的能力。学生的作文素材来源主要有三个方面:一是现实生活本身,即学生亲历的生活经验;二是学生在大量阅读等活动中积累的百科知识;三是学生通过学习和观察等实践活动搜集的生活素材。要培养搜集素材的能力,首先必须学会观察,要教会学生在观察中发现、觉察周围事物和现象所独有的特征;其次要养成大量阅读的习惯,要读有价值的书,如科学知识、人物传记、历史典故等。

（2）选择素材的能力。作文的思想内容是为中心思想服务的。因此，选材必须围绕写作的中心思想，有用的则取，无用的则舍，重要的详写，次要的略写，与中心思想无关的材料，再生动也不能用。

例如，《列宁和卫兵》的中心思想是"赞扬列宁自觉遵守纪律的优秀品格"。而作者写这篇文章时可能会搜集到许多材料，对这些材料必然有所取舍，能表现中心思想的则选取，不符合的则舍弃。（见表10-3）

表 10-3　《列宁和卫兵》选取与舍弃的材料

材料	材料内容	选材
1	列宁在路上思考许多问题	不选
2	卫兵阻挡列宁	选择
3	卫兵是什么地方的人	不选
4	小胡子阻止卫兵，不让盘查列宁	选择
5	列宁进克里姆林宫后的工作情况	不选
6	卫兵后来受批评还是受表扬	不选

指导学生选材时，除了要紧扣文章的中心思想，还要注意两个要求。

一是选材要有代表性。如《再见了，亲人》一课，作者选择了大娘、大嫂、小金花三位人物，分别代表了老年、中年、少年三个年龄层的人物。如果选的都是老年人，或都是中年人，那就缺乏代表性了。

二是所选的材料要真、小、新。"真"就是真实，"小"就是具体，"新"就是新颖。例如课文《一个苹果》，作者选择了一个战火纷飞的夜晚，在防空洞里，八名志愿军战士在饥渴交加的困境中竟然"吃不完"一个苹果，表现了战士们的战斗友谊。所选的材料不仅要紧扣文章的中心思想，还要做到真、小、新。

（四）构思

"构"是动词，是建构、构想的意思；"思"是名词，主要指写作思路。

在作前准备过程中，构思是至关重要的一环，主要是解决"怎么写"的问题。构思包括三方面的内容：（1）组织材料，安排结构和记述的顺序；（2）根据题材特点，选择合适的文体样式；（3）形成写作思路，列出写作提纲。

然而，构思指导有一个两难的问题，指导过于细致容易束缚学生的思维，不利于富有个性的创造性表达；指导过于粗略又会很难具体衡量效果，因为构思这种思维活动带有鲜明的主观因素和个性色彩。

（五）组织材料，安排结构和记叙的顺序

小学作文主要以记叙文为主，在课文中，材料的安排和记叙的顺序大致有四种类型。

（1）按事情发展顺序来安排材料和结构。如《飞夺泸定桥》一文的记叙顺序是：准备夺桥（起因）—抢时间（发展）—攻克天险（高潮）—奔赴前线（结果）。由此全文可分四段，其中"抢时间"和"攻克天险"要详写，这是记叙文最基本、最常用的一种结构和写作顺序。

（2）按时间先后顺序来安排材料和结构。如《我的战友邱少云》一文就是根据时间顺序来安排材料和记叙的：天还未亮—中午时分—半个小时后—黄昏时候。这类文章常常用表示时间的词语和句子来划分文章的段落，安排材料和记叙的顺序。

（3）按空间变换顺序来安排材料和结构。写游记、参观访问记以及描写景物和场景的文章，往往用表示地点概念的词语和句子来划分文章的段落，安排材料和记叙的顺序。

（4）按事物的几个方面来安排材料和结构。如《将相和》是根据事物性质写了三件事，从三个方面表现人物的性格特点：完璧归赵—渑池之会—负荆请罪。这种记叙的方式往往采用总分结构或概括与具体结合的形式来组织安排材料和记叙顺序。

上述四种安排材料和结构的基本方法，在阅读教学时要引导学生发现和学习其内在的知识概念，学生在写作时就可根据具体材料灵活运用。教学时，不同年级的侧重点要所有不同。

（六）根据题材特点，选择合适的文体样式

学生需要掌握记叙文、说明文和议论文三种文体的结构特点，并进行相应的训练，只有这样，学生才能在写作时自觉选择最合适的结构形式，甚至突破这些题材的条条框框而有所创新。

记叙文要先交代清楚时间、地点、人物、事件，事件中又有起因、经过、结果三要素。在此基础上，再考虑作文的开头与结果、过渡与照应、详写与略写等问题。

说明文的写作结构大致可分为三个部分：第一部分是开头，一般是简要地引出说明的对象；第二部分是主体，一般要求按事物的几个方面有重点地进行说明；第三部分是结尾，主要是总结事物的特点。

小学阶段很少涉及议论文的写作，但从作文能力培养的角度看，让小学生写一些议论文是很有必要的。议论文的文章结构一般分论点、论证、结论三个部分。对小学生可做以下指导：首先提出自己的观点（论点），然后选择哪些事实依据来证明自己的观点（论据），接着考虑用什么方法论证（论证方法），最后得出自己的结论。

（七）形成写作思路，列出写作提纲

构思的最后一步就是形成写作提纲。写作提纲一般用图标或提要的方式列出，简要说明写作目的，列出要写的主要内容，为选好的写作材料安排好顺序，即先写什么，再写什么，最后写什么；哪些要详写，哪些要略写；按什么顺序写，怎样开头与结尾，等等，最后列出各部分的内容、顺序和重点。

编写提纲是写作中不可缺少的一个重要环节，它既是作前准备所有工作的成果展示，也考查着学生重要的写作基本功。许多语文教师一般是在第三学段开始指导学生编写习作提纲。其实，学生编写写作提纲应该有一个阶梯式的训练过程，应该从三年级就开始培养，先指导小学生填写习作构思单，习作构思单的写作应逐步由简到繁。这样，到高年级时，学生才能独立编写习作提纲。

以作文"写一个熟悉的人的一件事"为例。

（1）选材构思：请联系自己的生活，选择一个你熟悉的人，回忆一下他

的许多往事，写出你印象最深的几件事。

（2）这几件事中你最想写哪一件事？从中选择一件事，说出理由。

（3）填写习作构思单。

题目：_____

我选择的一件事是：_____

这件事发生的时间、地点以及人物是：_____

这件事我准备按下面的顺序写：

先写事情的起因：_____

再写事情的经过：_____

最后写事情的结果：_____

学生经过一段时间的学习，知道习作构思单对写好作文有重要的作用，到高年级后，教师就可指导学生编写写作提纲了。

编写写作提纲一般可分为三步：（1）简要写出中心思想，做到中心明确，切合题意，简明扼要；（2）安排写作素材的顺序，确定每一段话的主要内容，简要地写明段意，对重点内容进行分层；（3）分清主次，确定作文的重点部分和略写部分，围绕写作的中心思想，最能表现中心的部分要详写，次要的略写。

以作文"写一件你最难忘的事"为例。

学生的题目：拾西瓜。

中心思想：拾物归主，热心助人。

结构安排与写作顺序：

①放学了，同学们准备去赛场看球赛。（时间、地点、人物和事情）

②忽然发现老爷爷瓜车上掉下大西瓜。（重点部分）

描述场景：老爷爷拉车的样子；车子一歪，车上的瓜掉了下来；大家上去捡瓜的情景；将西瓜还给老爷爷。

③同学们跑步去赛场看球赛。（结果）

第三节　写作能力的形成机制与教学策略

写作能力是一种特殊而又复杂的综合能力，要培养这种能力，就要找到能解释写作能力形成机制的科学理论。经多年探索，笔者发现可以从三个方面找到出路：其一是根据写作心理学的原理，确定作文教学三个过程的教学内容和操作程序；其二是运用潜意识心理学理论，探明"顿悟"和"灵感"对写作能力形成机制的促进作用；其三是根据写作学的篇章结构理论，加强审题、立意、选材和构思等写作策略的指导。

一、写作能力的形成机制

要探索写作能力形成的机制问题，首先要理解两个重要概念："顿悟"和"灵感"。在传统的经验论层面，顿悟、灵感常常被披上神秘的面纱，陷入玄学的泥潭。而运用潜意识心理学理论，则能科学地揭示其内在规律。这些概念虽然比较抽象，但具有较强的科学性和可操作性，是培养写作能力绕不开的知识门槛和可靠路径。

（一）顿悟

顿悟是一种解决复杂问题的思维过程。"顿"就是思维停顿，"悟"就是恍然大悟，"顿悟"就是从不理解到豁然开朗的思维过程。学生在作文过程中常常会遇到这样的情景：看着作文题目，找不到思路，感到困惑、迷茫，甚至沮丧，但经过一段时间的思考后，突然明白了，恍然大悟了，这就是顿悟。如果学生看到作文题目没有经过停顿就明白了，这不是顿悟，因为没有思维停顿这个过程。因此，顿悟的特点是思维在停顿后经过不断思考而产生的飞跃。停顿的原因是在解决问题时被某项知识缺口卡住了脖子，恍然大悟则是因为通过回忆、思索等方法找到并补上了这个知识缺口后，获得了解决问题的思路和方法。人们常说的"书读百遍，其义自见"，就蕴含着顿悟的过程。"书读百遍"，是因为读的过程中会遇到某些知识障碍，因不理解而产生了思维停顿，因此要一遍又一遍地读；"其义自见"就是知识障碍消除了，于是恍然大悟了。

更重要的是，在顿悟的过程中会出现一系列条件性情绪变化。如思维停顿时会产生困惑、无奈甚至沮丧的情绪，而恍然大悟后则会产生兴奋、喜悦甚至激动的情绪高峰体验，这是解决复杂问题时伴随顿悟才会有的现象。这种积极的条件性情绪是产生写作兴趣和动机的催发剂，是推动学习的强大驱动力。

试举一例。有一次，笔者用《开国大典》的教学设计在浙江省象山县某个海岛上一所薄弱小学中试教，教学内容是"场面描写"。场面描写的特点是点面结合，包含了点、面、情三个要素。在教学过程中，教师引导学生研读课文里4个场面描写的语例，要求学生发现并说出场面描写的特点。在理解点、面、情三要素时，课堂中出现了思维的停顿，学生静静地分析思考，教师耐心等待。不一会儿，有几个学生举起了手，又过了一会儿，更多的学生举起了手，突然，一个男生未举手就兴奋地叫了起来："我知道了，点就是课文里的毛主席，面就是有许多人，情就是有好词好句。"这是全班成绩最差的学生，他说出了场面描写的特点，话糙理不糙。这个过程就是顿悟，从开始的思维停顿到后来的豁然开朗，而"兴奋地叫起来"就是随顿悟而产生的兴奋、激动的情绪表现。对这个学生来说，这是珍贵而又难得的学习体验。在这个过程中，"学生静静地分析思考，教师耐心等待"则是之后恍然大悟的必要条件。

由此可见，顿悟的特点是思维从停顿到飞跃，其间必须经历思维停顿和恍然大悟两个环节，如果没有思维停顿就明白了，这不叫顿悟，也难以产生恍然大悟后积极兴奋的情绪高峰体验。在当下的作文教学中，一般都是老师讲，学生听，学生虽然对作文的内容理解了，对其中的一些规律性知识也有所感悟，但不会出现顿悟，只能说是感悟。感悟是感觉层面的领悟，很难达到思维飞跃的程度。

（二）灵感

灵感是顿悟出现后产生的一种思维状态。人们在解决某个较难的问题时，从百思不得其解到突然实现顿悟，找到了较为满意的答案，大脑随即产生一系列积极的情绪，推动自我积极主动地进一步深入思考、探索，这时就进入了灵感状态。简而言之，人们在解决复杂问题时，总是先产生顿悟，随后进入灵感状态。

郭沫若在回忆《凤凰涅槃》的写作过程中说道：那首诗是在某一天中分两个时辰写出来的。上午在讲课，诗兴突然袭来，便在抄本上东鳞西爪地写出了那诗的前半部；晚上就寝时，诗兴又突然袭来，于是写出了诗的后半部。郭沫若在描述当时的身心状态时说：伏在枕上用铅笔只是火速地写，全身都有种作寒作冷，连牙关都在作仗。这表明，创作灵感总是与诗情、诗意、语言节奏相伴而来，同时伴随着人的生理、心理高度兴奋、紧张、愉悦等情绪高峰体验。

由此可见，灵感是一种积极的情绪体验。在灵感状态中，人的思维特别敏捷，想象力特别丰富且活跃，各种创意如潮水般涌来，在各种知识融会贯通的瞬间，积极的情绪体验就会出现。因此，灵感实际上就是创新，是在解决复杂问题的思维过程中出现的。简单问题虽然也能顺利解决，过程中可能也会出现顿悟，并产生某种愉快的情感体验，但在情绪上很难达到兴奋、激动的程度，缺乏进一步思考探索的动力，也就难以产生灵感。

例如，写作文时，如果学生只是为了完成教师的任务，被动地接受教师的指令，或模仿习作例文学写作文，一般不会产生灵感。只有热爱语文，喜欢写作的学生，对写作活动着迷，有主动探索力的学生，才能产生灵感。

（三）顿悟和灵感的产生源自于知识

顿悟和灵感是不会凭空产生的，其产生的根源主要是知识，在作文教学中就是写作知识。譬如，顿悟中思维停顿的原因是在写作时遇到了某个知识困难，心理学称之为大脑中出现了知识缺口，这个知识缺口可能是作文的内容短缺、要求不清晰，也可能是自身知识、技能或策略缺失或有缺陷，还可能是虽然所有的知识都具备了，但知识的质量不高，即不能完整、清晰地表征知识的内涵。一旦把这些知识缺口补上了，并且能完整、清晰地解释清楚，就会产生思维的飞跃，即恍然大悟。

灵感产生的根源也是知识，与顿悟不同，在灵感产生之前，学生已经具有完整的知识，但缺少的是令人满意的知识，在积极情绪的推动下，学生会开始寻找这种令人满意的知识。经过长时间的搜索，忽然遇到某种原型知识，与自己已有的知识发生碰撞、融合，由此产生了令自己满意的新知识，这时，灵感就产生了。

从布卢姆的两维教育目标分类学理论来看，写作知识属于"教学内容"的维度，而停顿和灵感则属于"认知过程"的维度。教学内容达到认知过程中的某种程度就成了教学目标。"顿悟"是教学内容达到了认知过程中的分析与评价的高阶思维水平，"灵感"是教学内容达到创造的高阶思维水平，而传统的"感悟""领悟"一般只能达到理解等低阶思维水平。由此可见，顿悟与灵感是推动写作能力形成和发展的重要机制，是高阶思维活动的主要标志。

根据上述原理，我们可以科学设计能促使停顿和灵感产生的外部条件，提高灵感产生的概率，其最佳选择就是在例中学。在具体的教学中抓两个要点：其一，在作文教学中确定具体的教学内容和目标，针对学生可能产生的知识缺口，选择能补上缺口的教学程序，创设一种能引发顿悟的学习条件；其二，创造一种使大脑充分放松，并能不间断地积极探索新知识的学习条件，获得创新思维的灵感。

金洪源教授曾开发了一个难得的作文教学经典案例，科学地揭示了写作能力的形成机制，包括篇章图式的完形和顿悟、灵感等认知元素。笔者在此对这个经典案例作简要分析。

在这个案例中，学生要写一篇作文，题目是"我们的老师"，要求学生选择一名最喜欢的老师，从几个方面写出这名老师值得学习的特点或品质。

经分析，要完成这样的作文，学生需要具备以下知识和技能：

（1）审题：关于教师特点、品质的知识和经验，读懂作文的题目和要求，选择一名自己最喜欢的老师。

（2）立意：具有写人物类文章的褒贬意识和中心思想等读写经验。

（3）选材：根据文章主题取舍材料等方面的知识和经验。

（4）构思：一般的写作顺序性知识，即主次分明、详写略写、篇章结构等方面的知识和经验。

这些知识都是围绕"最后写成的文章是怎样的"这个篇章图式组合起来的。如果学生缺少某一种知识，在大脑中就出现了某种知识缺口，就会产生思维停顿。而一旦补上这个知识缺口，篇章图式就会完整（格式塔心理学家称之为完形的"知识缺口"），学生就会恍然大悟。但如果学生缺少的知识很多，这时要形成篇章图式就很困难，学生实现从思维停顿到恍然大悟需要很长时间，甚至会停滞。

从现实情况看，大多数学生都具有一定的写作经验，对写作知识也不是一无所知，只是缺少某些合适的知识，导致篇章图式出现知识缺口。例如，学生知道老师有许多事情值得写，但不知从何写起，不知该按什么顺序写，先写什么后写什么，这就是知识缺口。于是，学生开始在大脑中寻找已有的知识，此时就出现了思维停顿。

这时教师就会面临教学策略的选择问题。传统的做法是，向学生呈现一篇习作例文，比如《我们的班主任》，让学生模仿例文的写法完成本次习作。由于习作例文和要写的作文是同一类文章，学生几乎不需要多动脑筋就能依葫芦画瓢地写出一篇作文来。显然，在这个过程中，学生很难产生顿悟和灵感，写作能力也难以有效提升。

在这个案例中，实验教师从"篇章图式"的角度调查，发现学生并不缺少一般性的写作知识，缺少的是如何组织材料、选择材料和篇章构思的策略性知识，于是采用了一种新颖的教学策略：给学生提供一篇题材不同但篇章图式相近的例文。

本次作文的要求是写人："我们的老师"，而教师给学生的例文是写景类文章:《我爱我的家乡》（见表 10-4）。教学时引导学生分析例文，通过审题、立意、选材和构思等过程的指导，学生脑中形成了一个篇章图式，即本次作文"我们的老师"写完后应该是怎样的原型知识呢？

表 10-4 习作例文《我爱我的家乡》中的篇章图式

1. 要写哪儿？ 它怎么样？ 你怎么想？	哪儿：家乡，河北省野桥村
	初步印象：不如城市繁华、富丽
	怎么想：觉得可爱
2. 回答问题：为什么可爱？ （1） （2） （3） ……	（1）村边大水塘可爱——夏天：捉鱼；冬天：滑冰
	（2）田野可爱——夏天：庄稼、绿树；秋天：果实累累
	（3）动物、牲畜可爱：好玩
	（4）村里人可爱：勤劳、简朴
3. 所以…… （扣题）	（1）我爱我的家乡
	（2）长大了建设家乡

这时，学生大脑中产生了一个比较清晰的写景文篇章图式，但对写人物类文章的篇章图式仍不清晰，即存在一个知识缺口，因此接下来要将这个写景的篇章图式迁移到写人的文章中去，让学生用文字将"我们的老师"的篇章图式表现出来。显然，这对学生来说是一个不小的挑战，把写景的篇章图式迁移到写人的篇章图式中，是有很大难度的。在这个迁移的过程中，学生的思维出现了停顿，经过不断思考和教师的引导和点拨，学生突然开窍了，恍然大悟了，写出了"我们的老师"的写作提纲，由此完成了篇章图式的迁移。如某同学在此基础上创造性地写出了本次作文《我的董老师》的篇章图式（见表10-5）。

表 10-5 《我的董老师》在大脑中的篇章图式

1. 要写谁？ 她怎么样？ 我怎么想？	谁：我们的董老师
	初步印象：不如妈妈打扮得漂亮
	怎么想：还是觉得董老师可爱
2. 回答问题：为什么可爱？ （1） （2） （3） ……	（1）和我们一起玩：玩老鹰捉小鸡等各种游戏
	（2）朴素：自己朴素，教育同学朴素
	（3）能干
3. 所以…… （扣题）	（1）我爱董老师
	（2）长大了想成为像她那样的人

这个案例给我们以下启示：

（1）指导学生作文，要思考学生大脑中是否有相关的知识。

（2）学生不能产生顿悟，要进一步思考学生大脑中缺少什么知识。

（3）找不到有用的知识就提供一个原型知识。

（4）让学生在原型知识的启发下产生新知识。

二、作文教学的三个过程与教学策略

迈耶等心理学家从培养写作能力的角度将作文教学分为计划、转化、检查三个过程，20世纪我国一些优秀教师经过长期的实践和研究将作文教学分为作前指导、作中表达、作后修改三个过程，两者异曲同工。

作文教学的三个过程各有各的功能，每一个过程既相对独立，又前后连贯，形成一个可以重复的写作程序。下面就作文教学的三个过程及其操作策略作简要说明。

（一）作前准备

现代写作心理学研究表明，如果写作前不进行审题、构思等准备活动，学生就要将其放在作中表达的环节，这时学生就要做两件事：审题构思和语言表达。由于大脑的短时工作区无法容纳这么多的内容，这两个过程就会受到干扰，结果就是写作质量低下，写作能力的培养也无从谈起。这种情况在国外也普遍存在，美国专家皮克安发现，即使在高中和大学，也没有几个学生能够在写作之前进行必要的计划，与此相反，职业作家无一例外地都在写作之前先进行计划，列出写作提纲。因此，学生写作前必须先做计划，教师对此要进行必要的教学干预。

据迈耶等人的研究，作前准备有三个子过程：第一个子过程是从已有的生活经验中提取可用的信息，需要的是审题技能；第二个子过程是根据某种标准选择合适的信息，这个"标准"就是写作的中心思想，因此这个子过程涉及立意和选材的技能；第三个子过程是形成一个写作方案，需要的是构思技能。

根据吴立岗教授的观点，作前准备就是产生作文思想内容的过程。产生作文思想内容需要有"产生作文思想内容的能力"，这个能力是综合性的，主要由审题、立意、选材、构思等具体的写作技能和策略综合构建而成。作前准备就是通过审题、立意、选材、构思等写作技能和策略的语用指导，使学生将生活中的各种经历、感受体验以产生式的方式显性化，形成有序的写作思路。

写作时，如果学生看了题目和要求就知道该写什么、怎样写，表明他们已经具有"产生作文思想内容的能力"；如果看了题目和要求，不知道该写什么、怎样写，说明他们缺少"产生作文思想内容的能力"。如果这时教师从头做起，对审题、立意、选材、构思等写作技能和策略都一一进行指导，但这么多的内容超出了大脑短时工作区的认知负荷，学生会感到步履艰难。即使跟着教师勉强走完这些程序，也无助于能力的形成，以后遇到相似的作文任务，他们仍然会感到无能为力。

譬如有这样四个题目:《我的一个星期天》《难忘的一天》《记我父亲的一个工作日》《我们全家度过周末》。

它们都要求记叙一天的事情，但对"产生作文思想内容的能力"要求不同。第一个题目审题比较容易，因为"怎样度过星期天"的事情学生清楚，不需要另外搜集材料，只要从自己的生活经验中选择自己感兴趣的材料，在此基础上表明自己的写作目的，确定一个中心思想即可。第二个题目对材料的选择提出了较高的要求，要求对已有的素材进行选择，选择出来的材料能体现"难忘"这个中心，在构思层面，只需要将选出来的材料按时间顺序安排即可。第三个题目需要另外搜集材料，因为父亲在单位里一天做了什么事，学生并不知道。第四个题目不仅要求搜集材料，了解每个家庭成员的情况，而且要求整理材料，将每个成员的言行表现有序表达出来，如果每个成员写一个段落，还需要考虑段落之间的过渡方法。

上述四种类型的题目反映了四个不同的写作难度。第一、二类作文只要求有审题和立意的能力，第三、四类作文则还考验学生搜集材料和整理材料的能力。

由此可见，作前准备这个阶段要先教审题、立意、选材、构思等写作技能和策略，然后在作文实践中引导学生运用这些技能和策略促进作文思想内容的产生。这四种技能和策略各有各的功能和特点。

审题主要解决"写什么"的问题，以此决定作文的写作方向。立意主要解决"为谁写""为什么写"的问题，以此明确写作目的，确定中心思想。选材是在审题、立意的基础上，根据确定的中心思想，搜集、选择合适的材料以表现作文的思想内容。构思主要是解决"怎么写"的问题，包括安排结构和写作顺序，选择合适的文体样式，形成写作思路，最后列出写作提纲。

综上所述，作前准备这个过程实际上承担了两个相互关联的任务，其一是将"产生作文思想内容的能力"分解为一个个具体的专项技能与策略，一个一个地教；其二是在这个过程中进一步将具体的专项技能建构成综合能力。

（二）作中表达

学生完成作文的构思后就进入了作中表达的环节。即"起草"，又称"打草稿"。起草是将写作构思中的所想与写作思路用语言文字表达出来，最终写出作文的初稿。

传统的作文教学观看重的是学生写出来的作文，因此一方面要求学生想好要写的作文内容，即完成从审题到构思的作前计划，另一方面要求学生写出来的作文稿卷面整洁，书写规范，文通句顺，不写错别字，标点运用正确。

要做到上述要求，学生必须熟练地掌握写作遣词造句、布局谋篇、修辞表达等言语智慧技能。问题是，这种技能不是写作课所能教的，而是在阅读课上通过学习课文的典型语例而形成的。非常遗憾，长期以来阅读课是不教这些技能的，这导致学生普遍缺失言语表达技能。由此，作中表达时所涉及的作文内容、语文知识与技能远远超出了学生大脑的短时记忆容量，实际上就是要求学生一心多用，做不可能做到的事。其实，不要说学生，就是许多专家甚至写作高手也难以做到一心多用。

鲁迅先生总结自己的写作经验时说道：十步九回头的作文法，是很不对的。应该立定格局之后，一直写下去，不管修辞，也不要回头看。等到写成后，搁它几天，然后再来复看，删去若干，改换几字。在创作的途中，一面练字，真要把兴趣打断的。我翻译时，倘想不到适当的字，就把这字空起来，仍旧译下去……否则，能因为一个字，停到大半天。

这段话形象地揭示了作中表达这个过程的特点，对我们的作文教学有很大的启发。学生在作中表达这个过程中，要将作前的所想和写作思路用自己的语言表达出来，写成草稿。由于起草过程中往往还伴随着构思活动，需要占有短时工作区的资源，为了避免干扰，在起草过程中不应对学生文字表达的质量提过多要求，不强求文通句顺，使学生尽可能多地将工作记忆的容量用于构思。

在起草的过程中，学生应该是一个完全的主体，教师基本处于"不作为"状态。只需提醒学生，尽量把自己想到的、构思好了的内容用笔写下来，不要遗漏，在起草的过程中，遇到不会写的字，可以用拼音或其他符号代替，也不要管句子是否通顺、是否连贯。如果课内完不成，还应允许学生在课外完成，以保证学生有充足的思考和写作时间。

为此，笔者研发了作中表达的基本教学程序，从三年级开始作文教学时就对学生进行专门训练，使学生掌握作中表达的基本程序，在后续的作文课中反复实践练习，逐渐养成习惯。当然，前提是学生在阅读教学中已习得较熟练的言语表达技能。

作中表达的教学程序如下。

（1）教师指导（课件出示起草规则）：动笔写的时候，要尽快把头脑里想好的内容写下来，要不停笔地写，不要写写停停。写的时候暂时不要管句子通不通顺，遇到写不出或不会写的字，可用拼音代替，或留下空格，待写完后再来补上。

（2）师生互动，理解、熟读"起草规则"。

（3）执行规则，学生动笔起草。

教师巡视，关注学生起草过程中的表现，遇到写写停停的学生要及时干预，进行必要的辅导。

学生在课内完成习作草稿并上交。如果课内完不成，可以作为课外作业在课外完成。

（4）教师审阅所有学生的草稿，发现问题，设计修改作文的教学计划。

（三）作后修改

好作文是改出来的。修改作文需要调用各种语言表达技能和写作策略，从思想内容、布局谋篇、言语表达等方面进行全面修改，最后誊清成文。

这个过程的主要任务是作文讲评与修改，包括修改初稿，誊写正稿与评价发表。传统的作文教学往往以教师的批改代替学生的自我修改，导致学生自我修改能力的弱化，直接影响了作文教学的效果和质量。有的教师虽然重视学生的自我修改，但大都关注一些语言文字表达层面的内容，对习作思想内容和结构思路方面的评价明显不足。

作文的修改指导应有三个层面的要求：一是修改作文的思想内容，看作文是否写出了自己原来想表达的内容与情感；二是修改作文的篇章结构，根据本次作文的特定要求，看作文是否运用相关技能很好地表达出了自己想表达的意图；三是修改作文的语言文字，根据一般语言表达的要求，看作文是否文通句顺地把自己想表达的思想情感表达得清楚明白、具体生动。在这个过程中，教师要抓住评议与交流、修改与激励等要素，充分调动学生的自我修改积极性，引导学生从读者的角度审视自己的习作，反思习作中的各种问题，发现和感受自己的进步和成功等。

修改作文需要大量的时间，包括思考、发现、修改、誊清等过程。其中最难把握的是让学生独立修改作文这一环节，学生能修改的往往是一些浅层的字面问题，如改几个错别字或标点符号。因为学生很难发现和意识到自己习作中的问题。即使感觉有问题，也不知道怎样去修改。

为了提高作文修改的效率，学生对文章的修改与写初稿之间要保持一定的时间间隔。学生打好草稿后要对文章进行冷处理，搁置几天，让学生打草稿时的兴奋情绪趋于平静，这样在修改时学生能较容易地发现初稿中的各种问题。

修改作文的一般程序如下。

（1）出示习作要求，确定修改标准。

（2）对照标准，教师分层示范评改。

①修改作文的思想内容，对照标准进行评改。

②修改作文的篇章结构，根据布局谋篇的规则进行评改。

③修改作文的语言文字，出声朗读，发现错误并进行修改。

（3）同桌交流，互相评议，在需要修改的地方进行批注。

（4）对照修改标准，修改自己的习作，或重写。教师巡视，对有困难的学生有针对性地进行个别指导。

（5）誊清成文。

三、能力导向的作文教学设计举例

我_____的一个人

（五年级上册）

◎ 写作要求

我们身边有很多值得敬佩的人。他们可能是每天利用业余时间刻苦学习外语的妈妈，也可能是苦练书法的小伙伴，可能是不畏寒暑、默默工作的清洁工人，也可能是自强不息、努力拼搏的叔叔、阿姨——选择其中一位，通过具体事例，夸夸他们执着追求的精神。要把事情写清楚，表达自己的敬佩之情。

在口语交际的基础上，写一篇习作，要把自己所写的人的精神面貌表现出来，内容要具体，语句要通顺，写完以后要认真修改。

◎ 教学内容

要辨析的作文题目中的概念，思想内容，中心思想，篇章结构，语言文字。

◎ 教学目标

1. 能识别"敬佩、尊敬、佩服"等词语的意思，选择一位最值得敬佩（或尊敬、佩服）的人。

2. 能用具体事例写出人物值得敬佩（或尊敬、佩服）的特点，题目自拟。

3. 能根据本次习作的标准修改习作，誊写成文。

◎ 教学过程

第一个过程　作前准备

一、审题指导

1. 识别关键词：敬佩、尊敬、佩服。说一说这三个词的相同点和不同点。（学生思考、辨别、交流，教师点拨、反馈、矫正）

2. 出示几位人物名字，选择恰当的词语填在括号里，并说出填写的理由。（如图 10-1）

| 1. 篮球名将姚明（　　）　　2. 班主任张老师（　　）　　3. 爸爸是下岗工人（　　） |
| 3. 电脑高手王晓兰（　　）　　5. 妈妈是劳动模范（　　） |

图 10-1　练习单（二）

3. 人人动手填一填，同桌互动对一对，出示答案改一改。

（参考答案：1. 佩服，2. 尊敬，3. 尊敬，4. 佩服，5. 敬佩）

4. 审题练习。

（1）出示作文题目：我_____的一个人。

（2）指导：如将这三个词填入括号，就有三个作文题目。请联系自己的生活，在下列题目中写上你身边熟悉的人，并说明理由。

我敬佩的人：_____

我尊敬的人：_____

我佩服的人：_____

（3）反馈交流，辨别正误，修正错误。

5. 选材指导。

（1）先确定关键词，将题目补充完整。

（2）再从自己熟悉的人中选择一位你认为最值得_____的人。

（3）回忆这个人的往事，按要求填写表格 10-6。

表 10-6　练习表

将题目补充完整	原因	具体事例

（4）选材交流。

点名几个学生上前示范。学生讲述自己想写的一个人以及能反映人物特点的具体事例，师生评议是否符合选材要求。

同桌或小组交流，互评互议，确保每一个学生的选材都符合要求。

6. 指导学生认读"具体事例"。

（1）复习课文《全神贯注》（正例）。（学生各自默读）

（2）屏幕出示删掉第2自然段的《全神贯注》（反例），学生比较阅读，说说发现了什么。（学生自由表达，教师适时点拨）

（3）教师小结：原文第2自然段具体生动地写出了罗丹全神贯注工作的精神，使茨威格敬佩不已。删掉这段话后，就体现不出罗丹"全神贯注"的特点，茨威格最后说的一句话也变得莫名其妙了。这种能充分表现人物特点的事例，就叫"具体事例"。

第二个过程　作中表达

一、教师指导

课件出示起草规则：动笔写的时候，要尽快把头脑里想好的内容写下来，要不停笔地写，不要写写停停。写的时候暂时不要管句子通不通顺，遇到写不出或不会写的字，可用拼音代替，或留下空格，待写好后再来补上。老师给的只是一个范围，大家可以根据自己习作的内容，选择一个恰当的题目。

二、师生互动，理解、熟读"起草规则"

三、执行规则，学生动笔起草

1. 学生在课内完成习作草稿并上交。如果课内完不成，可以作为课外作业在课外完成。

2. 教师巡视，关注学生起草过程中的表现，遇到写写停停的学生要及时干预，进行必要的辅导。

四、教师审阅后设计作后修改的教学计划

第三个过程　作后修改

一、习作评析示范

1. 出示习作要求。

（1）题目：我敬佩（尊敬、佩服）的一个人。

（2）能运用具体事例写出这个人值得敬佩（尊敬、佩服）的地方。

（3）能用关键语句表达自己的真情实感。

2. 示范性评价。

（1）出示几篇优秀习作作品（用投影仪展示，小作者朗读自己的文章）

（2）出示评议标准。（见表10-7）

表10-7 评议标准

是否写我敬佩（尊敬、佩服）的一个人	有无具体事例/是否写具体	是否用了关键语句表达真情实感
是（　） 否（　）	1. 有具体事例（　） 2. 没有具体事例（　）	1. 有关键语句（　） 2. 没有关键语（　）
	1. 具体（　） 2. 不具体（　）	1. 有真情实感（　） 2. 没有真情实感（　）

（3）师生合作评议，对照本次习作的一般要求，分别在相应的括号里画"√"。

（4）找出写得好的地方，进行欣赏性讲评。

3. 病文评改示范。

（1）出示有各种问题的习作若干篇。

（2）师生合作，对照上述习作要求，用修改符号进行修改示范，使学生知道如何修改。

二、学生修改实践

1. 学生各自修改自己的习作作品，对照评价表，自我评价。

2. 同桌讨论、交流，互相提出对方习作作品存在的问题和修改建议。

3. 学生各自修改自己的习作作品。

4. 反馈交流。

三、修改语言表达问题

1. 学生各自朗读自己的习作作品，发现语病及时做上记号。

2. 各自修改语句，包括正确使用标点，不写错别字等。

3. 前后四人互相朗读、交流自己的习作作品，互评互议。

4. 誊写成文。

第十一章
情感态度的育人价值与教学策略

情感态度与价值观的学习性质是育人，包括两个方面：一个是阅读教学中对课文里人物榜样的态度学习和情感体验；另一个是对语文学习本身的学习态度和情绪反应。态度由认知、情感、行为倾向三部分构成，其中情感是核心。人们的认知与行为大致有三种情况：知行合一，知行不一，介于两者之间。知行合一是语文教学在态度领域中的重要目标。情感由主观体验、生理反应、表情行为三部分组成。语文课程中的情感学习属于心理学中的态度学习范畴。

阅读教学目标有两个维度：一个是语文能力，另一个是态度情感。不教语文知识和语文技能的阅读课不是语文课，教语文知识和语文技能但忽视态度情感的阅读课，是语文课，但不是好的语文课。课堂中的情感态度教学有两种类型：一种是思想品读教育，另一种是审美情感熏陶，不同类型的教学需要用不同的方法和策略。

情感态度学习还涉及一种不受意识控制的"条件性情绪反应"，它属于人的潜意识心理现象。元认知心理干预技术能改善、优化学生的"条件性情绪反应"，解决各种学习障碍问题，而且能使学生进入天才学习状态，对提高学生学习素质具有重大意义和价值。

第一节　语文教学中的情感态度与价值观

学校的语文教学除了要培养学生的语文能力，还承担着另一项重要的任务，就是教会学生做人，使之成为有理想、有道德、有文化、有纪律的一代新人，即语文学习中的情感态度与价值观教育。

情感态度与价值观的学习性质是育人，包括两个方面。一个是阅读教学中的态度学习与情感体验，影响态度学习的主要因素是榜样，榜样可以是人物，也可以是科学的道理。如语文课程中的许多伟人，革命英雄人物，以及各行各业的先进人物都是学生学习的榜样。通过学习，学生也能像榜样一样做出类似的行为。另一个是对语文学习本身的学习态度和情绪反应。这里的态度主要是语文学习的成功所引发的对语文本身的学习兴趣和热爱等情绪反应及其行为倾向。情绪反应是指在学习过程中，因为喜欢、热爱，原本没有情感色彩的语言文字染上了情感色彩，学生对语文学习产生浓厚而且持久的兴趣。

1956年，美国心理学家布卢姆提出一个为国际教育界和心理学界公认的教育目标分类框架，教育目标分为认知、情感、动作技能三个领域。1965年，心理学家加涅将人类的学习结果分为言语信息、智慧技能、动作技能、认知策略、态度五种类型。

2001年，我国语文课程标准在语文素养新概念下提出"知识与能力"和"情感态度与价值观"两个维度的教学目标。显然，布卢姆的"情感"领域，加涅的"态度"与我国课程标准中的"情感态度与价值观"都属于态度情感方面的学习。语文课标2022年版更是强调要立德树人。

科学心理学的研究发现，语文与其他课程有一个重要区别，就是语文具有双内容属性：一个内容是语文能力，另一个内容是思想情感。数学、科学、地理等课程大多属于单内容的教学，虽然这些课程也要承担育人的功能，但在课程内容的设置上主要是该学科的知识性概念等内容。

由此可见，语文教学承担着两个方面的任务：其一是培养学生的语文能力，包括语文知识和语文技能，这是语文课程特有的本体教学目标；其二是塑造学生的人文素养，包括情感态度与价值观的教育，这是语文课程的育人目标，两者不可偏废，方可实现语文课程的工具性和人文性的统一。

要落实情感态度与价值观的教学，就需要深入认识态度情感的性质。加涅指出：态度是影响学生作出行为选择的内部状态，由认知、情感、行为倾向三部分构成，其中情感是核心成分。

态度一般有三个部分：（1）认知，与对态度对象的评价有关；（2）情感，与伴随概念或命题的情绪或情感有关，这是态度的核心部分；（3）行为倾向，与行为的预先安排或准备有关。例如，一个学生对语文的积极态度，其中的认知成分可能是：在班级中，语文成绩总是名列第一，这可以带来荣誉、地位和成就感；情感成分可能是获得第一名时内心的喜悦和满足感或解题成功时的兴奋感；行为倾向成分则是由此对语文产生浓厚兴趣和积极学习的行为表现。

由于单纯的情感是不存在的，所以加涅将布卢姆的情感领域目标称为态度。我国语文课程中的情感学习属于心理学中态度学习的范畴。价值观也是一种态度，是指个人判断是非与善恶后用以决定取舍时所持有的综合性价值体系，是指可以内化为个性心理特征而且稳定程度较高的态度。小学生还不具备形成价值观的心理条件，因此小学语文主要是情感与态度的学习。

情感是一种复杂的心理现象，情感过程也有三个基本部分：主观体验、生理反应、表情行为。主观体验是由客观事物引发的喜怒哀乐感情变化的体验，生理反应是由情感引起的身体内部神经系统的生理反应。这些生理反应主要是由人体自主神经系统中的交感神经和副交感神经的交互作用导致的。一般来说，交感神经兴奋时会引起血管收缩、血压升高、心跳加快、肾上腺素分泌增多等变化；副交感神经则与平静快乐的情感有关，会出现血管扩张、血压下降、心跳减慢、消化器官运动加强、肾上腺素分泌减少等变化。据统计，人在消极悲伤时每分钟呼吸9次，高兴时每分钟呼吸17次，积极用脑时每分钟呼吸20次，愤怒时每分钟呼吸40次，恐惧时每分钟呼吸达64次。表情变化是情感现象不同于其他心理现象的一个重要特点。表情变化是情感引发的外部行为表现，包括语言和体态语两个方面。

在语文课程中，情感态度蕴含着两方面的学习元素：一是与语文教材中的各类课文及其蕴含的思想情感内容相对应的内容，具有陈述性知识的属性，如课文中英雄人物的榜样作用和各种感人的事迹；二是与以人为主体、尊重人的价值、关心人的利益等思想观念相对应的内容，属于意识形态观念层面的范畴。

从学习与行为的角度看，语文能力解决的是懂不懂、能不能的问题，而情感态度与价值观解决的是肯不肯、愿不愿的问题。人们的认知与行为大致有三种情况：（1）知行合一，即所想的、所说的和实际言行是一致的；（2）知行不一，即说的是一套，做的是另一套；（3）介于两者之间，即有时能做到知行合一，有时做不到。从育人的角度看，知行合一是语文教学在态度领域中的重要目标之一。

班杜拉的观察学习理论比较适合情感态度的教学。班杜拉认为行为习得有两种不同的过程：一种是通过行为反应的结果所进行的学习，即我们所说的直接经验的学习；另一种是通过示范所进行的学习，即我们所说的间接经验的学习，人类的大多数行为是通过间接经验习得的。通过观察他人的行为，学生可获得人物榜样的行为示范特征并模仿产生类似的行为。班杜拉认为这一过程受到注意、保持、动作再现和动机四个过程的影响。

（1）注意：学生容易注意和观察那些与自己已有的知识相近的，或认为是优秀的人和事，并将其作为学习的榜样，产生模仿的行为。比如，教师在学生的心目中一般是学习的榜样，因此，学生常常会模仿教师的言行举止。

（2）保持：学生能记住观察到的人物榜样的言行举止等行为特征，将相关信息在长时记忆中编码保存。比如，学生学了《鸡毛信》一课后，对海娃送信中的生动情景往往记忆犹新，谈论起来也是眉飞色舞。

（3）动作再现：在适当的情境中，学生会模仿从榜样情境中所观察到的行为，并转换成为自己的实际行动，由此产生一种自我效能感，即相信自己能做一个怎样的人，完成一个怎样的任务。如学生读了雷锋的故事，会模仿雷锋叔叔去做好事。

（4）动机：学生在学习中受到榜样人物的激励，或自己的行为表现得到奖励，会在心理上得到强化从而产生动机。这是情感态度学习的理想目标，表明情感态度的学习内容已经内化成为学生的素养组成部分。

因此，教师在情感态度的教学层面要充分利用课文中人物的榜样力量，精心设计自己的教学语言，用榜样的力量教育学生，用人物的行动感动学生，用自己的言行鼓励学生，用积极的评价激励学生。特别要强调的是教师的言传身教。言传，即动情讲解、传授道理；身教，即亲身示范、以身作则。

第二节　思想品德与审美情感的教学策略

阅读教学有两个目标维度：一个是语文能力，一个是情感态度。不教语文知识和语文技能的阅读课不是语文课，教语文知识和语文技能但忽视情感态度的阅读课，是语文课，但不是好的语文课。

阅读课中的情感态度教学有两种类型：一种是思想品德教育，一种是审美情感熏陶，不同类型的教学需要用不同的方法和策略。语文学界对这个问题的认识是有阶段性差异的，这从21世纪初三版语文课程标准对情感态度与价值观的表述中可看出端倪。

实验稿的表述是："语文课程丰富的人文内涵对学生精神领域的影响是深广的，学生对语文材料的反应又往往是多元的。因此，应该重视语文的熏陶感染作用，注意教学内容的价值取向，同时也应尊重学生在学习过程中的独特体验。"阐述的是语文课程的"人文内涵""熏陶感染作用"，强调要尊重学生的独特体验。

语文课标2011年版的表述是："语文课程丰富的人文内涵对学生精神世界的影响是深刻的，学生对语文材料的感受和理解又往往是多元的。因此，应该重视语文课程对学生思想感情所起的熏陶感染作用，注意课程内容的价值取向，要继承和发扬中华优秀文化传统和革命传统，体现社会主义核心价值体系的引领作用，突出中国特色社会主义共同理想，弘扬以爱国主义为核心的民族精神和以改革创新为核心的时代精神，树立社会主义荣辱观，培养良好思想道德风尚，同时也要尊重学生在语文学习过程中的独特体验。"新增加了思想品德方面的内容，而且占了很大的篇幅。

语文课标2022年版则明确指出："义务教育语文课程围绕立德树人根本任务，充分发挥其独特的育人功能和奠基作用……吸收古今中外优秀文化成果，提升思想文化修养，建立文化自信，德智体美劳得到全面发展。"并在"课程理念"部分提出了中华优秀传统文化、革命文化、社会主义先进文化三大内容主题。显然，新版课标更注重对学生的思想品德教育。

从语文课程架构的角度看，情感态度与价值观的学习包括两方面：一是阅读教学中对课文里人物榜样的态度学习和情感体验，二是对语文学习本身的学习态度和情绪反应。

第一个要素主要体现在课堂教学中。从阅读教学的角度看，情感态度的学习内容已充分体现在语文教材的各类课文中。只要选文正确，学生通过阅读就能潜移默化地体会和感悟课文中蕴含的人文性。

第二个要素则与学校的教学评价与管理、教师本身的人格魅力和教学艺术相关联。长期以来，无论是教师还是学生都受困于无限的作业与不合理的考试评价制度。

从阅读教学的角度看，有一个容易被忽视的问题：教学中混淆了"思想品德教育"与"审美教育"两个不同的概念。从大量的公开课看，阅读教学更多关注的是尊重学生的独特体验，忽视了思想品德教育的育人功能。

思想品德教育强调的是社会主义核心价值体系的引领作用，树立社会主义荣辱观，培养良好思想道德风尚，其学习方式主要是教育与接受；而审美教育强调的是"尊重学生在语文学习中的独特体验"，其学习方式是个性化的体验与感悟。在具体的语文教学实践中，需要辨别这两类不同性质的学习方式，采用相应的教学策略。下面试举两个例子说明。

一是《我的战友邱少云》教学片段。

一名教师执教《我的战友邱少云》一课，到尾声时，设计了一个提问的环节："学了这篇课文，你想对邱少云说些什么？"一个学生站了起来说："邱少云，你真是一个傻瓜。人的生命是最宝贵的……"教师听了一愣，本能地喝了一句："傻瓜？你才是傻瓜！坐下！"课后，这位教师对自己的教学行为做了深刻的反思：一方面感到内疚，不应该对学生发火，有违"尊重学生在语文学习中的独特体验"这一理念，另一方面调整了教学方案，精心预设了一个应对此类情况的教学构想。

第二次执教本课时，同样的环节，在课尾时教师向学生提了同样的问题。当有学生站起来说"邱少云，你真傻……""邱少云，如果我是你，我不会这样做"时,教师本着"尊重学生在语文学习中的独特体验"的理念,引导学生围绕"邱少云到底傻不傻"这一话题进行讨论。学生讨论很热烈,教师引导很巧妙。最后,学生终于认识到错误,纠正了错误,认识到了邱少云牺牲自己的价值所在。

这是一个比较典型的"尊重学生在语文学习中的独特体验"的教学案例。虽然课堂教学的气氛很活跃,但总感到味道不对——学生在察言观色地说假话。道理很简单,小学生阅历不高,不可能理解邱少云这样的壮烈行为:为了胜利,严守纪律,烈火焚身却纹丝不动。从生活常识的角度来看,人的生命最宝贵,遇到这样的情景打个滚就能保命,这也没错。然而,这与课文中邱少云的英雄形象又产生了尖锐的情感态度层面的认知冲突。

其实,这篇课文的学习性质属于思想品德教育的范畴,课文的思想情感内容与学生的生活经验有很大的距离,要让小学生用当下的生活经验和人生观去体验、感悟那个时代的邱少云的思想品德与价值观是很困难的。问题的焦点是最后一个环节,教师问了一个不该问的问题——让学生对邱少云说说自己的想法或感受。学生由于缺乏相应的时代背景知识和价值观念,很容易用自己的生活经验和当下的人生观去评价邱少云的英雄行为,难免会得出相反的结果。

思想品德教育的教学方法一般宜用讲授接受法,使学生知道、学习邱少云的英雄事迹,积累英雄人物的榜样力量。再说,仅仅靠这篇课文就让学生获得思想品德教育的育人效果也是不现实的。只有积累了多篇同类文章后,如黄继光、董存瑞、刘胡兰、狼牙山五壮士等许多英雄人物的感人事例,革命英雄人物的榜样力量才可以在学生的心里种下革命文化的精神种子。

二是《"凤辣子"初见林黛玉》教学片段。

这篇课文在描写王熙凤出场时有一段精彩的描写:"这个人打扮与众姑娘不同,彩绣辉煌,恍如神妃仙子:头上戴着金丝八宝攒珠髻,绾着朝阳五凤挂珠钗;项下戴着赤金盘螭璎珞圈;裙边系着豆绿宫绦双鱼比目玫瑰佩;身上穿着缕金百蝶穿花大红洋缎窄裉袄,外罩五彩刻丝石青银鼠褂,下罩翡翠撒花洋绉裙。一双丹凤三角眼,两弯柳叶吊梢眉。身量苗条,体格风骚,粉面含春威不露,丹唇未启笑先闻。"

一名教师在教学中,首先引导学生熟读这段话,然后请学生谈谈自己的阅读体验和感悟。一个学生站起来说:"我觉得这段话写得很美,王熙凤是一个很爱美的人。"教师听了皱了皱眉头,说:"嗯,这是你的独特感受,坐下。"另一个学生察言观色,站起来说:"我认为王熙凤是一个很爱慕虚荣的人。"教师听了笑着说:"你的回答真棒!"

显然,这位教师对学生的阅读理解采用了错误的教学策略。这篇课文是文学作品,教学的重点首先应是审美感悟,不是思想品德。这段话的确写得很美,爱美之心人兼有之,学生的反应也应该是多元的。第一个学生的阅读体验和感悟应该值得肯定,第二个学生的回答,如果是自主学习引发的感悟,也应该得到尊重。问题是教师对第一个学生回答的反应(皱了皱眉头)给了其他学生一个暗示性的否定评价,第二个学生的回答实际上是察言观色后说的迎合教师的假话。究其原因,就是教师未能分辨思想品德教育和审美体验的区别。

综上所述,要明确区分思想品德教育与审美教育两者的本质区别。在思想品德教育层面,一千个读者只有一个哈姆雷特,学生需要而且必须接受正确的人生观、价值观,这是以德树人的重要基石。而在审美教育层面,则应尊重学生的独特体验,即一千个读者可以有一千个哈姆雷特。

第三节　学习障碍与天才学习状态案例分析

长期以来，学生的语文学习中有一个"学习障碍"难题，尤其是在应试教育和片面追求升学率的现代社会里。许多中小学生都存在不同程度的学习障碍问题，其中有相当一部分人，他们虽有努力学习的愿望和决心，可是一到真正学习时往往会产生"想学学不进，想记记不牢，想做做不到"等现象。许多学生平时活动兴奋活跃、反应敏捷，可一到上课学习或做作业时，就情绪低落，出现拖拉、磨蹭、疲惫、厌倦等各种学习障碍的表现。这也不是中国独有的，学习障碍是世界各国学校中普遍存在的问题，西方许多发达国家也解决不了。

美国由于医学、神经学、生理学等领域在治疗人类疾病方面取得了巨大成功，由此产生了强大的思维定式，认为神经症、抑郁症以及学习障碍都是疾病，都与大脑中枢神经系统功能性失调有关，属于医院治疗的范围。遗憾的是，经过多年的研究，至今找不到大脑中枢神经功能失调与学习障碍之间的科学证据。而医疗界对这些所谓的病症又无能为力，因此将神经症、抑郁症等心理障碍称为"心理癌症"，企望用吃药和所谓的心理辅导来解决，遗憾的是这些方法只能产生短暂的效果，治标不治本。

中国的教师也在不断探索着。金洪源教授采用元认知心理干预技术，成功地解决了学习障碍问题。只要学生本人有学习动机，便可立竿见影地消除学习障碍，做到"三想三能"：想学就能学进，想做就能做到，想放就能放下。尤其令人惊喜的是，在解决学习障碍问题的过程中，还意外地发现天才型学生的心理机制与后天培养的问题，即通过元认知心理干预，能使普通学生的学习进入天才学习状态，将中等生转化为优秀生。这正是明天的语文要追求的理想目标。

上述奇迹实际上涉及一种特殊的"条件性情绪"，条件性情绪属于人的潜意识心理现象，不受意识的控制。元认知心理干预技术能改善学生的条件性情绪，解决各种学习障碍问题，而且能使学生进入天才学习状态，对提高学生学习素质具有重大意义和价值。

虽然上述难题在实践中已经取得成功，而且积累了大量的成功案例，但在理论层面还未得到学术界的普遍理解和认同，离推广和普及阶段还有相当长的路要走。鉴于元认知心理涉及潜意识心理、条件性情绪反应、元认知智慧技能等复杂的理论和技术，未经专业学习理解起来难度很大，因此本节主要就"学习障碍"和"天才学习状态"两个方面做一些案例分析。

一、学习障碍问题与案例分析

小学语文教师大都兼任班主任，在生源正态分布的正常情况下，每一个班级大约有 5% 的学生智商较高或有某种天赋，即使休假几个月不上语文课，语文成绩仍然很好。此外，每个班级大约有 5% 的学生是教不会的，这里的"教不会"是指一个教师在教几十个学生的大群体教学条件下，不可能照顾到所有学生。（一对一进行针对性的因材施教，这些"教不会"的学生有可能被教会）这些学生一般智力正常，但在潜意识心理中存在某种知识或心理缺陷，有一定的学习障碍。对这些学生讲道理，表扬或批评一般都没多大作用。

语文课标 2022 年版中有一句非常重要的话："语文课程致力于全体学生核心素养的形成与发展。"这里的"全体学生"理应包括那 5%"教不会"的学生。要使"致力于全体学生"成为现实，就必须致力于提升那 5%"教不会"的学生的核心素养。在语文教学领域，这是一个棘手的课题，解决的难度很大，下面试举两个案例剖析。

案例一：金洪源教授曾对我国东北地区某地的两名小学生进行跟踪研究，并从潜意识心理的角度作了深层次的心理分析和归因。

赵某，某小学一名成绩拔尖的学生，小学毕业考试全校总分第一名。该生的母亲非常高兴，奖励了他一辆自行车。奇怪的是，该生每天勤学苦练，练了一个假期却学不会骑自行车。该生母亲由此忧虑：自己的儿子不会骑自行车是不是一种智力缺陷？会不会影响读中学时的学习成绩？当得知宋某不到五分钟就解密了暗锁的事后，她让自己的儿子也来试试，结果赵某认真研究了45分钟，冒汗、着急，最后还是以失败告终。赵某上初中后考试成绩在班里排第五名，后来考上了本市重点中学，最后考取河南省的一所普通工科院校。经智商测试，赵某的智商是106。

宋某，某重点小学三年级学生，性格活泼、贪玩，不爱学习，成绩在班里一直徘徊在倒数10名之内。该生母亲对他说，如果考试成绩有进步，就奖励一辆自行车。然而没有效果。不料五天后，宋某向别人借了一辆自行车，在胡同里自己练车，很快学会了。没多久，宋某又创造了一个智力奇迹：一次去姨妈的办公室玩，不到五分钟就将一个铁柜的暗锁密码给对解了锁。该单位领导知道后，也试图给同一个暗锁解锁，却没有成功。宋某的母亲暗暗惊喜：看来自己的儿子不笨，学习还有希望。然而，尽管父母采取了许多措施，却未能改变该生的学习态度和成绩。最后，宋某初中毕业后参军入伍。经智商测试，宋某的智商是108。

这两名学生的智商差别不大，但各自的擅长领域有别，是什么原因造就了他们之间的差异，让他们走上不同的人生道路？这就需要用潜意识心理学揭开其神秘的面纱。经深入调查与分析，这两名小学生的早期教育和家庭氛围有很大不同。

先看赵某，其父母都只有中学文化水平。父亲是转业军人，在某学校负责食堂工作，母亲也在学校负责图书馆、宿舍的管理工作，其他直系亲属都是农民。赵某的早期教育环境比较简单，主要是在母子之间进行的，除了父母、外祖母和偶尔前来的乡下舅舅，他很少接触其他人，也很少与其他朋友玩耍，身体协调能力较差。每天晚上做完作业常常依偎在母亲身边，平时也总是与母亲寸步不离。

这种相对简单的教育环境对赵某学习文化知识是有利的。母亲虽然文化不高，但对儿子的学习很重视，上小学前就经常布置一些学习作业。孩子很听话，对母亲的依赖性很强，每天都坚持完成母亲布置的作业，由此积累了许多上学后会用到的知识。赵某上小学后学习成绩一开始就很突出，老师的关注和表扬使他产生了热爱学习的条件性情绪反应。在学校里，赵某不擅长与其他学生打交道，在社交方面没有任何特长和优势，与同学发生矛盾也依赖于老师的权威和保护，因此在学习与社交之间形成了反差，学习成绩优异的优点和操作能力较差的缺点都暴露无遗。喜欢学习的他能认真听课、做作业，考试成绩优异；不善于社交、玩耍则限制了他的智力发展。上中学后，赵某虽然仍努力学习，但学习成绩不再冒尖，到高中后则开始落后，最后考上的是一所普通工科院校。

再看学习成绩不佳但动手能力很强的宋某。他的早期教育条件比较优越，父亲是一名中级军官，母亲是一名机关干部，是单位里的"笔杆子"。外祖父、姨妈都是机关干部和医院领导，亲戚们经常给他送好吃的、好玩的东西。妈妈对他的学习要求很严，他两岁时就开始识字、背唐诗。可是他喜欢玩，不喜欢学习，把学习与玩看作同一回事，觉得在所有好玩的事情中，学习是最不好玩的、最痛苦的。但他很乖，为了讨母亲喜欢，加上母亲的严格要求，他也想努力学习，但始终没有从学习中获得什么乐趣，也没有积累上学后会用到的知识。上小学后，他的学习成绩一直很差，老师、家长的批评使他更厌烦学习。但他的动手能力很强，能自己学自行车，给密码锁柜子解锁。学习能力弱与动手能力强形成较大的反差。长大后他对学习仍然没有兴趣，在动手能力方面也不见有什么天赋。如参军后在部队学习开车，在机械修理和操作改进等方面也没有优秀的表现，反倒是爱玩贪玩的习惯让他虚度了许多美好的时光。

从上述调查分析中可以发现这两名学生智力类型差异的心理原因：影响学习态度和成绩的主要原因是两名学生大脑中在学习方面原有知识的差异，影响玩耍和动手能力的主要原因是两名学生大脑中在操作方面的原有知识的差异。造成上述差异的原因则是两名学生早期家庭教育和生活环境的影响，并由此导致两名学生在课程学习和操作学习方面不同的条件性情绪反应。由此可提炼出两个关键要素：一是早期习得的知识对后续的学习质量有很大影响；二是在学习中形成的条件性情绪反应对后续的学习的情感态度倾向有潜在影响。缺乏上述关键要素，就可能形成学习障碍。

由此可以得出解决学习障碍的策略：首先是发现学习障碍的成因及其心理结构，然后分类识别和干预，如果是缺乏原有知识，就要设法补上这个知识缺口；如果是条件性情绪反应不佳，则需要用元认知心理干预技术，在学生大脑中重新建构一种"能引起愉悦、兴奋的"的条件性情绪，并产生出"专心致志、高度集中"等高效学习行为反应。

案例二：笔者在20世纪80年代当班主任时做过一个"对小学生进行个性心理特征的分析及因材施教"的案例研究。研究发现，学生的气质、思维特点与其性格和兴趣确实有一定的关联，但又不是绝对的。性格、兴趣等是在社会环境和学校教育的影响下形成的，而社会环境又是复杂的，因此对学生进行个性心理的分析不能草率、简单化，对不同的学生应采取不同的教育方法。

下面是一个特殊问题学生教育转化的典型案例分析。

史某，男，12岁，其父母文化程度均为初中毕业。家庭经济条件较好，家庭教育属溺爱型。这个学生是一个较特殊的问题学生，其外部表现的典型特点是活泼、好动、多动，一刻不停，自制力极差，行动带有很大的盲目性，经常惹是生非。一双大而有神的眼睛显示出其旺盛的精力。身体健壮，力气大，动作多而不协调。开学初不久，他坐的一条方凳就被他搞得"粉身碎骨"，2厘米厚的凳子面板裂成7块。课堂上，他经常无视纪律，随便离开座位，大声讲话，乱扔东西，语文学习成绩很差，经常不做作业。课外则在操场上满地跑，满地滚，身上衣服没有一天能保持干净。平时说话含糊不清，语速很快。

针对这些情况，笔者通过家访，在同学中调查，了解其生活史，平时加强对他的观察，并从思维力、观察力、阅读能力、表达能力等方面对他进行了测试。测试结果发现他的思维力和观察力正常，能正确朗读学过的课文，但理解力、口头表达能力差，表达形式是具体描述型的，表明其语言思维与心理发展水平较低，落后于同龄学生。

经过大量观察、调查和综合分析，笔者初步确定该生智力属于正常智力范畴的中下水平，性格有缺陷，属于典型的胆汁质气质，神经活动强而不均衡（不可遏止型），兴奋程度相当高，心理能量大而自我控制力弱，是非辨别力也较差。因此笔者认为，应针对这名学生的气质特点对其采取特殊措施，先抑制其过高的兴奋性，促使其心理水平向前发展，提高学习成绩并非当务之急。于是笔者采取了非常措施，先切断其外界诱因，在与其父母商定的基础上，我向全班学生明确宣布，课外不许和史某一起玩。对其本人则实行严格管教，稍有逾矩，即进行严格批评。我之所以采取这一措施，是考虑到该生心理发展水平低，自我控制力差，又从小受到溺爱，单纯的说服教育很难奏效。但他的神经承受力很强，因此对他施加较大的外界压力，用强刺激来降低其不可遏止的兴奋性，使他原有的心理发展水平与外界客观要求形成强烈的反差，激起其心理上的矛盾冲突，让他产生寻找出路的心理动力。

这一措施实施后不久，他的性格和外部表现发生了明显的变化。他开始安静下来了，课内外常常睁着眼睛发呆，躲避教师。回家后也不再向家长谈学校里的事，身上衣服也能较长时间地保持干净。这些表面现象实质上掩盖着其内心深处（潜意识）的矛盾与斗争，积聚在体内的心理能量因得不到释放而使他在心理上感到异常焦虑苦闷。但是，心理能量不能长时期地聚集在体内，必须及时予以释放，否则容易导致性格变态，发生意料不到的事。但这必须等待时机。

约过了一星期，发生了两件事：一件事是一个学生指使他去打人而他拒绝了；另一件事是一天中午，他在做作业，两个女生欺负他，一个男生打他，他却不还嘴也不还手，默默地离开座位到讲台上继续做作业。这预示着他的是非辨别能力和自我控制能力已有所增强。这时，我意识到时机到了，于是郑重地在全班面前对他进行大力表扬，同时宣布取消其他同学不准与他玩的"禁令"。这时，他因激动而满脸通红，眼眶里噙满了泪水。显然，其内心受到很大的良性刺激。从这以后，他又像往常一样生活与学习了。虽然仍时有违纪的现象发生，但与以前已有本质的不同。接下来，我就开始对他的语文学习进行个别辅导，主要采取了以下措施。

（1）运用归因理论纠正其对自己语文学习成绩差的错误归因。这个学生平时经常把学习成绩差归因于自己的记忆力不好。经调查，其实其父母有很大的责任，父母平时不经意的话给他带来很大的负面影响。因此，在与其家长沟通商定后，他的父母便经常对他强调："你的记忆力很好，只要努力，成绩一定会赶上来的。"一次教完《沙漠里的船》，笔者要求学生背诵第一段时，史某竟举起了手，并且背诵得基本正确，而当时全班仅12人能背诵。为此笔者大力表扬他，并及时告知了其家长。此后，他的学习信心大增。

（2）针对其语言表达上的缺陷进行专项的语言训练。一是朗读指导，每天早上抽10分钟左右的时间对他进行朗读指导和训练，主要是词句的停顿与语速两方面。这个训练持续了一个月多一点的时间，效果非常明显。二是语言表达训练。在课堂教学中，经常有意识地提一些难度不大的问题让他回答，并及时纠正其语病，一有进步就大力表扬。

（3）与家长加强联系。在转化这个学生的第一个学期里，笔者与家长约定，每两周碰面一次，互相交流这个学生在家里与学校的各种表现，探索原因、商讨对策。第二学期后仍保持这种联系，只是次数逐渐减少。经过两年多的教育，这个学生终于进入了中等生的行列。其各方面的表现均与正常学生相差无几，同时与教师也建立了一种特殊的感情。

二、天才学习状态的案例分析

情感态度学习涉及的条件性情绪属于人的潜意识心理现象，不受意识的控制。元认知心理干预技术能改善学生的条件性情绪，不仅能解决学习障碍问题，而且能使学生进入天才学习状态，对提高学生学习素质具有重大意义和价值。为了进一步说明问题，特举一例佐证之。

统编版小学语文教材三年级下册第五单元的人文主题是"想象"，教材引用了爱因斯坦的一句话"想象力比知识更重要"。这句话够诱人的，但透过现象看本质，却发现与事实不符，这需要借助爱因斯坦的故事背景来说明。据有关研究，爱因斯坦成为伟大的科学家涉及上百个因素，其中有两个因素十分重要，是核心因素。

第一个核心因素是知识。爱因斯坦从二年级起，脑子里就已有丰富而扎实的物理和数学方面的知识，这些知识已达到牢固、稳定、清晰、精细、可用的程度。牢固，就是学而不忘，知识结构没有缺陷；稳定，是知识转化为高级思维的重要品质；清晰，即对知识概念的表述清楚明白，正确无误；精细，即知识结构具有较好的系统性和完整性；可用，即所学知识编码有序，能随时提取，以解决各种高难度的问题。

爱因斯坦读小学时是全校教师公认的笨孩子，三岁才开始说话，除了拉丁文和数学外，其他科目都"不可救药"。老师讨厌、同学鄙视。爱因斯坦从小性格孤僻，没有朋友。长大后，除了数学、物理和拉小提琴等几件事外，其他方面的能力或智慧几乎都是一塌糊涂。这样一个笨孩子为什么长大后会成为数学、物理天才，创造性地提出相对论呢？尤其是那些扎实的物理学知识是哪儿来的？经有关专家研究分析，这与3个关键人物有关。第一个是爱因斯坦的父亲赫尔曼。赫尔曼原来在乡下开一家电化商店，后来搬家到慕尼黑经营电化学和管道器材商店，院子里到处是与电机制作相关的零器件和电器产品。性格孤僻、内向的爱因斯坦在没有朋友交往的情况下，经常在院子里与电机器材和各种零部件打交道，结果在大脑里埋下了许多这方面的具体概念和表象性知识。第二个是医科大学生马克思·塔尔穆德。每周四，爱因斯坦的母亲要供贫困的大学生马克思·塔尔穆德吃一顿免费的午餐，这是犹太民族的家庭传统。塔尔穆德的理科成绩特别好，作为回报，他经常给爱因斯坦讲解天文、物理、化学、生物医学等方面的各种知识，同时对爱因斯坦提出的各种物理学问题也是有问必答。因此爱因斯坦大脑里埋下了许多物理学方面的概念性知识。第三个是爱因斯坦的叔叔雅各布。每周四，爱因斯坦的母亲经常叫雅各布来家里共进午餐。雅各布是个极其聪敏的人，能言善辩，数学能力特别好，还能制作电动机。因爱因斯坦在数学方面具有天赋，雅各布每次来都要给他出些数学题，这又在爱因斯坦的大脑里埋下了许多数学知识和解题技能。这种"免费的午餐"坚持了数年之久，因此爱因斯坦的大脑里埋下了大量有助于物理、数学同化学习的知识。到读初中时，爱因斯坦学习物理、数学就感到特别轻松，且有了非常明显的同化学习优势，并形成了积极的单向思维学习状态。

还有一个核心因素是爱因斯坦对物理学的热爱。据爱因斯坦的妹妹玛雅回忆，每到星期四那天，爱因斯坦就特别兴奋，像是完全变了一个人，活泼、激动、两眼放光。马克思·塔尔穆德又有很高的教育天赋，他使孤独、害羞、内向、不敢和人交往的爱因斯坦变得活泼、外向、无话不谈，并与爱因斯坦建立了特殊友谊关系。也许是爱屋及乌的效应吧，这种特殊的情感使爱因斯坦对物理和数学产生了一种积极的条件性情绪反应，每当接触与物理、数学有关的事情时，爱因斯坦就特别兴奋、激动、不知疲倦，甚至会产生一种过高估计自己能力的自信。这是一种难得的积极单向思维天才学习状态，即使遇到失败也不会有挫折感。由此，爱因斯坦爆出了另一句名言：兴趣是最好的老师。

在知识和热爱两个因素的作用下，加上爱因斯坦孤独、没有朋友的特殊情况，爱因斯坦出现了具有独特个性的"想象"场景：他常常一个人坐在湖边发呆，看着太阳落山，想象霞光在飞速前进中的时间变化，想象房子顶上的光线射到墙脚下时，光线有时会发生弯曲，这些奇特的现象令他兴奋不已，无比快乐的积极情绪反过来又促进了智力和知识的重组，高效地推动了他的物理学科思维。就这样，他整天将物理问题放在脑海里想来想去，乐此不疲。积极情绪不断推动知识的学习和运用，知识达到的思维深度和广度又促使他产生更兴奋的积极情绪，在时间和情绪两个子因素的作用下，知识和情感两个核心因素相互推动，增强循环，无限放大，最后把爱因斯坦的物理学智力推升到常人无法企及的高度。

显然，爱因斯坦成功的关键因素不是想象，而是扎实的数学和物理学知识，以及对物理学无比热爱的积极情绪。如果没有扎实的数学和物理学知识，那些想象就没多大价值，只能是天马行空般的胡思乱想。因此，正确的回答应该是知识比想象更重要。"想象力比知识更重要"是爱因斯坦成功后个人的独特感受，有其自身的合理性，但不是具有普遍意义的教学原则。也许有人会问，如果没有想象，还会有相对论吗？假若爱因斯坦小时候很聪明，有许多小伙伴，他就不会孤独地坐在湖边望着天空发呆，也就不会有"想象力比知识更重要"这句话了。

爱因斯坦的案例对培养语文优秀生有很大的启示，要使占大多数的中等生转化为优秀生，第一，要找到心理结构的两个关键要素：一是知识的质量，二是学习的热情。第二，要采用元认知心理干预技术，设计能使学生达到天才学习状态的元认知智慧模型，包括解决问题的思维方式、积极的条件性情绪反应模式，并输入学生的认知结构中，替换原有的陈旧、低效甚至消极的心理内容，成为新的心理内容。

苏联心理学家巴甫洛夫有一个经典的条件反射研究，即通过某种条件刺激引起某种行为反应。认知心理学家则发现，在条件刺激与行为反应之间还有一个"情绪反应"，即"条件性情绪反应"。

在语文学习中，许多学生虽然有学习上进的愿望，但潜意识心理中存在"想学学不进，想记记不住，想做做不到"等消极的条件性情绪反应，即条件性情绪反应的结构不良，这时就需要设计一个结构良好的新条件性情绪反应的程序，将"三不"转化为"三能"："想学就能学进，想记就能记住，想做就能做到。"

个性心理学研究认为，人的个性心理特征是稳定，一般很难改变，中国民间说的"江山易改，本性难移"就是这个道理，西方心理学家也有类似的说法，认为个性"就像斑马身上的条纹一样不可改变"。但元认知心理干预技术找到了人类个性形成的潜意识心理成分及其结构关系，使改变个性变成了一件容易的事情。这为语文教学实现"致力于全体学生核心素养的形成与发展"打开了希望的大门。如何使其成为具体的可操作教学方法和策略，则是一个有待突破的现实课题。

参考文献

[1] 安德森. 学习、教学和评估的分类学[M]. 皮连生, 译. 上海: 华东师范大学出版社, 2008.

[2] 本杰明·S.布卢姆. 布卢姆掌握学习论文集[M]. 王钢, 译. 福州: 福建教育出版社, 1986.

[3] 加涅. 教学设计原理[M]. 王小明, 译. 上海: 华东师范大学, 2007.

[4] 雷夫·艾斯奎斯. 第56号教室的奇迹[M]. 卞娜娜, 译. 北京: 光明日报出版社, 2014.

[5] 李海林. 20世纪语文教育的两个岔路口: 兼论王尚文语文教育思想的意义与特征[J]. 中学语文教学, 2010(07): 14-18.

[6] 鲁迅. 南腔北调集[M]. 北京: 人民文学出版社, 1951.

[7] 陆俭明. 我关于"字本位"的基本观点[J]. 语言科学, 2011,10(03):225-230.

[8] 马建忠. 马氏文通[M]. 北京: 商务印书馆, 2008.

[9] 马立丽, 金洪源. 提高学科学习能力的元认知策略与培养[M]. 沈阳: 辽宁科学技术出版社, 2016.

[10] 迈耶. 教育心理学的生机: 学科学习与教学心理学[M]. 姚梅林, 译. 南京: 江苏教育出版社, 2005.

[11] 倪文锦. 电脑识字, 识读写互动[J]. 语文建设, 2012(18): 4.

[12] 皮连生. 教育心理学[M]. 上海: 上海教育出版社, 2004.

[13] 皮连生. 知识分类与目标导向教学: 理论与实践[M]. 上海: 华东

师范大学出版社，1998.

[14] 人民教育出版社，课程教材研究所，小学语文课程教材研究开发中心. 义务教育教科书教师教学用书 语文 二年级 上册[M]. 北京：人民教育出版社，2017.

[15] 人民教育出版社，课程教材研究所，小学语文课程教材研究开发中心. 义务教育教科书教师教学用书 语文 四年级 上册[M]. 北京：人民教育出版社，2019.

[16] 石皇冠. 十黄格写字序列化教程[M]. 南昌：江西人民出版社，2016.

[17] 唐懋龙，孙忠心. 小学语文教学科学设计[M]. 上海：华东师范大学出版社，2017.

[18] 王本华. 重读张志公·走进新课标：语文教育现代化[M]. 武汉：湖北教育出版社，2004.

[19] 王晨. 重读吕叔湘·走进新课标：什么是语文[M]. 武汉：湖北教育出版社，2004.

[20] 王宁. 从语言战略角度看信息时代的语文教育[J]. 语言战略研究，2024，9(01)：7-15.

[21] 王荣生. 听王荣生教授评课[M]. 上海：华东师范大学出版社，2007.

[22] 王小明. 学习心理学[M]. 北京：中国轻工业出版社，2009.

[23] 温儒敏，巢宗祺. 义务教育语文课程标准（2011年版）解读[M]. 北京：高等教育出版社，2011.

[24] 吴立岗. 小学作文教学论[M]. 南宁：广西教育出版社，2016.

[25] 吴忠豪. 小学语文教学内容指要：汉语·阅读[M]. 北京：高等教育出版社，2015.

[26] 吴忠豪. 小学语文课程标准与教材研究（第二版）[M]. 北京：中国人民大学出版社，2016.

[27] 许月燕. 小学语文教学大纲及教材[M]. 长春：东北师范大学出版

社，1999.

[28] 张志公．张志公语文教育论集[M]．北京：人民教育出版社，2022.

[29] 中华人民共和国教育部．义务教育语文课程标准（2011年版）[M]．北京：北京师范大学出版社，2011.

[30] 中华人民共和国教育部．全日制义务教育语文课程标准（2022年版）[M]．北京：北京师范大学出版社，2022.

[31] 中华人民共和国教育部．全日制义务教育语文课程标准（实验稿）[M]．北京：北京师范大学出版社，2001.

[32] 中央教育科学研究所中小学生学业成就调查研究课题组，田慧生．我国小学六年级学生学业成就调查报告[J]．教育研究，2011，32(01)：27-38.

[33] 周一贯．小学语文名师课堂教学经典设计[M]．上海：上海教育出版社，2004.

[34] 朱智贤．朱智贤全集：第一卷 中小学教育与心理[M]．北京：北京师范大学出版社，2002.

附录

小学语文单元达标训练实验报告

一、研究目的与实验假设

语文教学的根本任务是培养学生理解和运用祖国语言文字的能力，在小学阶段主要体现在三个方面：（1）掌握3000个左右常用字，能写一手规范的硬笔字；（2）积累丰富的语言材料，包括常用词汇、句式和典型语段；（3）形成较熟练的听说读写言语技能。

首先，言语技能的培养是核心，贯穿于整个语文教学过程之中。小学语文教学应通过一项项扎实的技能训练（包括言语智力技能和书写动作技能），使一个个技能逐渐内化成学生稳固的个性心理特征，让学生形成较强的发展潜力和学习后劲。

其次，语文学习是个累积性的言语建构的过程。不同个体的言语建构过程亦不相同，即使是在同一时间同一地点学习同一门课程，但不同个体的发展水平、学习速度和建构样式仍具有很大的差异性。就单个学生来说，其学习和建构的内容包括知识的积累、语感的积累、经验的积累、主观感受和思想情感的积累。语文教学不仅要帮助学生有效地积累知识、经验和技能，完成主体言语建构过程，而且要让他们积累成功的体验，形成良好的学习心态。

最后，义务教育的任务是全面提高全体学生的思想文化素质和心理生理素质，这就要求语文教学要顺应素质教育要求，一方面帮助每一个智力正常的学生打好扎实的语文基础、形成技能，另一方面又必须在不增加教学时间和学习负担的前提下全面完成教学任务，提高教学质量。

由此提出实验的假设：语文单元达标训练注重学生个性心理发展和情感培养，以言语技能训练为核心，借助单元达标的形式，通过累积心理效应，能有效地促进学生语文能力和个性心理潜能的不断形成和发展，全面提高语文教学质量和效率。

二、研究方法与操作步骤

（一）研究方法

单元达标训练有一定的程序，操作性很强。在开始阶段要多花一些时间进行训练，时间大约3周；等学生熟悉了操作程序，养成了习惯，就变成了教学常规；此后花在达标训练上的时间将大大缩短，师生双方的负担都将大大减轻。

（1）编制单元学习目标卡。目标卡以言语技能训练为核心，包括写字、遣词、造句、听话说话、朗读、作文及相应的基础知识和行为习惯等内容，目标明确具体，可操作性强。

（2）确定单元达标标准。确定85%、95%为两个维度，85%为达标，95%为优秀，学生达标则可以领到相应的"单元达标证"。

（3）课堂教学实施目标控制下的综合训练，即以教材为凭借，根据目标进行相应的听说读写言语技能训练。

（4）小组互学管理和反馈校正。单元达标实施分项达标全面评价法，并以小组（4人一组为宜）为单位由学生自主管理，包括互帮互学、互相检查、测评、及时反馈校正，让学生的学习结果及时得到反馈与评价，激发学习动机，养成良好的学习习惯。

（5）控制无关变量。教学时间、课外作业、学生和教师的水平，均是需要控制的无关变量。

（二）操作步骤

（1）单元达标训练前分发"单元学习和训练目标卡"，每个学生一张。然后用1个课时的时间组织学生学习讨论，明确本单元的学习目标和达标标准，每一项目标的具体内容及其在课文中相应的位置，传授一些自学的方法，讲清达标的程序。最后在学生充分明确要求的情况下，指导学生制订个人学习计划，让学生开始自学。

（2）对 4 人小组的小组长进行培训，包括每项目标的检测方法、程序与时间，对成绩中等偏下的学生的帮助与方法，达标训练结束时的成绩统计与评价，等等。小组长一般由成绩优秀的学生担任。

（3）按正常教学计划进行课堂教学与训练。教学紧紧围绕单元学习目标进行，突出听说读写训练，删除多余的分析环节。重要目标的练习都在课内完成，教师需及时反馈校正。教学中加强对成绩中等偏下的学生的个别辅导，根据学生的反应灵活地调整教学计划与进度。

（4）在课堂教学的过程中，有计划、有步骤地根据单元目标进行分项达标测试，并以各种形式加强反馈校正活动。

（5）单元达标训练结束，教师以小组为单位累计学生的分项达标成绩，作出综合性评价。对达标的学生发"单元达标证"，对未达标的学生进行个别辅导，补测未达标的项目，直至其达标为止，同时允许少数学习困难的学生延长其达标的时间。

（6）进入下一单元的达标训练。

三、单元达标教学流程

对语文单元达标训练的过程进行了优化处理，构建"三阶段五课型"的单元达标教学流程，从两条线进行"整、分、合"式的单元达标训练，保证教学的实效性。

三阶段指的是由目标导向、达标训练和达标评价三个阶段所构成的操作流程。其中目标导向是起点，达标训练是过程，达标评价是终点，包括引导自学、分项达标、反馈矫正、累积评价等要素，三个阶段共同形成一个系统有序的封闭式回路。

五课型指的是学法指导课、语感训练课、言语表达课、基础练习课和达标总结课。其中学法指导、基础练习和达标总结课一般各为一课时，以完成上述三阶段中的目标导向和达标评价等任务。语感训练课和言语表达课是达标训练中的重点课型，主要包括听说训练、阅读教学和作文教学等内容，其基本结构框架图如图 1 所示。

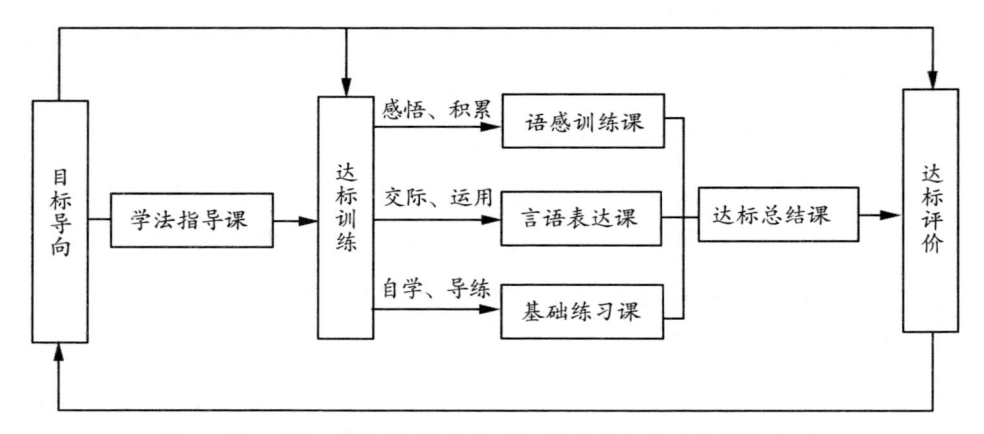

图 1 "三阶段五课型"的单元达标教学流程基本结构框架图

(一)学法指导课

学法指导课主要是在单元教学前用一个课时的时间进行目标展示、方法指导、操作训练和诱导自学等专门的策略性指导和训练,使学生对本单元的主要学习任务和目标了然于胸,逐渐掌握自学、小组合作互学、互查互纠、反馈矫正等策略和方法,在课内外积极主动地自学,尝试达标。训练流程如图 2 所示。

图 2 学法指导课训练流程

学法指导课在开始时要多花些时间,一般需要 4 个单元的教学时间,学生才可以基本掌握这套方法和程序并达到灵活运用的程度。在第二个学期后,学法指导课可以只在必要时偶尔开设。

(二)语感训练课

语感训练课的基本思路是借助课文的语言材料对学生进行言语技能和语感训练。教材里的课文大都是白话文,学生能自己读懂,教师不必过度分析讲解。但课文里一些精妙的语言现象及其内在的语言规律,学生难以自发领悟,需要专门指导,并在多读多背的基础上进行典型语例训练和能力迁移运用。课文里的字词句等认知性内容已列入单元目标序列,纳入了学生自学的范围,课堂教学不再是孤立的字、词教学,而是集中精力进行语言发展式的语感训练，这样可以有效地提高课堂教学质量和效率，训练流程如图 3 所示。

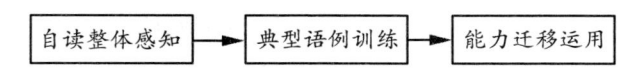

```
自读整体感知 → 典型语例训练 → 能力迁移运用
```

图 3　语感训练课训练流程

长期实践表明，学生对典型语例训练兴趣最浓，思维活跃程度也最强。语例训练可以明显提高学生的语言水平，并能在作文的语言表达上明显地反映出来。

（三）言语表达课

主要包括听说训练、口语交际和作文训练等内容。抓住语言实践这一核心环节设计的灵活多样的操作流程主要有以下两类：

（1）口语表达课，包括听说训练和口语交际训练，每周开设一节。在口语表达课上，教师通过创设情境或提供话题，引导学生大胆开口，由不敢说到敢说，不会说到会说，直至能说会道。在训练中，教师也应对学生的语病及时进行反馈矫正。口语表达课训练流程如图 4 所示。

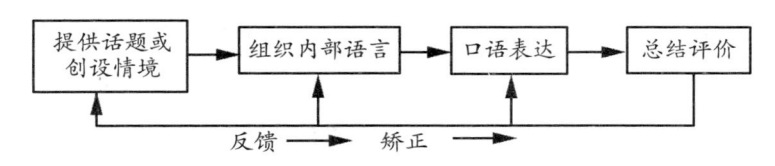

```
提供话题或   →  组织内部语言  →  口语表达  →  总结评价
创设情境            ↑              ↑
                  反馈 ——→      矫正 ——→
```

图 4　口语表达课训练流程

经常进行口语表达训练对提高学生的表达能力，思维的灵活性、敏捷性有极大的帮助。

（2）书面语表达课，包括各种类型的习作训练、日记交流等。其类型大致有三种：一类是学生有倾吐的心理需要，想告诉别人一些什么，这是主动的表达；另一类是学生本无表达的需要，因别人想要知道而愿意告之，这是被动的表达，但被动中有主动的因素；还有一类是完全被动的表达，即应别人的要求或命令，完全照别人的意思去表达。命题作文属于第二类，即被动中有主动的因素，但处理不当，容易滑向第三类完全被动的表达。小学生初学作文时，教师应以第一类为主，第二类为辅，第三类根据特定情况可偶尔教授。

除此之外，笔者还创建了一种属于第一类的无命题随机生活作文形式，以校内外生活中的各种偶发事件和奇闻趣事为契机，随机对学生进行针对性指导和训练。这种训练没有明确的标准和人为规则的限制，更能显示学生个人的自我本色和真情实感。

在命题作文或半命题作文中，为了防止说学生假话、套话，笔者设计了以下五步训练流程，如图5所示。

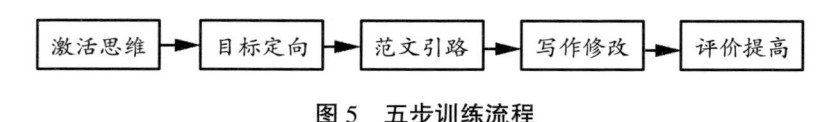

激活思维 → 目标定向 → 范文引路 → 写作修改 → 评价提高

图5 五步训练流程

上述流程的训练的焦点均集中在学生的语言组织与表达真实上，有利于书面语表达能力的提高，绝大多数学生到四年级下学期已基本能达到文通句顺的要求，其中一些学习能力较强的学生已能达到书写规范、无语病、无错别字的高标准要求。

（四）基础练习课与达标总结课

这两类课型主要是根据单元目标的要求，在单元结束前进行的基础知识和基本技能强化练习和达标检测，教师可根据检测结果对未达标的学生进行辅导。由于许多单项性目标已在教学过程中完成，这时只需面向一些普遍性的问题设计有针对性的练习即可。这些课耗时不多，其中基础练习课着重于字词句方面的查漏补缺和反馈矫正；达标总结课则是对单元达标的学习情况进行总结和评价，引导学生给未达标的同学提供帮助，并给达标的学生发相应的达标证，以示鼓励。

四、实验组织与问题解决的策略

（一）实验组织和评价

（1）实验按均等性原则设置实验班和对照班，各班学生和教师水平大致均等。

（2）实验班严格控制无关变量；对照班不做限制，允许其在自然状态下进行教学。

（3）实验按前测、后测进行对比性评价分析，测试成绩以学校组织的期末测验为主。

（4）进步性评价，实验班单独进行调查测试。

（5）定量和定性评价相结合，注重个案典型分析。

（二）实验过程

本实验的目标是在减轻学生课业负担的前提下提高语文教学质量。然而，因"减轻负担"所引起的一系列麻烦，却差点使实验中途夭折。

首先，是学生家长的不满。在第一轮的三年实验中，由于严格按实验操作要求进行，实验班基本上不布置机械抄写类型的家庭作业，各种单元练习题、测试题也一律弃之不用，期末总复习的时间不超过10天，自编的期末总复习题限制在5大张纸以内。这样，就与其他班级形成了明显的反差。同时，由于坚持不补课，不挪用其他学科时间，严格按课程表上课，实验班的语文教学时间明显少于其他班级。结果，许多家长由疑虑、担心到焦虑、不满，最后集体到校长室告状，要求增加作业量和补课时间。

为了使实验能顺利进行，笔者顶住压力，召集全体家长开会，耐心说明本实验的意义和作用，并向家长做了保证实验班成绩不低于其他任何班的承诺，最后得到了大多数家长的理解与支持，使实验得以顺利进行。由此，笔者得到启示：搞教学实验，尤其是容易与传统观念发生强烈的认知冲突的实验，必须争取家长的理解与支持。

其次是校内一些教师同行，因看到实验班作业少，又很少看到笔者批改作业，且经常外出开会、学习，因此议论纷纷。一次，几名教师干脆提出，要查看笔者所教实验班学生的作业。笔者让他们自己去查看任何一个学生的作业，他们进去查看了以后，服气了。原因就是实验班学生的课外作业虽少，但课内练习并不少，而且大都是语言运用的练习，且在规范书写、错误纠正方面均优于其他班级。

最后是期末语文考试的压力。笔者所教的实验班在第一年（三年级）期末考试中成绩不理想，但学生在语言发展方面已取得显著进步。第二年（四年级）期末考试中开始发生变化，但在成绩提升方面仍不显著。第三年毕业考试，县里布置了严格的统考方案，监控、批改、评分、结分均采取校际对换的方式进行，由外校教师负责。在这样严密的措施下，考试成绩揭晓了：笔者所教的实验班无论合格率还是优秀率均显著优于其他班级，各项成绩均名列前茅，而且是全县唯一的合格率为100%的班级。这是在同等教学时间内，学生负担明显少于其他任何班级的情况下取得的优异成绩。原先中下水平的班级成了先进班，发生了质的转变。这次考试成绩给第一轮实验画上了一个完美的句号。

五、实验结果

（一）实验前后成绩比较

实验前测试内容为基础知识、阅读、作文三项内容。数据表明，两个班各项成绩均无显著性差异（$P > 0.05$），说明实验符合均等性要求。（见表1）表中的"X"代表平均成绩，"S"代表标准差。

表1 两个班三项内容测试成绩比较（前测）

项目 组别	n	基础知识			阅读			作文		
		X	S	Z	X	S	Z	X	S	Z
实验班	61	86.08	14.65	0.08 $P > 0.05$	82.19	14.8	1.19 $P > 0.05$	71.36	12.05	1.127 $P > 0.05$
对照班	62	86.23	10.7		79.8	16.65		68.9	11.74	

实验后的测试以县教研室组织的毕业统一考试成绩为依据，数据显示两个班的毕业考试成绩有显著性差异（$P < 0.05$），其中对照班有两个极端分数（43分、20分）未计算在内。在5个平行班中，实验班成绩名列前茅，说明单元达标训练确实提高了实验班的成绩，尤其对提高成绩中等偏下的学生的成绩有显著效果。（见表2）

表 2　两个班毕业考试成绩比较（后测）

项目组别	n	X	S	Z	优秀率	及格率
实验班	66	82.6	7.8	Z=2.178 $P<0.05$	46.9%	100%
对照班	64	75.06	10.67		26.5%	89.99%

（二）写字测试成绩比较

写字成绩以全校统一进行的写字测试成绩为依据，两次测试数据表明，实验班写字质量明显优于其他各班（优秀率略低于 D3 班）。（见表 3）

表 3　5 个班两次写字测试成绩统计表

成绩班别	四年级			五年级		
	优	合格	不合格	优	合格	不合格
实验班	6%	40%	54%	16.65%	72.9%	11.5%
D1	6%	24%	70%	12.3%	64.6%	23%
D2	9%	33%	58%	19.6%	62.2%	28%
D3	0	18%	82%	9.6%	61.9%	28.5%
D4	3%	30%	67%	15.3%	61.5%	23%

（三）问卷调查

实验班在毕业考试后进行了一次问卷调查（见表 4）。表中各项数据反映了学生与家长对单元达标训练实验和作业负担情况的基本态度。其中喜欢语文和认为单元达标有效的人数分别为 47 人、54 人，占 71% 和 87%；在学习负担上认为负担轻和课外作业少的人数分别为 46 人、49 人，占 74.2% 和 79%。值得注意的是，有 14 人同时认为学习负担较重和作业不多，说明作业负担与作业量并不完全等值，具体情况有待进一步研究。此外，家长满意程度得分较高，满意和非常满意的有 50 人，不满意的有 10 人，表明实验效果基本得到家长的认可。（见表 4）

表 4　实验班问卷调查统计表（62 人）

项目	分类统计			
对语文喜欢程度	非常喜欢 20	喜欢 27	一般 12	不喜欢 3
单元达标训练是否有效	非常有效 33	有效 21	不大有效 7	无效 1
学习负担是否过重	负担轻 32	一般 14	较重 16	太重 0
作业量	太少 9	不多 40	较多 12	太多 1
家长满意程度	非常满意 19	满意 33	不大满意 10	很不满意 0

（四）其他典型事例

（1）在教研室组织的全国作文参赛活动中，实验班获一等奖 2 人，二等奖 1 人，三等奖 4 人，纪念奖 5 人，其中余也冰同学获全国"作文大王"称号。

（2）后进生转化效果显著。洪列峰、王挺等 7 名后进生语文学习成绩明显提高。

（3）由于实验班课外作业少，学生有充分的课外活动时间。全班 66 个学生中，仅 1 人患近视眼，第二届实验班患近视眼的也仅 3 人，被校医称为"奇迹"。

（五）成果的推广与交流

1994 年 12 月，在浙江省小语会"提高语文教学效率研讨会"交流中，这项实验得到特级教师钱正权、纪育华的肯定和支持。

1998 年 8 月，笔者在深圳"全国语文教学本体改革高级研修班"上作专题发言，得到全国中语会学术委员、著名特级教师洪镇涛先生的好评。笔者也被聘为全国语文教学本体改革研究员。

2000 年 8 月，应全国中语会本体改革研究中心邀请，笔者在河北省霸州市开展的语感训练展示课《雨中》被评为"全国语感训练优质课"。全国小语会秘书长丁培忠的评价是：突破传统阅读教学模式的有益探索和大胆举措，很有推广价值。

五、实践意义和理论意义

（一）实践意义

（1）单元目标起了目标导向的作用，有利于学生的自学和自我评价；将分项达标任务寓于平时的练习中，降低了单元达标的难度，有效提高了后进生的达标率。

（2）有效提高学生听说读写言语技能。学生在课堂上注意力高度集中，课堂气氛紧张而活跃，单元目标的明确、合理设置也有效防止了教学目标的泛化。

（3）课堂作业课内完成，不布置家庭作业，学生学得轻松愉快。单元达标的评价与记录大都由学生自主完成，教师只抽查部分作业进行评价，师生负担明显减轻，教学质量不断提高。

（二）理论意义

（1）抓住发展语言和言语技能训练主导目标，最大限度地减少知识讲解和情节分析的时间，符合语文教学的特点、规律，对改革语文教学具有方法论意义。

（2）确立学生的学习主体地位，促使学生的主体语言不断发展，符合语言发展的一般规律，这对促进学生语言素质的优化发展具有十分重要的意义。

（3）教学过程优化组合，注重教学过程的协同性、自组织性和积累发展性，增强学生学习的内驱力，对改革语文教学评价方法具有积极的指导作用。

（4）揭示了累积心理效应对促进学生的语文能力发展的规律。本课题研究的不断深入开展，将进一步探明这种累积心理效应在不同学段学生中的表现特点和内在机制，为语文学科的教学开辟一条新路，提供科学的理论依据。

（2000 年 10 月）

后 记

这是一本很难写的书，从构思到出版花了近五年的时间。因为它与以往的和当前的许多语文教学专著不同，既不是个性化的语文教学经验总结，也不是关于语文教学问题的哲学思考和主观思辨，而是要从操作层面解决语文教学长期未解的高耗低效难题。要解决这个难题，需要有科学的理论和先进的技术作支撑。语文教学科学理论需要从语言学、科学心理学和辩证唯物论三个领域汲取智慧，综合构建，先进技术则要结合现代教学设计原理，研发科学的教学技术。

本书的书名最初为《明天的语文》，意指为语文的明天奠基。后因书名未表达出本书的核心主旨，即为语文教学实现科学化提供"怎么教"和"教什么"的理论与实践指导，为贴近实际，因此将书名改为《语文可以这样教》。

本书的写作过程很艰辛，出版也颇费周折，所幸得到许多专家学者和同人的鼓励和支持。上海师范大学吴立岗教授多次建议和鼓励我将多年的研究撰写成书；华东师范大学皮连生教授审阅了全书，提出了许多宝贵意见，并为本书作了序；江西教育出版社总编辑桂梅独具慧眼，审定全书，并提出许多修改建议。此外，石皇冠、孙忠心、周金钟、李静、姜琪等同志对本书的撰写和出版给予高度关注和支持，特在此一并表示感谢。

唐懋龙

2024 年 8 月